Birgit Spengler
Petra Proßowsky

Verlag an der Ruhr

Impressum

Titel
Kinder-Yoga für Achtsamkeit, Spaß und Empowerment
Fertige Einheiten und Übungen zur Potenzialentfaltung – Für Kita und Grundschule

Autorinnen
Birgit Spengler, Petra Proßowsky

Umschlagmotive
Foto © Tatevosian Yana, Muster, auch im Innenteil © Magnia – beide Shutterstock.com
Illustration Yoga-Kind: Iris Spiesmacher

Illustrationen im Innenteil
Iris Spiesmacher

Lektorat
Melanie Schölzke

Druck
Heenemann GmbH & Co. KG, Berlin, DE

Verlag an der Ruhr
Mülheim an der Ruhr
www.verlagruhr.de

Geeignet für Kinder von 4–9 Jahren

ISBN 978-3-8346-4789-4

Inhaltsverzeichnis

Inhaltsverzeichnis

Geleitworte

von Dr. Joachim Bensel, Fredrik Vahle, Margret Rasfeld, Prof. Renate Zimmer

Birgit Spengler und Petra Proßowsky legen erstmalig für den deutschen Sprachraum ein Buch zum Einsatz von Kinderyoga im Kita- und Schulalltag vor. Allein hierfür gebührt den beiden Autorinnen großer Respekt, spielt doch das sinnlich-körperliche Lernen – insbesondere in der deutschen Schullandschaft – noch eine vernachlässigend geringe Rolle. Das Buch bietet ein Füllhorn an alltagsintegrierbaren Übungen und untermauert überdies durch eine anschauliche und umfassende theoretische Herleitung, warum Yoga für Kinder nicht nur eine weitere Möglichkeit für Körperbewusstseins- und Bewegungsübungen im Alltag ist, sondern vielmehr auch ein Türöffner zur alltagsintegrierten Förderung zahlreicher Lebenskompetenzen. Die Aktivierung kindeigener Kräfte, Angstbewältigung und Stressreduktion, Steigerung der Wahrnehmungsfähigkeit von sich und anderen und damit infolge auch der Lernbereitschaft sind nur einige der zahlreichen Ansatzpunkte. Besonders erwähnenswert sind die variantenreichen Durchführungsalternativen der Übungen: allein, in der Kindergruppe oder im Duo sowie in der Gruppe mit einem*einer[1] Erwachsenen. Hierdurch kann Kinderyoga sowohl zur Steigerung situativ vom Kind gewünschter Selbstbesinnung und -stärkung beitragen, zum Kern eines freudvoll erlebten Peer-Rituals werden als auch die Bindung zu wichtigen Bezugspersonen festigen. Fortgeschrittene Kinderyogi*nis[2] dürfen sich zudem als besonders selbstwirksam und partizipierend erleben, wenn sie selbst in die Rolle eines Co-Teachers schlüpfen dürfen.
Einen wahren Schatz bieten die fließenden Elemente des Herzensyoga aus unterschiedlichen Kulturen für das integrale Lernen. Im überlieferten Erzählstil formuliert, laden sie Kinder und Erwachsene dazu ein, einzutauchen in tiefe Erfahrungen und dabei Erkenntnisse und Lebensweisheiten aus der Kinderperspektive zu erschließen.

Dr. rer. nat. Joachim Bensel

Forschungsgruppe Verhaltensbiologie des Menschen, Kandern

Innere Stärke von Kindern (Lebenstüchtigkeit und Resilienz) ist in ihrer Essenz Verbundenheit mit innerlich angeleiteter, eigenbestimmter leiblicher und geistiger Beweglichkeit. Bewegungslust, Sprachvergnügen und Denkfreude in Verbindung mit freiem musikalischem Ausdruck spielen da ineinander und stellen immer wieder eine alltäglich nutzbare Ermutigung dar. Inspirierte Körperhaltung, Gebärden, Gesten, Rituale, bewegliche Denk- und Sichtweisen, angstlösende innere Bilder und Welten gegenseitiger Resonanz können sich hier entwickeln. Aus der integralen Qualität von alldem erwächst die Motorik der Verbundenheit. Ganzheitliche Pädagogik hat viele Spielarten und das Kinderyoga, wie es hier entwickelt wird, ist eine ganz besondere. Meine eigenen Bewegungs- und Kraftlieder haben europäische, aber auch Tai-Chi- und Yoga-Elemente aufgenommen. Das, was ich zur Motorik der Verbundenheit sage, lässt sich sehr gut auf das Kinderyoga aus verschiedensten Kulturen beziehen und dazu wünsche ich ihm gute Resonanz.

Fredrik Vahle

Kinderbuchautor und Kinderliedermacher

[1] Der Verlag an der Ruhr legt großen Wert auf eine geschlechtergerechte und inklusive Sprache. Daher nutzen wir das Gendersternchen, um sowohl männliche und weibliche als auch nichtbinäre Geschlechtsidentitäten einzuschließen. Alternativ verwenden wir neutrale Formulierungen.

[2] Yogi bezeichnet im Yoga den Mann, Yogini die Frau.

Geleitworte

Die heutigen großen Krisen haben ihren Ursprung in zunehmender Entfremdung: zwischen den Menschen, zur Natur und im Selbst. Um verantwortungsvolle Weltbürger*innen zu werden, brauchen wir nicht nur Wissen, wir brauchen vor allem Herzensbildung, Verbundenheit und Beziehungsfähigkeit. Wir sind soziale Wesen und haben einen Schatz an inneren Ressourcen, zu denen wir viel zu oft den Zugang verloren haben. Obwohl wir dieses alles wissen, ist mentales Training in unseren Kitas und Schulen noch immer nicht zentral angekommen.

Dieses Buch kann genau diese Lücke wirksam schließen. Ich bin sehr begeistert, weil es Pädagog*innen zu einem umfassenden Verständnis einlädt. Es geht um Ermutigung und Stärkung, um Potenzialentfaltung und Empowerment, und das alles in einer Haltung von Empathie, Partizipation, Vertrauen. Kinderyoga ist Herzenssprache und öffnet die Herzen ALLER. Es schafft Gemeinschaft und Freude miteinander. In einer Zeit, in der wir Kinder zunehmend verzwecken und auf das Abliefern von Leistung ausrichten, stärkt Yoga Kinder in dem Gefühl: Ich bin richtig, so wie ich bin. Es führt sie zu innerem Frieden und der Annahme ihrer selbst. Das kann gar nicht hoch genug geschätzt werden. Die vernachlässigte Säule der UNESCO „Lernen, zu sein"[3] findet durch das Kinderyoga einen weiten Raum.
Sehr gelungen finde ich auch, dass die Familien einbezogen werden und das Buch so angelegt ist, dass es für Anfänger*innen und Erfahrene gleichermaßen geeignet ist. Das Buch ist eine wahre Schatzkiste an Material und Hoffnungsträger für ein Lernen mit Freude, für Potenzialentfaltung, für Wertevermittlung und Sinn. Man kann überall einsteigen, braucht keine große Vorbereitung und von daher hoffe ich, dass es sich herumspricht wie ein Lauffeuer und viele Kitas und Schulen davon profitieren können. Aufbruch in eine neue Lernkultur.

Margret Rasfeld

Botschafterin für Zukunfts-Bildung, Gründerin Schule im Aufbruch, Schulleiterin a. D., ev. Schule Berlin-Zentrum

Ein inspirierendes Buch! Theoretisch fundiert mit vielen Praxisbeispielen, die zum Mitmachen und Ausprobieren einladen. Yoga schafft gute Möglichkeiten, Bewegung und Ruhe miteinander zu verbinden, die Körperwahrnehmung zu unterstützen, das Gefühl für die eigenen Kräfte zu sensibilisieren. Dies sind wichtige Ziele der pädagogischen Begleitung von Kindern. Das Buch zeigt Wege auf, wie Pädagog*innen Yoga ganz kindgerecht – nämlich spielerisch und eingebunden in konkrete Vorstellungsbilder – in die alltägliche Praxis von Kita und Schule integrieren können.
Interessant zu lesen sind auch die Ausführungen zur Herkunft und zur Philosophie des Yoga und seiner verschiedenen Formen. Die zahlreichen Praxisbeispiele sind anschaulich und bildhaft beschrieben, ihre kreative Gestaltung macht – nicht nur Kindern – Lust zum Ausprobieren. Spannend ist auch das Entdecken der mit den Positionen verbundenen Körperempfindungen. Die Bewegungsgeschichten werden die Kinder animieren, sich mit Freude auf die Fantasie anregenden Erzählungen einzulassen.

Ich wünsche dem Buch eine erfolgreiche Verbreitung und viele begeisterte Leser*innen.

Prof. Dr. Renate Zimmer

Erziehungswissenschaftlerin mit dem Schwerpunkt Frühe Kindheit und Professorin für Sport- und Bewegungswissenschaft an der Universität Osnabrück

[3] vgl.: https://www.unesco.de/bildung/bildungsagenda-2030/bildung-einer-veraenderten-welt-die-rolle-der-unesco-fuer-die

Einleitung – Wie dieses Praxisbuch den Alltag in Kita und Schule bereichern kann

Liebe Leser*innen,

mit diesem Praxisbuch möchten wir Sie einladen, Yoga für Kinder im Alter von vier bis neun Jahren im Kita-Alltag, im Unterricht der Grundschule und auch zu Hause zu einem kinderleichten und spannenden Vergnügen für alle zu gestalten. Unsere reiche Schatzkiste gibt Ihnen dafür Angebote in allen Regenbogenfarben an die Hand.

Wer kann beim Kinderyoga mitmachen?

Mitmachen können alle, die in Kita, Grundschule und Familie mit den Kindern zusammen sind: Pädagog*innen, Eltern, multiprofessionelle Teampartner*innen und Unterstützer*innen sowie alle Interessierten. Aber vor allem gilt die Mitmachaufforderung zentral für die Kinder. Für das Kinderyoga benötigen sie keine Vorerfahrung im Yoga und können direkt mit dem Schnuppern und Üben beginnen. Auch Expert*innen und erfahrene Yogi*nis werden fündig und können neue Ideen, Vorschläge und Übungsansätze genießen.

Worum geht es?

Auf der Basis kurzer fachlicher Erläuterungen erwartet Sie ein **Methodenkoffer voller Möglichkeiten zu unterschiedlichen Themenwelten im Bildungsbereich.** Hier ein erster Überblick dazu, was das bunte Programm möglich machen kann:

- Potenziale entwickeln (Förderung von Potenzialen, Resilienzen und Lebenskompetenzen)
- Sprache neu entdecken (alltagsintegrierte Sprachbildung)
- Gesundheit bewusst erleben (gesunde Kita und Schule)
- Achtsamkeit üben (differenzsensibel beobachten, wahrnehmen und individuell unterstützen)
- Schätze unterschiedlicher Kulturen erfahren (interkulturelle Kompetenz und Diversitätsbewusstsein)

Vorgestellt wird Ihnen eine Vielfalt an ganz praktischen Yoga-Elementen und Übungen mit didaktischen Anregungen, die Sie situativ, spielerisch und ohne große Vorbereitungszeit in kurzen oder längeren Sequenzen einsetzen können. Dies ist im Kita-Alltag oder Ganztag ebenso möglich wie im Unterricht der Schule. Auch im Vorgehen sind Sie flexibel: Sie können vorn im Buch beginnen oder gleich zu den Übungen in der Mitte blättern. Sie können in einem der letzten Kapitel stöbern und wieder nach vorn springen. **Ausprobieren ist die Devise.**

Was bildet den roten Faden?

Als wir dieses Buch geschrieben haben, war es uns ein Herzensanliegen, die **Umsetzung des Kinderyoga mit aktuellen, innovativen pädagogischen Denk- und Handlungsansätzen** zu verknüpfen. Diese sind im direkt anschließenden Kapitel „Grundlagen und Besonderheiten des Buches" zur Geschichte des Yoga, zu Zielen, Innovationen und beflügelnden Perspektiven (Seite 10 ff.) näher erläutert. Mit folgenden Leitgedanken haben wir den roten Faden gesponnen:

- Wie können wir die Kinder in ihrer Persönlichkeitsentwicklung und ihren Lebenskompetenzen stärken, den Schatz ihrer Talente finden und fördern?
- Wie können wir Kinder „aus der Kinderperspektive" begeistern, als autonome Denker*innen und kreative Gestalter*innen ihres Lebens zu wachsen und das Feuer fürs Lernen immer wieder neu zu entfachen?
- Wie können wir alle Kinder, Kinder mit und ohne Herausforderungen und aus verschiedenen Kulturen, gleichwürdig einbeziehen?
- Wie können wir die Zusammenarbeit, den Dialog und die Partizipation mit den Familien gewinnbringend stärken?
- Wie können wir die sensiblen Übergänge von der Familie in die Kindertageseinrichtung und Grundschule erleichtern?
- Wie können wir nachhaltige Entwicklung in der Bildung über Kinderyoga stärken?

Diese Leitgedanken möchten wir auch Ihnen ans Herz legen, liebe Leser*innen. Yoga mit und für Kinder ist lebendig und bringt Lebendigkeit. Ihrer Kreativität und Ihrem Ideenreichtum, die vielseitigen Impulse weiterzuentwickeln und Neues zu erfinden, gemeinsam mit den Kindern zu forschen und zu erproben, sind keine Grenzen gesetzt. Wie viele eigene Erkenntnisse, Spaß und Freude möglich sind und welche Chancen der Selbstentwicklung bestehen, das zeigen Ihnen die Übungssequenzen und Erfahrungsberichte, die Pädagog*innen für Sie im letzten Kapitel zusammengestellt haben (Seite 142 ff.).

Einleitung – Wie dieses Praxisbuch den Alltag in Kita und Schule bereichern kann

Mit großer Freude geschrieben haben für Sie Birgit Spengler und Petra Proßowsky: Birgit Spengler verbindet in allen Kapiteln grundlegende Innovationen und potenzialstärkende Themenfelder mit beflügelnden Perspektiven und ausgewählten Yoga-Elementen. Die authentischen Erzählungen zum Herzensyoga für Kinder aus verschiedenen Kulturen laden zum yogischen Eintauchen in diese Welten und zu deren Transfer in den Alltag ein. Petra Proßowsky bereichert die Themenvielfalt mit dem wundervollen Übungsschatz des voll gefüllten Methodenkoffers aus dem Hatha-Yoga. Die Inspirationen ermutigen zum Nachahmen und Weiterentwickeln.

Wir sagen Dankeschön

Dieses Buch setzt auf eine nachhaltige Bildungsentwicklung und eine Vielfalt der Ideen. Es stützt sich auf die Mitwirkung verlässlicher Partner*innen. Ihnen allen sei herzlich gedankt.

Ein erstes Dankeschön geht an 42 Pädagog*innen in 38 saarländischen Kitas, Förder-, Grund- und Gemeinschaftsschulen, Gymnasien und der Akademie für Erzieher*innen. Sie haben sich gern pilotierend auf das Projekt und die Qualifizierung „YOGA mit Kindern in Kita und Schule von 5–12 Jahren" des Landesinstituts für Pädagogik und Medien (LPM) im Saarland eingelassen. Ihr Können haben sie engagiert in den Bildungseinrichtungen erprobt und mit Ergebnissen umgesetzt, die dazu ermutigten, diesen Kinderyoga-Ansatz auf eine noch breitere Basis zu stellen.

Mit inspirierenden Gastbeiträgen haben für Sie mitgewirkt: Simone Gloeckner aus Berlin (mit Übungen zum Eltern-Kind-Yoga), Tina Stümpfig aus dem Allgäu (mit Übungen aus dem Jin Shin Jyutsu) und Yvonne Hanhoff aus Saarbrücken (Impulse zur Achtsamkeit). Ihnen allen sei sehr herzlich gedankt. Danke sagen möchten wir den Pädagog*innen, die kompetent und mit großem Engagement vor Ort die Yoga-Inhalte an Kita und Schule farbig gestalten und einen kleinen Erfahrungsschatz mit uns im letzten Kapitel teilen: Nicole Wein und Verena Adam, Karin Greveldinger und Tatjana König, Christine Spaniol und Alexandra Eisemann, Marina Wollscheit und Nicoline Thiele, Kerstin Schreiner und Anja Klär, Nicole Horenburg und Ina Jansen sowie Carolin Eifler und Karin Wagner.

Für konstruktive Kritik, wertvolle Anregungen und Korrektur danken wir Carolin Eifler, Ina Jansen und Christine Spaniol. Camilla Homering danken wir für die grafische Umsetzung.

Nun geht's los

Nun sind Sie dran und nun seid ihr Kinder gefordert, als kleine und große Yogi*nis an den Start zu gehen. Probieren Sie gemeinsam mit den Kindern einfach aus, was man mit Kinderyoga so alles machen, erforschen und begleiten kann. Sie werden überrascht sein. Freude am Leben und Lernen ist alles, insbesondere dann, wenn alle gerne mitmachen.

Viel Spaß, Lernfeuer und Forschergeist wünschen Ihnen und euch von Herzen die Autorinnen dieses Buches

Birgit Spengler
Petra Proßowsky

1. Grundlagen und Besonderheiten des Buches

Über die Entdeckung des Yoga

Es war einmal ... vor vielen Tausend Jahren, als Yoga im alten Indien des Shiva-Stroms entstand, da saßen die Yoginis und Yogis, wissende Frauen und Männer, lange und sehr still mit verschränkten Beinen, geradem Rücken und geschlossenen Augen im Yoga-Sitz an einem Ort. Sie wollten den Kopf vom Plappern der Gedanken und von sinnlosen Grübeleien befreien, um so ihren Weg zum Glück zu finden. Dies nannten sie „Meditation". Doch es kam anders ... vom vielen Sitzen schmerzten recht schnell die Beine und die Knie. Der Rücken tat furchtbar weh. *War das der Weg zum Glück? Was tun?*, dachten sie. Interessiert schauten sie in der Natur bei den Pflanzen und Tieren nach, wie diese es anstellten, immer beweglich, fit, stark und gelassen zu sein. Sie beobachteten den Bären, den Löwen, den Elefanten, den Affen, den Tiger, die Schlange und viele andere Tiere ganz genau. Aber auch den Himmel mit Sonne, Mond und Sternen erforschten sie intensiv, ebenso wie die Bäume und andere Pflanzen mit ihren Blättern und Blüten.
Nun fanden die Yogi*nis sehr bald heraus, dass sie von den Haltungen und Bewegungen in der Natur viel lernen konnten. Wenn sie die Position des Bären, des Löwen, einer Blüte oder der Sonne einnahmen, fühlten sie sich auf einmal viel besser. Schon nach kurzer Zeit waren sie um einiges entspannter, konzentrierter, ruhiger und fröhlicher als vorher und konnten besser meditieren.
So wurde Yoga erfunden, ja, man kann sagen: entdeckt. Noch heute ist Indien die Wiege des Yoga und noch heute heißen viele Yoga-Haltungen (Asanas) nach Erscheinungen in der Natur.

Wie ging es weiter?

Im Laufe der letzten Jahrtausende breitete sich das Wissen um Kraftquellen im Kosmos über alle Kontinente und in vielen Kulturen aus: in der indianisch-schamanischen Kultur Nord- und Südamerikas ebenso wie in der Kultur der Maoris in Neuseeland, bei den Aborigines in Australien ebenso wie bei den Menschen in Asien.

In Europa waren es die Kelten, die erkannten, dass die Menschen in enger Verbindung mit der Natur stehen, und die ihr Glück in der Stille suchten und ihre Kraft in der dynamischen Bewegung. Die Ausdrucksformen, Figuren und Namen änderten sich, der Sinn und das Ziel blieben auf tiefster Ebene in allen Kulturen ähnlich. Man spricht von der „kosmischen Tradition", die Natur und Mensch miteinander verbindet.
Auch die Kinder wurden nach und nach einbezogen. In vielen Kulturen geschah dies ganz natürlich sehr früh im Rahmen des Erwachsenwerdens.

Und wie sieht es heute aus?

Der größte Teil unseres heutigen Wissens stammt aus traditionellen mündlichen Überlieferungen, die nach und nach aufgeschrieben wurden. Auch heute noch regen diese dazu an, weiterzuforschen, zu entwickeln, zu experimentieren und zu erproben.
In Europa und speziell in Deutschland lernten die Kinder vor allem seit Mitte der 1990er-Jahre Yoga kennen. Sukzessiv wurde dieses zum Kinderyoga weiterentwickelt. Heute gibt es viele Formen des Yoga aus unterschiedlichen Strömungen für Erwachsene und für Kinder. Die Erfahrung zeigt: Kinder, die Yoga kennen, fordern Yoga-Elemente für sich ein – zu Hause mit den Eltern, in Kita und Schule oder miteinander. Mit viel Fantasie und kreativem Reichtum setzen sie die Übungen um.

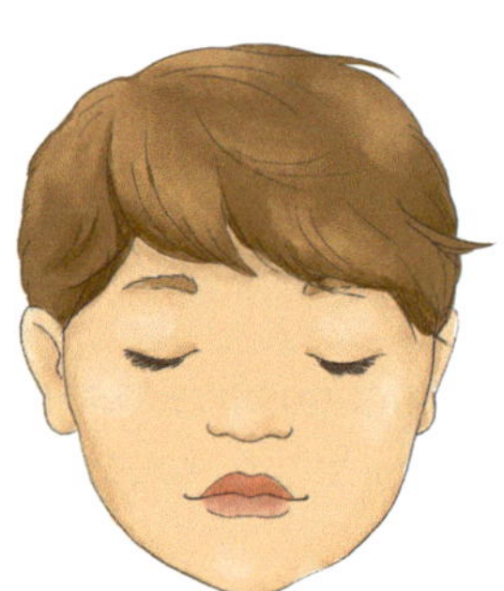

Fehlerfreundliches Lernen nach kindlichen Bedürfnissen in Kita und Schule

Kita und Schule werden immer stärker zu **idealen Lern- und Lebensorten**, die Kinder darin unterstützen, ihren eigenen Platz in der Welt zu finden, sich selbstwirksam zu spüren, kreativ zu erfahren und ihre Potenziale bereits in einer frühen Entwicklungsphase zu erkennen.

Viele Übungen des Kinderyoga lassen sich aus Bewegungen ableiten, die von Geburt an im Menschen angelegt sind, die aber mit zunehmendem Alter vergessen werden oder verloren gehen. Erinnern Sie sich an das „Schaukeln auf dem Stuhl von links nach rechts, nach vorn und hinten", den „Vierfüßlerstand mit gestrecktem Rücken und Popo nach oben" oder an das „Holzhacken mit schwingenden Armen durch gegrätschte Beine"? Kinder lieben diese Bewegungen – sie reaktivieren sie. Wir Erwachsenen können vieles von den Kindern lernen und abschauen, wenn wir bereit sind, ohne Bewertung und Vorgaben zu beobachten, wahrzunehmen und auszuprobieren.
Mit dem vorliegenden Praxisbuch können Sie Kinderyoga-Angebote in Kita und Schule alltagsintegriert einsetzen. Es gibt Antworten auf die jahrelange und stetig wachsende Nachfrage von Kita und Schule nach **neuen und fehlerfreundlichen Lernformen**. Das Bedürfnis nach Stille, Entspannung, Stressabbau, Konzentrations-, Bewegungs- und Gesundheitsförderung im Unterricht oder in der Kita ist hoch. Der Ansatz dieses Buches berücksichtigt diese Anforderungen, aber geht zudem darüber hinaus: Im Fokus stehen die Potenzialförderung und individuelle Ressourcenstärkung jedes Kindes im lernenden System Kita und Schule.

Yoga ist Empowerment und Potenzialförderung

Yoga für Kinder bringt positive Veränderungen in der Persönlichkeitsentwicklung. Yoga stärkt die Entfaltung von Talenten, die Entwicklung von Lebenskompetenzen und Partizipationschancen aller Kinder. Die Kinder eignen sich **neue Lernstrategien an, die ungeahnte Lernerfolge** im Leben (und im Bildungsalltag) begünstigen und sichtbar werden lassen.
Dabei geht es um die Ressourcen und Möglichkeiten, also um einen **ganzheitlichen Blick auf die Lebenswelten der Kinder und Familien** (auf Herkunft und Zukunft, familiäre Situationen etc.). Je besser die Pädagog*innen die Lebensbedingungen, Lebenserfahrungen und die familiäre Alltagsbewältigung der Kinder kennen, je mehr sie über ihre Nöte, Sorgen, Lebensschritte und Erfolge wissen, desto eher gelingt es, für ein gesundes Aufwachsen der Kinder und die Bewältigung von Herausforderungen gemeinsam Sorge zu tragen. Auf die Beziehung kommt es an. Dies gilt auch für einen guten Kontakt und Austausch mit den Eltern. Kinderyoga öffnet auf spielerische Art und Weise neue Tore und auch solche, die zuvor verschlossen waren.

Kinderyoga ist erfahrungsbasiertes Lernen – und zwar auf vielfache Weise. Es aktiviert **Lebenskompetenzen und Resilienzen**: Sich selbst und die Welt zu erforschen, auszuprobieren, es anders zu machen und immer wieder neu anfangen zu dürfen, macht Mut, gibt Selbstvertrauen, stärkt Selbstwirksamkeitserleben, kreatives Denken und Handeln. Kinder, die sich wohlfühlen, sozial kompetent sind und mit Stress umgehen können, sich mitteilen und Probleme handhaben können und an den eigenen Erfolg glauben, sind bestens für die Anforderungen in Kita und Schule gerüstet: beim Bewältigen neuer Lerninhalte, beim Selbstmanagement, und vor allem in der Beziehung zu anderen Kindern und Pädagog*innen. (vgl. Haug-Schnabel, Bensel, Fischer 2020: 7).
Yoga für Kinder intensiviert und fördert emotionale und soziale Stabilität, Sprachkompetenz, angemessenes Sozialverhalten, Weltwissen, Werteorientierung und – last but not least – einen gesunden Geist in einem gesunden Körper.
Bei alldem kommt es auf die Kinderperspektive an. Kinder erleben sich beim Kinderyoga als autonome Denker*innen und kreative Gestalter*innen ihres Lebens; sie entscheiden, formen und finden ihren eigenen Ausdruck. **Partizipation, Kooperation** und **Freiwilligkeit** stehen auf der Agenda ganz oben. Pädagog*innen begleiten sanft, sie geben Anleitungen, sie regen Kinder

zum Explorieren des eigenen Weges an. Auch in anderen Kulturen der Erde lieben Kinder „ihr Kinderyoga". Sie können oft nicht genug davon bekommen und, es ist kaum zu glauben, ermutigen die Erwachsenen, im Unterricht, in der Kita und zu Hause mitzumachen. Warum kann Yoga so wirken? Yoga mit Kindern **eröffnet Lernräume, lässt die Kinder zu sich selbst kommen** und erlaubt ihnen, ihr Wesen, ihr Können und ihre Ausdrucksmöglichkeiten zu erfahren und zu verändern. **Schlummernde Potenziale, unerkannte Ressourcen und individuelle Fähigkeiten** werden sichtbar. Welch ein Gewinn!

Achtsamkeit sich selbst und anderen gegenüber

Wer seine **eigenen Kräfte gut aktivieren und steuern** kann, der kann auch **achtsam in der Begegnung** mit sich und anderen sein, voller Vertrauen Beziehungen eingehen und zu einem wirklichen Dialogpartner werden. Kinder erblühen, wenn sie empfinden, dass Pädagog*innen und Eltern ihre Lernprozesse **mit Achtsamkeit** begleiten und **ermutigend** unterstützen. In diesem Sinne ermöglicht Yoga für Kinder **achtsames Lernen**. Achtsames Lernen steht für ein Erspüren von Möglichkeiten und eröffnet Kreativität und Freiräume, in denen offenes Denken möglich ist. In dem Maße, wie es allen Verantwortlichen gemeinsam gelingt, Begeisterung, Neugier, Forschergeist und Handlungsmut in sich selbst und in den Kindern zu wecken, reift positives Lernverhalten. Die Kinder **entfachen ihr Lernfeuer** erstmals oder von Neuem, aber auf alle Fälle selbstständig. Erfahren Kinder Unterstützung und Ermutigung, Begegnung, Austausch und Verlässlichkeit in der Beziehung, so finden sie auch **ihren Platz in der Welt**: den Platz in der Gruppe, in der Klasse, in der Familie und bei Freund*innen. Ankommen zu dürfen, ist damit verbunden, sich willkommen zu fühlen, gesehen zu werden, dazuzugehören. Es heißt, da zu sein, wie man ist, mit allen individuellen Eigenheiten und Schönheiten, die Kinder und Erwachsene mitbringen.

AUS DER PRAXIS:

Orte der Geborgenheit schaffen

Kitas und Schulen sind Orte der Geborgenheit. Mit Yoga für Kinder können Sie diese Orte zusätzlich verschönern. Auch Klang, Duft, Farben und kreative Raumgestaltung sind möglich. Kinderyoga vertieft Lernen über ästhetisches Spiel, auch im Unterricht. So entsteht eine Atmosphäre des Vertrauens, die Perspektiven von Selbstsicherheit und Zuverlässigkeit in der Begegnung eröffnen kann. Rituale, regelmäßige Abläufe und Strukturen sowie wiederholt positive Erlebnisse gehören dazu. Können wir individuell unterschiedliche Bedürfnisse verstehen, empathisch und achtsam in der Haltung und präsent in der Aufmerksamkeit sein, mit Feinfühligkeit und gutem Ton in der Sprache, dann ist ein Miteinander-Sprechen und Voneinander-Lernen möglich. Yoga für Kinder eröffnet diese Chance.

Wichtig ist zudem: **Kinder lernen mit und von Kindern – Peers (Gleichaltrige) lernen mit und von Peers. Kinder und Peers** engagieren sich gemeinsam, übernehmen Verantwortung und stemmen Herausforderungen mit gegenseitiger Unterstützung – auch dieser innovative pädagogische Ansatz wird mit und über Yoga für Kinder gefördert. Wenn ich mich selbst und die anderen besser kenne, ihre Motivation, Gefühle und Wahrnehmung von „sich selbst in der Welt" verstehen lerne, dann kann **Freundschaft, Beteiligung, Peer-Group-Lernen wachsen. Es gedeiht wirkliche Teilhabe** aller Kinder und Familien, unabhängig von sozialem Milieu, kultureller und religiöser Herkunft, Gender, Persönlichkeitsmerkmalen oder Beeinträchtigungen.
Inklusion aller Kinder und Erwachsener – diesem Bewusstseinsansatz, der Werte- und Vorurteilsbewusstsein über alle Grenzen und Kulturen hinweg und auf der Basis der Würde jedes Menschen einfordert, ist dieses Buch mit großer Selbstverständlichkeit verpflichtet.

Wer macht mit beim Yoga für Kinder?

Das Buch richtet sich an **alle Pädagog*innen und multiprofessionellen Teamkolleg*innen in Kita, Grundschule und Ganztag**, die Potenziale entdecken und Talente fördern möchten und dabei neue Wege gehen wollen. Gute Erfahrungen vor Ort haben Kolleg*innen gemacht, die als Co-Teacher im Tandem mit den Kindern Yoga eingeübt haben. Und so manches Mal waren auch Kita- und Schulteams Feuer und Flamme, nachdem sie den „übenden" Kolleg*innen über die Schultern geschaut und sich, von den Ergebnissen inspiriert, nach und nach zum Nachahmen haben „anstecken" lassen. Eine Möglichkeit, kein Muss. **Eingeladen sind Kinder im Alter von vier bis neun Jahren** in Kita und Grundschule, mit oder ohne Herausforderungen. Ältere Kinder der Grundschulen, die Interesse, Liebe oder Bedarf mitbringen, sind ebenso herzlich willkommen. Letztlich hat Kinderyoga eine „ansteckende" Wirkung – es wirkt verbindend, schafft Freundschaften und ist immer für Überraschungen gut. Einige aus dem Leben gegriffene Beispiele finden sich im Kasten.

AUS DER PRAXIS:

Yoga verbindet Kinder

„... und plötzlich hab ich meine Übung so gut gemacht, dass mich meine Lehrerin fragte, ob ich nicht mit ihr zusammen das Yoga anleiten will", berichtet Marie und fügt hinzu: „Ich bin jetzt Co-Teacher. Darauf bin ich stolz. Und in der Pause übe ich mit meinen Freundinnen weiter. Klaro, ich steh dabei vorn." Leon geht in Maries Klasse. Er ergänzt: „Ich war immer der Letzte beim Lernen. Ich konnte mich nicht gut konzentrieren. Schon in der Kita haben Kinder über mich gelacht. Dann habe ich die Übung mit der goldenen Kugel entdeckt, meine Hände konnten zaubern. Alle wollten von mir lernen, wie das geht. Eins, zwei, drei, Zauberei! Seitdem habe ich viele Freunde. Ich kann was Besonderes, und das wissen jetzt alle." Anna weint, ihre Mama kommt nicht zum Abholen, sie muss noch 30 Minuten in der Kita warten. Plötzlich hat sie eine Idee: „Nee, nicht weinen, Anna", ermutigt sie sich selbst, „ich frage ein paar Kinder, die auch noch nicht abgeholt worden sind, und dann machen wir den Yoga-Bär, der ist stark und gibt Mut und Kraft." Und schnell ist die halbe Stunde vorbei und Anna läuft strahlend auf ihre Mutter zu.

Familien im Boot

Eltern, Großeltern, Geschwister und all diejenigen, die gerne mit Kindern die Elemente des Yoga erforschen und spielend zu Hause umsetzen möchten, werden zum Mitmachen ermutigt. Yoga bringt Pädagog*innen und Familien in ihrer Heterogenität zusammen und eröffnet **neue Wege des Dialoges, der Zusammenarbeit und der Beteiligung**. Eltern, die bisher weniger Anknüpfungspunkte, Kontakt oder Zugang zu Bildungseinrichtungen finden konnten, erleben mit Yoga als „kleiner Hausaufgabe" Spaß und Freude. Viele berichten dann gerne über die positiven Ergebnisse, Veränderungen und ihre gemeinsamen Erfolge jenseits von Schule und Kita. Vielleicht können Sie sich ein inneres Bild malen über das, was möglich ist: Beim Elternabend ist Lisas Familie jetzt häufiger zu sehen ... Mustafas Vater baut im Frühjahr den Schulsteingarten aus ... die Mutter von Elaine hält als Kinderärztin einen Vortrag über Pandemien ... Pedros Eltern engagieren sich beide im Gremium zur inklusiven Schulentwicklung in der Grundschule ... Alvas Mutter liest in der Kita in deutscher und arabischer Sprache vor ... Yoga für Kinder kann den **Weg zur Bildungspartnerschaft** ein wenig schöner machen. Meinen Sie nicht auch?

„Bildung von Anfang an"

Mit der Zauberformel **„Bildung von Anfang an"** unterstützt Yoga mit Kindern, systemisch gesehen, **eine durchgängige Bildung von der Familie zur Kita in die Grundschule** hinein. Dabei findet der Übergang von der Kita zur Grundschule besondere Berücksichtigung mit einer Vielzahl an Übungen und Yoga-Angeboten, die den Abschied in der Kita erleichtern und den Neuanfang in der Schule begrüßen.
Mit Blick auf die zunehmende Notwendigkeit **einer multiprofessionellen Zusammenarbeit und Vernetzung** sind alle Angebote dieses Buchs letztlich offen für alle Menschen im Bildungs-, Sozial- und Gesundheitsbereich, die mit Kindern in Liebe und Freude arbeiten, mit ihnen spielen, sie lehren und fördern oder im Wachstum unterstützen möchten.

Die Umsetzung der Yoga-Elemente im Unterricht und alltagsintegriert in der Kita

Kinderyoga ermutigt, Kindern kreative Lernräume zu eröffnen und sie differenziert zu fördern. Besonders wirksam ist, die Sequenzen **situationsgerecht im Unterricht der Schule sowie alltagsintegriert und jahrgangsübergreifend in der Kita zu „leben"**. Das Angebot ist als **Teil des Kita- bzw. Schulalltags konzipiert** und wird nicht supplementär aufgesetzt.
In der Kita sind die Yoga-Elemente jederzeit spontan und situativ, aber auch geplant zu bestimmten Zeiten durchführbar:

- **in der Gruppe mit allen Kindern** (z. B. als Ritual im Morgenkreis, vor dem Mittagessen, in Projekten),
- **in einer Kleingruppe**, die sich spontan bildet, Yoga selbstwirksam ausprobiert, mit Begeisterung andere Kinder nach und nach mit einbezieht, Differenzierung und Peer-Lernen ermöglicht sowie
- **in jahrgangsgemischten Gruppen**, im Rahmen des Spiels, bei Projekten oder der Erkundung der Welt, drinnen und draußen.

Im Unterricht der Grundschule können die Yoga-Elemente motivationsfördernd und begeisternd im Klassenraum durchgeführt werden. Vor dem Tisch und auf Stühlen sitzend, ist Yoga möglich. Die Kinder können aber auch hinter den Stühlen stehen oder einen freien Raum des Klassenzimmers nutzen. Yoga erfolgt im Unterricht sequenziell, „so zwischendurch", wenn es leicht ist oder schwierig wird, ganz situativ und bedarfsabhängig. „Ist es nicht ein bisschen eng dort? Sind Gruppen- und Klassenraum wirklich geeignet?", werden einige Leser*innen vielleicht fragen. „Im Gegenteil, Yoga geht bestens in diesen Räumen", lautet die Antwort darauf. Die mehrjährige Erprobung hat bewiesen: Yoga bringt gerade dort auf kurzem Weg Abwechslung und die Kinder freuen sich auf diese. Yoga im Unterricht und in der Kita darf spontan geschehen, ist fließend integrierbar und sollte gleichermaßen alle beteiligen. Dass Kinder mit Kindern lernen oder Co-Teacher werden, ist gerade hier sehr gut möglich. Selbstverständlich sind mithilfe des Kinderyoga auch AGs, Spielstunden am Nachmittag oder in der Ganztagsbetreuung mit den Eltern realisierbar. Die Praxis zeigt jedoch – und dies ist auch das Besondere dieses Buches: Kinderyoga funktioniert im Unterricht und Kita-Alltag immer und jederzeit ... mit wohl noch größerer, langfristigerer und intensiverer Wirkung.

Noch ein paar Worte zum Thema Zeitbudget. Die Umsetzung des Kinderyoga ist einfach, deshalb ist es jederzeit eine gute Option: Mal können es fünf Minuten sein, mal ist es eine Viertelstunde; vielleicht planen es manche täglich oder auch nur bei Notwendigkeit; umsetzbar ist es in der Klassenstunde oder im Morgenkreis oder ganz einfach zwischendurch. Der Kreativität, der Freiwilligkeit und dem Forschergeist von Kindern und Pädagog*innen, sich aus der Kinderperspektive gemeinsam zu bewegen, zu spielen und zu lernen, sind keine Grenzen gesetzt.

Fehlerfreundliches Lernen nach kindlichen Bedürfnissen in Kita und Schule

Für dieses Buch wurde der inhaltliche Fokus darauf gesetzt, **ein Repertoire der Vielfalt im Koffer voller Möglichkeiten anzubieten:** Das Angebot an Yoga-Elementen ist breit gefasst, interkulturell angelegt, spielerisch und bunt gestaltet. So viel wird jetzt schon verraten: Auch Massagen, Traumreisen, Klangelemente und Yoga-Spiele sind dabei.

AUS DER PRAXIS:

Hohe Nachfrage nach Yoga für Kinder

Inwieweit Kinderyoga nachgefragt wird, zeigt ein Zitat von Christine Spaniol, Grundschullehrerin im Saarland – sie ist auch verantwortlich für den Übergang von der Kita zur Grundschule und die Kooperation beider Institutionen. „Die hohe Nachfrage an meiner Schule bestätigt den großen Bedarf, Kinderyoga im Unterricht und alltagsintegriert in der Kita anzubieten. Positives Lernverhalten entwickelt sich über Begeisterung, Neugier und kreativen Geist. Die Kinder haben immer begeistert mitgemacht, wollen weitermachen und fordern, dass auch andere Pädagog*innen sich engagieren und die Yoga-Elemente in den Unterricht oder den Kita-Alltag einbringen." Ein gutes Signal, das zum Nachahmen einlädt.

Kinderyoga in Kita und Schule mit Blick auf die Gesellschaft

Gesellschaftlich gesehen, trägt das vorliegende Buch den immer komplexer werdenden **sozialen, bildungsverändernden** und **gesundheitlichen Herausforderungen** in Familie, Kita und Schule Rechnung. In Stichworten benannt: wachsende soziale Benachteiligung und Bildungsarmut auf der Basis sozialer, kultureller und finanzieller Risikolagen von Familien; Zuwanderung und Interkulturalisierung; Wertewandel; Unsicherheit des Aufwachsens in einer Pluralität von Familien- und Peer-Konstellationen; Abhängigkeit von Medienwelten; Zunahme von Gewalt unter Kindern und Jugendlichen; Kommunikations- und Sprachprobleme; Ernährungs- und Gesundheitsdefizite; Leistungsdruck und Bildungsstress; wenig Freizeit schon bei den Kleinen und, und, und … Viele der Ursachen sind in der **(immer unsicherer werdenden) Lebenswelt** zu finden. Dazu gehören auch die globalen Krisen und ein destabilisierendes Lebensumfeld der Kinder. Einige Fakten: Etwa ein Drittel aller Kinder mit sprachlichen Integrationsproblemen sind Kinder mit Migrationshintergrund und/oder Fluchterfahrung. Schon im Kindes- und Jugendalter treten in zunehmendem Maße hohe **Gesundheitsdefizite** zutage, sehr früh werden gesundheitliche Probleme diagnostiziert. „Kinder mit besonderen Herausforderungen" leiden unter sogenanntem ADHS, einer Lese- und Rechtschreibstörung, Konzentrations-, Lern- und Entwicklungsschwächen sowie Verhaltensauffälligkeiten. Seit 2014 wird diese Fehlentwicklung von den Bildungs-, Kinder- und Jugendberichten der Bundesregierung (BMBF), der Länder, des Deutschen Jugendinstitutes (DJI) und der Kinder- und Jugendforschung ebenso wie von zahlreichen Aktionsplänen zur Bekämpfung von Kinderarmut nachgewiesen.

Unsere Schlussfolgerungen

Übergreifendes Ziel des Buches ist es, mit Blick auf die eben dargestellten Entwicklungen einen Beitrag zu leisten, um

- **Bildungsbarrieren** und **Bildungsarmut** abzubauen,
- allen Kindern chancengleich und in ihrer Heterogenität sowohl **gesundheitsförderlich-präventive** als auch **bildungsgerecht-potenzialfördernde Teilhabe** zu ermöglichen und
- den **pädagogischen Alltag** mit individuell noch differenzierterer Unterstützung, gewinnbringend für Kinder und Pädagog*innen, zu **bereichern**.

Und zu guter Letzt …

… stützt sich das vorliegende Buch auf das auf vier Jahre angelegte lebensweltorientierte und gesundheitsfördernde Projekt „YOGA mit Kindern in Kita und Schule von 5–12 Jahren", entwickelt und umgesetzt vom Landesinstitut für Pädagogik und Medien (Ministerium für Bildung und

Kultur des Saarlandes) in Kooperation mit den Krankenkassen des Saarlandes. Dabei fließen die Erfahrungen von über 90 Kita- und Schulstandorten im Saarland sowie die Erkenntnisse der Qualifizierungen von Pädagog*innen aus Kita und Schule mit ein. Ihnen allen gilt unser besonderer Dank.
Die Inhalte wurden mit Pionier*innen des Yoga für Kinder in Deutschland erfahrungsbasiert (weiter)entwickelt und interkulturell ausgerichtet. In Zielsetzung, Orientierung und Umsetzung sind sie bundesweit einzigartig in der Synergie von Bildung, Prävention, Gesundheitsförderung und der Entwicklung von Lebenskompetenzen und Potenzialförderung.

AUS DER PRAXIS:

Blitzlicht auf die Besonderheiten und Stärken des Buches

- **Kinderyoga als Bildung für nachhaltige Entwicklung:** Potenzialförderung und Empowerment werden in den Fokus gerückt.
- **Auf die Kinderperspektive kommt es an:** Kinder werden als autonome Denker*innen und kreative Gestalter*innen ihres Lebens gesehen.
- **Bildung in der Kita von Anfang an:** Kinderyoga unterstützt durchgängige Bildung, der Übergang von der Kita zur Grundschule wird besonders berücksichtigt.
- **Yoga im Unterricht und im Kita-Alltag:** Ein Erfolgskonzept, das auch für „nur mal so zwischendurch" geeignet ist.
- **Chance der multiprofessionellen Kooperation und Vernetzung:** Yoga verbindet Menschen.
- **Bildungspartnerschaft mit Familien:** „Yoga als kleine Hausaufgabe" eröffnet neue Wege der Verbindung und des Dialoges.
- **Peer-Group-Kooperation:** Kinder lernen von und mit Kindern.
- **Bildung, Prävention und Gesundheit in einem Guss:** Yoga mit Kindern schafft Synergien.

Wir versprechen Ihnen: Kinderyoga zeigt rasch und starke Wirkung – auf körperlicher, mentaler und seelischer Ebene. Mehr lesen Sie im nächsten Kapitel, in dem Sie einen „Methodenkoffer für die Praxis" an die Hand bekommen.

2. Methodenkoffer für die Praxis: Yoga mit Spiel, Spaß und Empowerment

Die goldenen Yoga-Regeln und erste praktische Übungen für Unterricht und Kita-Alltag

Was ist Yoga – was bewirkt Yoga?

Wir begeben uns auf die Reise von der Philosophie in die kindzentrierte Praxis. Das Wort „Yoga" wird aus der indogermanischen Wurzel „yui" abgeleitet. „Yui" bedeutet „Verbinden". „Yoga" bedeutet „das Verbinden und In-Einklang-Bringen von Körper, Geist und Seele". Yoga hat in Indien eine jahrtausendealte Tradition. Ein wesentliches Ziel der Yoga-Lehre ist die Beruhigung der Gedankentätigkeit und das bewusste Erleben des Zusammenhangs von Körper, Geist und Seele. Yoga reicht bis in die Bereiche der Philosophie, Psychologie und Religionswissenschaften.

In Westeuropa hat sich der uralte vedische Übungsweg in sehr unterschiedlichen Richtungen angepasst und weiterentwickelt. Weit verbreitet und bekannt ist die **weltoffene Philosophie des Hatha-Yoga** als Harmonisierungsweg von „innerer und äußerer Welt im Augenblick". In diesem offenen System sind alle Menschen eingeladen, zu Eigenverantwortung und Selbsterfahrung der Welt zu kommen, unabhängig von Religion, Weltanschauung oder sozialer Zugehörigkeit.

Das breite Spektrum des Yoga umfasst u. a.

- Körperübungen,
- Konzentration nach innen (Entspannungs-, Wahrnehmungs-, Meditations-, Konzentrationsübungen) sowie
- Atemübungen.

Diesem Buch liegt eine sehr offene, spielerische, werte- und körperorientierte Form des Yoga für Kinder zugrunde. Die Basis bilden **Beobachtung, Wahrnehmung, Verstehen-Wollen und Nachahmung der Welt und ihrer Erscheinungen**. Vor allem kleine Kinder – so belegen viele Studien der frühkindlichen Bildung – können dies noch: Sie tauchen mit ihrem ganzen Sein und ihrer Aufmerksamkeit ein in den Augenblick, in das „NUN", das aus Erwachsenensicht vergleichbar ist mit Beobachten und Handeln aus einem meditativen Zustand heraus. So beobachten sie z. B. eine Rose, staunen neugierig über ihre Farben und Formen, die Blätter und Blüten, riechen und probieren (schmecken) die Pflanze, begreifen ihr Wesen, ahmen sie nach und werden so allmählich selbst zur Rose, für einen kurzen Moment, im „NUN". Erwachsene dürfen sich dieses „Einfach-so-Sein" wieder zurückerobern.

Kennen Sie diese Situation? Toma, drei Jahre alt, spielt versunken in der Kita „Baustelle" und wird mehrfach von Pädagog*innen aufgefordert, das Spiel zu wechseln und in stärkere Interaktion mit den Spielkamerad*innen zu treten. Er hört nicht, erst nach mehrmaligem Auffordern folgt er gehorsam mit gesenktem Kopf. Die Eltern werden gebeten, Konzentration und Aufmerksamkeit sowie Hörverstehen ggf. ärztlich überprüfen zu lassen. Eine wahre und zu häufige Geschichte, die früh ihren Anfang nimmt und in der Grundschule und darüber hinaus in anderen Formen ihre Fortsetzung findet. Schauen wir hier doch einmal mit anderem Blick: Könnte es sein, dass Toma, ganz im „NUN" versunken, selbstbewusst und intensiv auf der „Baustelle" sein Spiel gestaltet? Könnte es sein, dass er sich ganz selbstbestimmt, positiv und klar nicht ablenken lassen wollte von den auf ihn zukommenden Äußerlichkeiten und Fremdbestimmungen – dass er bei seiner „aktiv gestalteten Arbeit" bleiben wollte? Und könnte es sein, dass der Junge gerade in diesem Spiel einen Zustand des Glücks erfahren durfte, nach dem wir Erwachsenen, mühsam übend, streben? Eine ganz andere Perspektive, oder? **Perspektivwechsel ist hier das Zauberwort.**

Unser Anliegen ist es, diesen angeborenen yogischen Seinszustand bei Kindern so lange und stark wie möglich zu erhalten oder ihn bewusst wieder wachzurufen. Es geht also um sehr viel mehr als um Körperübungen, Atem- und Entspannungstechniken. Daher widmen wir uns in diesem Buch implizit in allen Kapiteln auch den Yamas und Niyamas (siehe unten) als „kleinem roten Pfad der Tugenden und Werte" – alles ist natürlich verständlich für Kinder übersetzt. Die kleinen Hinweise und Tipps zu Werteorientierung und Verhaltensregeln bei den Yoga-Sequenzen bereichern den Unterricht und regen Kinder an, den Umgang mit sich selbst und anderen zu reflektieren und, wo nötig, auch zu verändern.

Zum Hintergrund der Yamas und Niyamas

Wer sich für die Philosophie des Yoga tiefergehend interessiert, stößt auf den indischen Arzt und Philosophen Patanjali, den Begründer einer der sechs indisch-orthodoxen Philosophien. Mit dem **„achtgliedrigen Pfad des Yoga"** fasste er erstmalig die bisher mündlich überlieferten Lehren in Lehrsätzen, den 196 „Yoga Sutras" (Versen in Sanskrit) zusammen, die seither als klassischer Leitfaden des Yoga Gültigkeit haben. Jedes dieser acht Glieder fußt auf praktischen und auch heute noch sehr lebensnahen ethischen Vorgehens- und Verhaltensweisen im Alltag, die sich aus dem Üben bei jedem Menschen positiv weiterentwickeln, einander bedingen, sich ergänzen und eine Einheit bilden. Stetiges Üben ermöglicht die ganzheitliche Entwicklung eines freien, klaren Geistes, gesunden Körpers und strukturierten Handelns. Im Hatha-Yoga für Kinder fließen im Folgenden neben den Körperübungen („Asanas") die „Yamas" (der Dienst am Du) und die „Niyamas" (die Selbsterkenntnis) ein, heute hochaktuell als „Ich-Kompetenz" (Selbstwirksamkeit und Selbstregulierung) sowie „Sozialkompetenz" (soziales Zusammenleben) bezeichnet. Sie finden sie bei jeder Übungsbeschreibung unter „Übungsschwerpunkte und Lernziele" eingefügt.

Die Yamas und Niyamas des Hatha-Yoga für Kinder im Überblick

Im Folgenden werden die Tugenden, Werte und Erkenntnisse aus dem Hatha-Yoga vorgestellt, aus denen sich sowohl Reflexionsimpulse als auch praktische Handlungsvorschläge ableiten lassen – für ein individuelles und verfeinertes Wachstum im Leben. Diese Prinzipien lassen sich mit den Kindern fantasievoll auf den Alltag in Kita, Schule, Familie, Freundeskreis und Umwelt übertragen. Kindgerecht mit Praxisbeispielen und lebensweltorientierten Anregungen gefüllt, werden Lebenskompetenzen, Potenziale, Werteverständnis, Verantwortung, emotionale Stabilität und Selbstwirksamkeit des Kindes gestärkt. Die Darstellung stammt von Petra Proßowsky.

Yamas: Der Blick auf ein friedliches und wertschätzendes Zusammenleben mit Menschen und Tieren im sozialen Umfeld

- **Ahimsa** – Wohlwollen, Mitgefühl: respekt-, liebe- und friedvoll mit sich selbst und allen Lebewesen umgehen, nicht verletzen, achtsam sein in Gedanken, Worten und Taten
- **Satya** – Differenzsensibilität: wahrhaftig, aufrichtig, ehrlich sein, den*die andere*n annehmen, wie er*sie ist
- **Asteya** – Gemeinwohl: nicht stehlen, großzügig geben und teilen, mit Wünschen und dem Haben- und Besitzen-Wollen gut umgehen
- **Brahmacharya** – Schutz: Maß halten, eigene und andere Grenzen beachten, die Umwelt sorgsam hüten
- **Aparigraha** – Einheit: unbestechlich sein, bescheiden und zufrieden sein, im Einklang mit der Fülle der Natur, dem Reichtum der Erde und persönlichem Besitz sein

Niyamas: Der Blick auf Selbsterkenntnis und individuelle Selbstentwicklung

- **Saucha** – innere Schönheit: Reinheit von Körper, Geist und Umgebung erstreben
- **Santosha** – Selbstwirksamkeit, Selbstvertrauen, Mitmenschlichkeit: zufrieden sein, das Leben wertschätzen, Lebensfreude haben, freundlich im Umgang mit sich und anderen sein
- **Svadhyaya** – Selbsterforschung: sich selbst reflektieren, z. B. mit der Frage „Wo stehe ich? Wo will ich hin?"
- **Tapa** – Empowerment: Selbstdisziplin, Konzentration, Ausdauer und Durchhaltevermögen entwickeln, das innere Feuer stärken, aus unangenehmen Erfahrungen lernen
- **Ishvara Pranidhana** – Vertrauen: Vertrauen in eine höhere Kraft haben

Ziel und Wirkung des Yoga für Kinder: ein gesunder Geist in einem gesunden Körper

Yoga mit Kindern zeigt rasche und tiefe Wirkung und bringt positive Veränderungen auf unterschiedlichen Ebenen im wechselseitigen Zusammenspiel von Körper, Seele und Geist. Über viele Anregungen und Erfahrungen mit allen Sinnen erleben die Kinder sich als selbstwirksam und kompetent, sozial eingebunden und geliebt. Sie gehen in Beziehung und Dialog, erkunden die Welt forschend und erfinderisch, kommen zu unerwarteten Lösungen und **wachsen oft weit über sich hinaus**. Alle Kinder erfahren dabei ein Wachstum, das im Ergebnis weder gezielt steuerbar noch vorhersehbar ist.
Manche Kinder erfinden sich durch Yoga geradezu neu, so der 7-jährige, etwas schmächtige Kevin, Grundschule Klasse 2. Aufgrund seiner Hyperaktivität, fehlender Konzentration und Unaufmerksamkeit im Unterricht

und in den AGs Sport, Gartenpflege und Lesewerkstatt wurde er von der Schulleitung zum Kinderyoga geschickt. Er brachte Moritz mit, seinen etwas rundlichen, einzigen Freund und Begleiter, der ihn beschützte und ihm nicht von der Seite wich. Es war vorhersehbar, dass beide keinerlei Interesse zeigen würden, aktiv mitzumachen. Kevin und Moritz erhielten auf ihren Wunsch hin die Erlaubnis, in Stille zuzuschauen und ihre Hausaufgaben zu machen, freitags in der Mittagsstunde. Zum Erstaunen aller funktionierte dies sechs Wochen lang ohne Zwischenfall. In der siebten Woche, als andere Kinder mehrfach kleine Störfeuer zu starten versuchten, stand Kevin plötzlich auf, wies diese Kinder zurecht und zeigte ihnen in einer Perfektion der Ausgeglichenheit und des Wissens die Yoga-Übung „Baum des Lebens", die gerade dran war. Er tat dies ganz aus sich heraus, ohne Anleitung, nur auf seiner Erfahrung der Wahrnehmung und Beobachtung basierend, wie es nicht feiner, empathischer und klarer hätte sein können.

Ab diesem Zeitpunkt durfte Kevin viele Übungen als Co-Teacher mit oder gar allein anleiten. Seine Zartheit, Stille und Zurückhaltung, die sehr wohl mit Durchsetzungsfähigkeit, Willen und Können einherging, wurde von allen akzeptiert und sogar von manchen bewundert. Sein Verhalten im Unterricht änderte sich vollkommen, mit dieser selbst gefundenen Identität, die sein Wesen prägte. Er wurde zu einem guten und aufmerksamen Schüler. Sein Freund Moritz veränderte sich ebenso, wurde er doch nicht mehr als Beschützer oder Helfer in der Not gebraucht. So fand auch er seinen eigenen und freien Platz in der Gruppe und Klasse, er lernte fleißig und selbstständig und hatte viele Freunde, die seine Interessen teilten.

Der Gewinn des Yoga kann also ebenso vielfältig wie tief sein. Mögliche Wirkungen sind abhängig von der inneren Präsenz und einer guten Körperspannung. Im Folgenden finden Sie einen Versuch, den Reichtum an möglichen erwerbbaren Schätzen auf einen Nenner zu bringen.

Ein gutes Körpergefühl

- starke Muskeln, Faszien, Drüsen sowie eine bessere Durchblutung
- gute Motorik und Körperkoordination, Elastizität der Muskeln und Gelenke und aufgerichtete bzw. aufrechte Körperhaltung
- gesunder, fließender Atem (bei Kindern ohne Steuerung)
- Beweglichkeit, Geschmeidigkeit und Kraft
- Gleichgewicht, Standfestigkeit und Stabilität des Körpers
- koordinierte, stabile Bewegungsabläufe

Potenziale entdecken und Lebenskompetenzen stärken

- Entwicklung neuer Fähigkeiten sowie noch schlummernder oder in Vergessenheit geratener Talente
- Stärkung von Selbstbewusstsein, Selbstvertrauen und Selbstwirksamkeit
- Spaß, Neugier, gute Laune und Humor
- angemessener Umgang mit Gefühlen und Steuerung der eigenen Kräfte
- Kreativität, Freude am Lernen und am Leben
- Entwicklung von Sensibilität, Empathie und Feingefühl für sich und andere
- Ausdauer und Durchsetzungsvermögen
- Sensibilisierung für menschliche Werte und Tugenden, wie Mitgefühl, Toleranz, Freundlichkeit und Hilfsbereitschaft
- Förderung von sozialem Miteinander, Zusammenarbeit und Unterstützung

Yoga macht Kinder stark, wissend, hell und wach

- Harmonisierung der Gehirnhälften, Vernetzung der Gehirnareale und Beruhigung des Nervensystems
- Steigerung einer guten Wahrnehmung, Konzentration, Aufmerksamkeit und Achtsamkeit
- Ausgeglichenheit und Entspannung
- Orientierung, Ordnung und Sicherheit
- äußerer und innerer Halt

Kinderyoga als Gewinn für das ganze Leben

Yoga kann ein wirkungsvolles Bindeglied zwischen Menschen unterschiedlicher Glaubensrichtungen und Weltanschauungen sein und einen weltoffenen Bildungs- und Erziehungsprozess effektiv unterstützen. Auch Pädagog*innen profitieren von den Bewegungs- und Entspannungsübungen, die den Unterricht und die

Kita-Gruppen auflockern. Sie können aus der kleinen Yoga-Pause Kraft und Ruhe schöpfen.
Während Erwachsene im Yoga meist Heilung und Selbsterfahrung suchen, hat Yoga für **Kinder** primär die **Stärkung und Aktivierung des Körpers zum Ziel**. Die Körperwahrnehmung und die Achtsamkeit sowie die Freude an Bewegungen werden geweckt. Für die Kinder ist Yoga ein Weg, sich mit ihrem Körper und ihren Gefühlen auseinanderzusetzen, ihre Kraft zu spüren und zu steigern. Kinder lernen schnell und was sie als Kind gelernt haben, können sie auch im Erwachsenenalter wieder leichter abrufen.
Ein gutes Körpergefühl wirkt sich stärkend auf die geistige Haltung aus. Angst, Unsicherheit und mangelndes Selbstvertrauen spiegeln sich in einer verkrampften und verschlossenen Körperhaltung wider, während sich Selbstsicherheit, Vertrauen und Mut in einer entspannten und offenen Körperhaltung ausdrücken. Durch Kräftigung, Entspannung, Förderung der Wahrnehmung, Koordination und des Gleichgewichts kann die Körperhaltung günstig beeinflusst werden. Ändert sich die äußere Haltung, wirkt sich dieses auch stabilisierend auf die innere Haltung aus.
Ein gutes Körpergefühl fördert Selbstwertgefühl, Selbstvertrauen und gibt Zufriedenheit. Zufriedenheit stärkt Mitgefühl. Durch Mitgefühl entwickelt sich Hilfsbereitschaft. Hilfsbereitschaft fördert das friedliche Miteinander. Gehen die Kinder friedlich miteinander um, entsteht eine Atmosphäre der Liebe, Geborgenheit und des Zu-Hause-Seins. Was wollen wir mehr?

Die goldenen Yoga-Regeln – was beim Kinderyoga zu beachten ist

Da Kinder im Gegensatz zu Erwachsenen im Wachstum und Aufbau sind, sollten sie die Yoga-Übungen (Asanas) nur kurze Zeit halten, besonders diejenigen, die auf das Drüsensystem wirken. Bei Schulkindern liegt die Dauer bei höchstens fünf Sekunden, bei Kita-Kindern liegt sie darunter – das eigene Empfinden gibt hier normalerweise das Tempo vor. Die Gelenke dürfen nur leicht belastet werden.

Wirksam sind die Übungen, wenn sie leicht und einfach ausgeführt werden und gleichzeitig – nach dem yogischen Prinzip „Sthira und Sukha" – fest und stabil sind. Atemübungen sollen für Kinder spielerisch gestaltet werden, im freien Fließen-Lassen. Bis zum Beginn der Pubertät können die Kinder Atem und Bewegung noch nicht koordinieren. Weitere bedeutsame Yoga-Regeln sehen Sie im Folgenden im Überblick:

- Jedes Kind hat seine **Zeit**, Zeit für die Übungen, Zeit für die Veränderung – Veränderung geschieht nicht auf Knopfdruck, sie geschieht ohne Zwang.
- Grundsätzlich kann **jedes Kind Yoga üben**. Je kleiner die Kinder sind, desto größer sollte der spielerische Anteil beim Kinderyoga sein.
- Jedes Kind wächst allmählich in die Übung hinein und macht sie, so gut es kann – auch **kleine Schritte sind Fortschritte**.
- **Yoga ist frei und macht frei.** Yoga eröffnet einen Erfahrungs- und Entwicklungsraum, ist Ausprobieren und Forschen. Erwartungsdruck, ein bestimmtes Ergebnis erreichen zu müssen, nimmt Kindern die **Kreativität und Freude**.
- Jedes Kind achtet auf sich.
- **Peer-Arbeit** – Hilfestellungen der Kinder für Kinder helfen allen weiter. Grundlage bilden **Freundschaft und Kooperation**, nicht Kritik und Auslachen.
- Kinder haben in der Regel ein **gutes Gespür für ihre Grenzen** und Möglichkeiten und verletzen sich nur sehr selten dabei. Eine achtsame Begleitung der übenden Kinder ist dennoch hilfreich.
- Jedes Kind arbeitet und lernt in **seinem ureigenen Tempo**, Yoga ist kein Wettlauf und kein Marathon. Qualität geht vor Quantität.
- Yoga ist nicht nur Körperübung, sondern spricht den **Wesenskern** des Kindes an. Es lernt mit dem ganzen Sein. Eine angenehme **Atmosphäre des Wohlfühlens, der Sicherheit und Geborgenheit** ist auch **im Klassenraum oder in der Kita-Gruppe** mit wenigen Accessoires möglich: Tücher, Klanginstrumente, Bildkarten, Mandalas, gelegentlich eine leise musikalische Untermalung etc. geben dem Kind **einen guten Platz**. Es entsteht eine **Insel der Ruhe**, die auch nach der Yoga-Übung weiter ausstrahlt und zu leichtem Lernen einlädt.
- **Jeder Körper ist anders.** Der Körper sollte sich beim Üben immer fest, stabil und trotzdem leicht anfühlen. Nicht jede Übung ist für jedes Kind in jedem Moment

geeignet. Hier ist Beobachtung, Wahrnehmung und ggf. Modifizierung gefragt. Einige Erfahrungen hierzu:

- Ist das Kind müde, helfen Übungen, die den Körper aufrichten, strecken oder in die Rückbeuge bringen, so z.B. die Übungen „Sonne", „Held" und „Vogel".
- Unruhige Kinder lieben die Übungen „Maus", „Igel" und „Hase", um ruhig zu werden. Sie rollen den Körper bei diesen Übungen ein und sind ganz bei sich selbst, da die äußeren Reize sie nicht oder nur wenig erreichen.

- **Eine achtsame Vorbereitung der Pädagog*innen ist das A und O:** „In den Übungen einwohnen", sie quasi im Schlaf können, so lautet die Devise.

Empfehlungen zur Vorbereitung für Pädagog*innen

Mit Kindern zu arbeiten und zu spielen, braucht immer eine gute Vorbereitung, ein „Vertraut-Sein" mit Inhalt und Übungen. Achtsam geführtes Kinderyoga entfaltet besonders Wirkung, wenn die Pädagog*innen „in den Übungen wohnen", sich selbst kennen, ihre Potenziale fokussieren und gut auf sich achtgeben. Sind sie mitfühlend, ruhig und glücklich, strahlt dies auf das Umfeld aus.

AUS DER PRAXIS:

Kleine Übungen für Pädagog*innen zum eigenen „achtsamen Aufwärmen"

„Ich bin präsent im Hier und Jetzt. Die Aufmerksamkeit ist auf die Gegenwart, den Augenblick gerichtet. Vorurteilsfrei nehme ich Innen und Außen wahr, Gefühle, Gedanken, Empfindungen, die Welt. Die innere Haltung ist eine der Neugier, Offenheit und Akzeptanz.
Einatmend bin ich mir des ganzen Körpers bewusst.
Ausatmend lasse ich alle Spannungen in meinem Körper los.
Einatmend lächele ich.
Ausatmend entspanne ich.
Einatmend gehe ich bewusst einen Schritt.
Ausatmend mache ich den nächsten Schritt."

Wenn wir im ersten Schritt auf uns selbst achtgeben können und uns gut fühlen, können wir uns auch im nächsten Schritt den Kindern zuwenden, um auf sie achtzugeben und sie zu unterstützen – vielleicht aber auch, um Situationen zu verwandeln und so ein Lächeln auf die Lippen zu zaubern.

Weitere Übungen für Pädagog*innen zur Selbststärkung, Entspannung und innerlichen Vorbereitung finden Sie unter der Überschrift „Ein Geschenk für engagierte Pädagog*innen: Asanas für dich – zum Wohlfühlen und Entspannen zwischendurch" am Ende dieses Kapitels (Seite 46).

Empfehlungen zu Einführung und Aufbau der Übungen

Die Einführung neuer Übungen braucht den richtigen Moment, Zeit und ein flexibles Gespür für die Stimmung der Kinder. „Raum geben", sich frei machen von Druck, geschehen lassen sind wichtige Komponenten. Für **Kita-Kinder genügen oft fünf Minuten**, dann lenken sie ihre Aufmerksamkeit auf andere spannende Ereignisse. **Grundschüler*innen lieben Sequenzen von 10 bis 15 Minuten** und mehr.
Empfehlungen zu einem gestuften Ablauf der Übungssequenzen:

- **Begrüßungsrituale**
  Ein achtsamer Start mit Ritualen stößt gerade bei den Kleinen in der Kita und in der Grundschule auf große Resonanz.
- **Atmen**
  Der Atem fließt frei und natürlich. Wir lassen ihn kommen und gehen.
- **Einführung der Asanas und weiterer Yoga-Elemente**
  Von Beginn an üben wir gemeinsam. Kinder können sich vom ersten Moment an in die Übungen einschwingen, sie schauen nicht erst zu und warten kein „Vormachen" ab. Eine Verinnerlichung wird erreicht über Wiederholung und mehrfaches Üben.
- **Dialog und Erfahrungsaustausch**
  Die Kinder erzählen ihre Erlebnisse und berichten, wie sie die Yoga-Elemente (Asanas, Traumreise, Fantasiegeschichte etc.) erfahren und wahrgenommen haben. Sie erläutern, was sie fühlen, denken, wissen, und ergänzen kreativ Ideen, sollten ihnen solche dazu einfallen. Die Mehrzahl der Kinder beteiligt sich meist sehr gerne und rege am Austausch. Dieser ist immer freiwillig. Kinder, die nicht sprechen wollen, werden nicht dazu aufgefordert oder gar gezwungen.
- **Nachhaltigkeit über Portfolio oder Tagebuch**
  Kinder lieben Portfolios und Tagebücher. Sie malen, bebildern oder schreiben ihre Eindrücke auf.

Die goldenen Yoga-Regeln und erste praktische Übungen für Unterricht und Kita-Alltag

Es entsteht „so ganz nebenbei" eine kleine „Selbstreflexion", die auch noch im späteren Leben Erinnerungen wecken wird.

- **Umsetzen in die Lebenspraxis**
  Gemeinsam werden Lebensthemen angeschaut, die von Yoga-Elementen im Leben unterstützt werden können.
- **Dankesmoment**
  Rituale, liebevolle Grüße und Dankesworte, ein Lied oder weitere kreative Ideen runden die Yoga-Sequenzen ab.

Auf in die Praxis – es gibt viel zu tun!

Nun ist es so weit. Im nächsten Schritt werden wir Ihnen ein breites Spektrum an Yoga-Elementen vorstellen, die einfach und ohne großen Aufwand spielerisch und leicht in den Bildungsalltag integrierbar sind. Altersgemäß und variabel vermittelt, werden die Angebote von den Kindern mit Begeisterung angenommen. Für Übungen, die eine gute Konstitution und Beweglichkeit voraussetzen, bieten wir Alternativen an, sodass alle Kinder die Übungen ausführen können. Die ganzheitliche Vorgehensweise, die Körper, Geist und Seele des Menschen anspricht, unterstützt eine gesunde Persönlichkeitsentwicklung und fördert Kinder, Pädagog*innen und Eltern in vielerlei Hinsicht.

Das Repertoire der folgenden Kapitel ist ein Repertoire der Vielfalt – es umfasst:

- **Yoga-Übungen (Asanas):** achtsame Körperübungen in stabiler Leichtigkeit
- **Bewegungsverse und -geschichten:** Kinder lieben es, sich in eine Geschichte hineinzuversetzen und sich mit den Rollen zu identifizieren. Die Geschichten motivieren die Kinder besonders zum Mitmachen, wenn die Inhalte aus ihrer Vorstellungs- und Erlebniswelt stammen: Angeregt werden Fantasie und Kreativität, Selbstvertrauen und Selbstwertgefühl.
- **Massagen:** Bei Massageübungen werden sanft Geschichten auf dem Rücken des Kindes dargestellt (z. B. Pizza backen). Das Kind lernt die taktile Stimulation des Körpers kennen, entspannt, träumt und vertraut. Es lernt, sich einzulassen und Wünsche zu formulieren.
- **Sprechverse und Reime:** Diese unterstützen im Rhythmus die Sprachentwicklung, Wachheit und den Selbstausdruck des Kindes, sie können von Instrumenten, Percussion oder Bewegung begleitet werden.
- **Spiele:** Spielen ist die Art der Kinder, zu lernen. Spiele machen Spaß und gute Laune.
- **Rituale:** Rituale schaffen einen Bogen vom Übungseinstieg bis zum Ende und geben in der Wiederholung Sicherheit und Halt.
- **Rhythmen:** Rhythmus ist faszinierend, denn der Rhythmus umgibt uns ständig und überall im Leben. Jede*r kann ihn erleben und verstehen. Rhythmen verbinden, schaffen Zusammenhalt, wirken positiv auf den ganzen Körper, die Intelligenz und die Selbstwahrnehmung.
- **Tanz:** Tanzen schult das Bewusstsein der Kinder für den Umgang mit dem eigenen Körper, den Bewegungen und dem Rhythmus.
- **Lied:** Singen und Musizieren mit Kindern fördert die soziale Kompetenz und die ganzheitliche Persönlichkeitsentwicklung.
- **Fantasiegeschichten, Märchen und Traumreisen:** Sie geben Sicherheit und Kraft am guten Ort, regen die Fantasie an und ermöglichen tiefe Ruhe und Erholung. Als kleine Unterbrechung im Bildungsalltag können sie Wunder bewirken. Die Kinder sind entspannt, frei im Kopf und können sich wieder einfacher auf die Anforderungen konzentrieren.
- **Meditation:** Meditation ist für Kinder oft noch sehr schwer. Traum- und Fantasiereisen entsprechen ihnen mehr.
- **Affirmationen:** Affirmationen sind positive Leitsätze, die sich durch achtsames und wiederholtes Sprechen auf das Denken, Fühlen und Wollen auswirken.
- **Mudras:** Mudras sind symbolische Finger-, Augen- und Körperhaltungen, die bestimmte Bewusstseinszustände oder Vorgänge bildhaft darstellen. Übersetzt aus dem Sanskrit heißt „Mudra" u. a.: „das, was Freude bringt". Im Yoga gibt es eine Vielzahl von Fingermudras, die als Konzentrations- und Achtsamkeitshilfe und zur Vertiefung der Meditation genutzt werden können.

Alle diese Yoga-Elemente stärken die Beziehung und den Dialog mit Kindern/Peers, Eltern und Pädagog*innen, sie vertiefen die Beteiligung und Partizipation: sich einbringen, mitsprechen, mitentscheiden, mitgestalten. Sie geben Sicherheit und Geborgenheit am guten Ort. Und nicht zuletzt begründen sie Vertrauen, Selbstsicherheit und einen guten Stand in der Welt. Lassen Sie sich gerne überraschen, wir haben es auch getan und tun es immer wieder.

Die goldenen Yoga-Regeln und erste praktische Übungen für Unterricht und Kita-Alltag

Kinder lernen die Yoga-Übungen, „Asanas" genannt, spielerisch durch Nachahmung. Im Folgenden werden die Asanas in Text und Bild vorgestellt und erklärt. Zudem lernen Sie die möglichen Wirkungen kennen. Dargestellt sind Asanas, die für die Folgekapitel grundlegend sind. Sie fließen dort themenorientiert in die Anleitungen ein. Die Asanas können durch Yoga-Spiele eingeführt und vertieft werden. In der Praxis bewährte Spiele sind der **Stopptanz, Flaschendrehen** und **Kartenaufdecken** (ab Seite 44).

Für das Spiel **Karten aufdecken** (und auch für andere Spiele) werden **Yoga-Karten** benötigt, die Sie ganz einfach selbst herstellen können.

Kopieren Sie sich die Übungen, die Sie auf den nächsten Seiten finden. Schneiden Sie die einzelnen Asanas aus, falten Sie die Karten an der Linie in der Mitte und laminieren Sie sie. Achten Sie dabei auf scharfe Kanten, damit die Kinder sich beim Spiel mit den Karten nicht verletzen. Schon haben Sie praktische Yoga-Karten zur Hand.

Unbedingt beachten beim Ausführen der Yoga-Übungen:

- Bei den Übungen können die Kinder in der Kita im Stuhlkreis oder auf dem Boden sitzen, in der Klasse auf den Stühlen.
- Bei den im Stehen ausgeführten Übungen können die Schulkinder diese vor oder hinter den Stühlen bzw. Tischen durchführen, im freien Gang oder freien Raum. Auch bei den Kita-Kindern ist auf genügend Bewegungsfreiheit zu achten.
- Manche Übungen können im Liegen auf der Matte oder Decke ausgeführt werden. Mit Matte oder Decke kann auch draußen in der Natur geübt werden.
- Hilfsmittel, wie Bildkarten, Instrumente, Handpuppen, Tücher und andere Utensilien, werden von den Kindern gern als Konzentrationshilfe, zum Verfestigen und als Unterstützung für freudiges Lernen angenommen. Einiges davon wird bei den in diesem Buch vorgestellten Yoga-Übungen unterstützend eingesetzt.

Übung – Asana	So wird die Übung ausgeführt
Adler 	• Stehe aufrecht. • Breite die Arme seitlich auf Schulterhöhe aus. • Kreuze das rechte Bein über das linke und lege den rechten Fußrücken an die linke Wade. • Richte den linken Arm auf Schulterhöhe nach vorn und stelle den Unterarm senkrecht zum Oberarm auf. • Schiebe den rechten Unterarm von der Körperseite aus am linken Unterarm vorbei. • Fasse mit der linken Hand in die rechte Handfläche. • Dehne so beide Arme vom Körper weg. • Mache das Gleiche zur anderen Seite. **Mögliche Wirkungen:** • *Aktivierung der Gelenke* • *Schulung des Gleichgewichts* • *Vertiefung der Atmung* • *Verfeinerung des Körpergefühls*

Übung – Asana	So wird die Übung ausgeführt
Adler *(Einstiegsvariante)* 	• Kreuze das rechte Bein über das linke. • Stelle die Zehen des rechten Fußes an die Außenseite des linken Fußes. • Kreuze die Unterarme. Dabei können die Handrücken aneinandergelegt und vom Körper weg gedehnt werden. • Kreuze anschließend mit dem linken Bein über das rechte Bein. **Mögliche Wirkungen:** • *Aktivierung der Gelenke* • *Schulung des Gleichgewichts* • *Vertiefung der Atmung* • *Verfeinerung des Körpergefühls*

Übung – Asana	So wird die Übung ausgeführt
Schwebender Adler *(Adler-Variante)* 	• Stehe aufrecht und breite die Arme auf Schulterhöhe seitlich aus. • Halte das Becken nach vorn gerichtet und die Arme seitlich auf Schulterhöhe, während du den Oberkörper achtsam nach links und rechts drehst. **Mögliche Wirkungen:** • *Aktivierung der Gelenke* • *Schulung des Gleichgewichts* • *Vertiefung der Atmung* • *Verfeinerung des Körpergefühls*

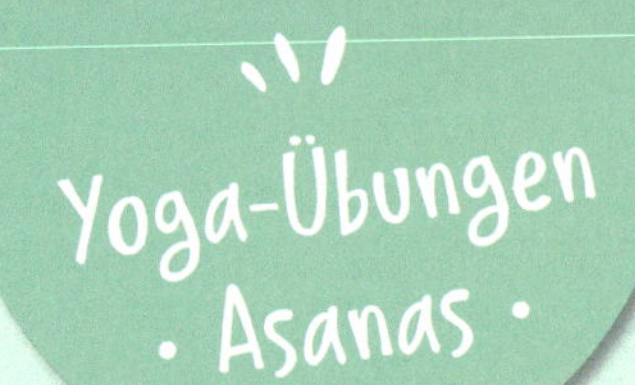

Übung – Asana	So wird die Übung ausgeführt
Affe	• Stehe aufrecht und breite die Arme auf Schulterhöhe seitlich aus. • Bilde Fäuste und trommle mit den Fäusten auf deine Brust. Dabei kannst du laut „Uahh!" brüllen. **Mögliche Wirkungen:** • *Kräftigung der Stimmbänder* • *Verlängerung der Ausatmung* • *Beruhigung des Nervensystems*

Übung – Asana	So wird die Übung ausgeführt
Affentanz	• Stehe aufrecht. • Hebe abwechselnd hüpfend die Füße vom Boden und ziehe die Knie hoch. • Berühre mit der linken Hand dabei das rechte und mit der rechten Hand das linke Knie. • Führe den Arm, der nicht zum Knie wandert, nach oben und wechsle dann zum anderen Knie. **Mögliche Wirkungen:** • *Förderung der Körperkoordination* • *Kräftigung der Beine* • *Anregung des Kreislaufs*

Übung – Asana	So wird die Übung ausgeführt
Bär	• Laufe auf den Händen und Füßen. • Achte darauf, dass du die Arme und Beine dabei gestreckt hältst. **Mögliche Wirkungen:** • *Kräftigung der Arme, Beine, Hand- und Fußgelenke* • *Durchblutung des Kopfes* • *Kräftigung der Schultern*

Übung – Asana	So wird die Übung ausgeführt
Tanzbär 	• Stehe aufrecht und breite die Arme seitlich auf Schulterhöhe aus. • Stelle die Unterarme senkrecht zu den Oberarmen auf und tapse mit gestreckten Beinen von einem auf das andere Bein. **Mögliche Wirkungen:** • *Kräftigung der Arme und Schultern* • *Aufrichtung des Körpers*

Übung – Asana	So wird die Übung ausgeführt

Baum

- Stehe aufrecht und schaue auf einen Punkt am Boden oder an der Wand.
- Verlagere das Gewicht des Körpers auf den linken Fuß, löse den rechten Fuß vom Boden und stelle die Fußsohle an die Innenseite des linken Beines.
- Dehne das rechte Knie nach außen. Hebe die Arme und lege die Handflächen über dem Kopf aneinander.
- Mache die gleiche Übung auf dem rechten Bein.
- Wenn du dich unsicher fühlst, lasse die Zehen des gehobenen Beines am Boden und stelle die Ferse an den Innenknöchel des Standbeines.

Mögliche Wirkungen:

- *Aufrichtung des Körpers*
- *Schulung des Gleichgewichts und der Achtsamkeit, Konzentration sowie Aufmerksamkeit*

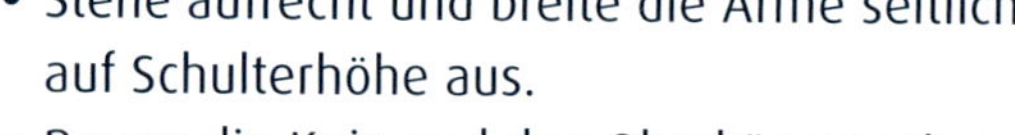

Übung – Asana	So wird die Übung ausgeführt

Biene

- Stehe aufrecht und breite die Arme seitlich auf Schulterhöhe aus.
- Beuge die Knie und den Oberkörper mit gestrecktem Rücken und ausgebreiteten Armen so, dass der Bauch die Oberschenkel berührt.
- Bewege die Finger und summe wie eine Biene.

Mögliche Wirkungen:

- *Dehnung des Rückens*
- *Lockerung der Handgelenke*
- *Kräftigung der Atmung*
- *Durchblutung der Bauchorgane*
- *Beruhigung des Nervensystems*

Übung – Asana	So wird die Übung ausgeführt
Blume 	• Stehe oder sitze aufrecht und lege die Handflächen vor der Brust aneinander. • Dehne die Ellbogen zu den Seiten und drücke die Handflächen aneinander. Löse nacheinander die Zeige-, Mittel- und Ringfinger voneinander und dehne sie nach außen. • Lege sie anschließend wieder aneinander. **Mögliche Wirkungen:** *• Förderung der Achtsamkeit, Konzentration und Aufmerksamkeit*

Übung – Asana	So wird die Übung ausgeführt
Dreieck 	• Stehe aufrecht, grätsche die Beine und drehe den linken Fuß nach links. Breite die Arme seitlich auf Schulterhöhe aus. • Schiebe die rechte Hüfte nach rechts und dehne dich mit gestrecktem Oberkörper nach links. Die linke Hand gleitet am linken Bein entlang nach unten, der rechte Arm wird gleichzeitig nach oben gestreckt. • Richte den Blick zur rechten Hand. • Führe die Übung zur anderen Seite aus. **Mögliche Wirkungen:** *• Aktivierung der Wirbelsäule, besonders der Brustwirbelsäule* *• Dehnung der Körperseiten* *• Erhöhung des Atemvolumens* *• Schulung des Körpergefühls*

Übung – Asana	So wird die Übung ausgeführt

Erde

- Stehe aufrecht.
- Beuge den Oberkörper von der Taille aus mit gestreckter Wirbelsäule nach vorn.
- Lege die Handflächen oder Fingerkuppen vor dir an den Boden. Wenn dir das nicht gelingt, beuge die Knie, halte aber den Rücken gestreckt.

Mögliche Wirkungen:

- *Verbesserung der Wirbelsäulenbeweglichkeit*
- *Aktivierung der Hüftbeuger*
- *Durchblutung des Kopfes*

Übung – Asana	So wird die Übung ausgeführt

Frosch

- Lege in der Hocke die Fersen aneinander und dehne die Knie nach außen.
- Lege die Handflächen vor der Brust aneinander und dehne die Ellbogen nach außen.
- Strecke den Rücken, die Beine und die Arme, bis die aneinandergelegten Handflächen über dem Kopf sind und du stehst.
- Beuge die Ellbogen und senke die aneinanderliegenden Handflächen wieder vor die Brust. Beuge gleichzeitig die Knie und bewege dich in die Hocke.
- Wechsle das Beugen und Strecken einige Male ab und töne dazu: „Quaak!“

Mögliche Wirkungen:

- *Schulung des Gleichgewichts*
- *Kräftigung und Dehnung der Beine*
- *Verlängerung der Ausatmung durch das Tönen*

Übung – Asana	So wird die Übung ausgeführt
Grußhaltung 	• Stehe aufrecht und führe deine Hände vor der Brust zusammen. Deine Ellbogen sind in Spannung angewinkelt. • Die Handflächen drücken aneinander, während dein Körper fest und stabil auf dem Boden steht. **Mögliche Wirkungen:** • *starke Zentrierung*

Übung – Asana	So wird die Übung ausgeführt
 **Hahn** 	• Stehe aufrecht und breite die Arme seitlich auf Schulterhöhe aus. • Klappe die Hände nach unten, sodass die Fingerspitzen nach unten weisen. Stelle dich auf die Zehenspitzen und krähe wie ein Hahn. • Stelle dich wieder auf die ganzen Fußsohlen und senke die Arme. • Wiederhole die Übung einige Male. **Mögliche Wirkungen:** • *Schulung des Gleichgewichts* • *Kräftigung der Fuß-, Hand- und Zehengelenke* • *Kräftigung der Atmung durch das Tönen*

Übung – Asana	So wird die Übung ausgeführt
Halbmond 	• Hebe im aufrechten Stand die Arme gestreckt nach oben und gehe in die Vollmondhaltung. • Dehne den Oberkörper nach rechts, mit dem linken Arm gebeugt über dem Kopf, der rechte Arm geht kreisförmig nach unten – er ist dabei etwas gebeugt. • Dehne den linken Arm über dem Kopf nach rechts und gehe dann wieder in die Vollmondhaltung nach oben. • Führe die Übung zur anderen Seite hin genauso durch. **Mögliche Wirkungen:** • *Dehnung der Körperseiten* • *Vertiefung der Atmung* • *Mobilisierung der Wirbelsäule*

Übung – Asana	So wird die Übung ausgeführt
Hase 	• Setze dich auf die Fersen. Lege die Handflächen neben den Knien an den Boden. Beuge dich mit gestrecktem Oberkörper vor, bis die Stirn am Boden liegt. Löse den Po von den Fersen und rolle den Kopf auf den Scheitelpunkt. *[Hier ist ein wachsames Auge der pädagogischen Fachkraft gefordert, dass der Kopf nicht zu weit gekippt und die Halswirbelsäule nicht überlastet wird.]* • Führe die Arme nach hinten, fasse die Hände, verschränke die Finger und strecke die Arme nach oben. Wenn es dir gelingt, drehe die Handflächen nach oben. **Mögliche Wirkungen:** • *gute Durchblutung des Kopfes* • *Kräftigung der Schultern und Arme*

Übung – Asana	So wird die Übung ausgeführt
Haus/Schule 	• Stehe aufrecht, die Beine sind geschlossen und dein Körper ist angespannt. • Führe die Arme in einem seitlich ausgeführten Halbkreis nach oben. • Etwa 10 cm über deinem Kopf treffen sich die Fingerspitzen deiner Hände. Deine Arme formen ein Dach. • Deine Ellbogen dehnen nach außen, sodass dein Brustbereich geweitet ist. **Mögliche Wirkungen:** • *Stabilisierung des Gleichgewichts* • *Streckung und Dehnung des Körpers* • *Kräftigung der Arme und Beine*

Übung – Asana	So wird die Übung ausgeführt
Held 	• Stehe aufrecht und drehe den linken Fuß etwas nach außen. • Mache mit dem rechten Fuß einen großen Schritt nach vorn. • Beuge das rechte Knie und schiebe es in der Fußlinie nach vorn. Halte den Unterschenkel senkrecht und das hintere Bein gestreckt. • Hebe die Arme über die Seiten und lege über dem Kopf die Handflächen aneinander. Strecke den ganzen Körper und richte den Blick nach oben. • Wiederhole die Übung zur anderen Seite. **Mögliche Wirkungen:** • *Kräftigung der aufrichtenden Muskeln, der Füße und der Beine* • *Entwicklung von Stabilität und Standfestigkeit* • *Weitung des Brustraumes* • *Stärkung des Selbstbewusstseins*

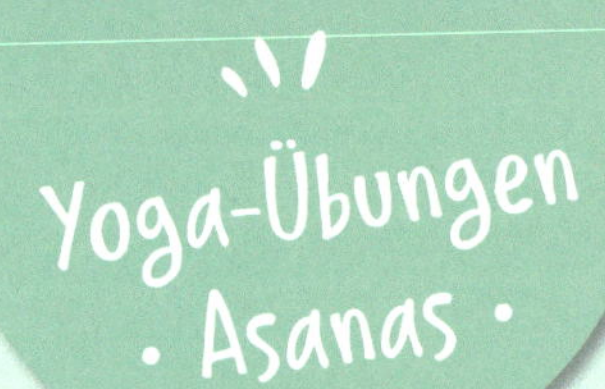

Übung – Asana	So wird die Übung ausgeführt

Himmel

- Stehe aufrecht und hebe die Arme nach oben.
- Drücke die Füße fest an den Boden und dehne dich von den Fußsohlen bis zu den Fingerspitzen.

Mögliche Wirkungen:

- *Dehnung und Streckung des ganzen Körpers*

Übung – Asana	So wird die Übung ausgeführt

Holzfäller

- Stehe aufrecht. Grätsche die Beine, führe die Arme nach oben und verschränke die Finger ineinander.
- Dehne den ganzen Körper in die Länge.
- Beuge dich kraftvoll aus den Hüften heraus vor und töne ein lautes „Haaah!".
- Wiederhole die Übung einige Male und stelle dir vor, alle Ängste und Sorgen loszulassen.

Mögliche Wirkungen:

- *Lösen von Anspannung, negativen Gefühlen, Ängsten und Sorgen*
- *Steigerung von Konzentration und Achtsamkeit*

Übung – Asana	So wird die Übung ausgeführt
Hund	• Drücke im Vierfüßlerstand die Handflächen fest an den Boden und stelle die Zehen auf. • Dehne den Po nach hinten und oben. Strecke die Arme und Beine, lasse dein Brustbein nach vorn und unten sinken und schaue zu deinem Bauchnabel. • Ziehe die Schultern nach hinten und unten und dehne die Fersen zum Boden. **Mögliche Wirkungen:** • *Stärkung der Rückseite des Körpers* • *Kräftigung der Arme, Beine und Handgelenke* • *Weitung des Brustkorbs und, damit verbunden, Vertiefung der Atmung und gute Durchblutung des Kopfes*

Übung – Asana	So wird die Übung ausgeführt
Igel	• Lege im Fersensitz die Handrücken neben dir an den Boden. Die Fingerspitzen weisen nach hinten. Beuge dich vor, bis der Kopf den Boden erreicht. • Lege die Handrücken auf den Rücken und richte die Finger als Stacheln auf. **Mögliche Wirkungen:** • *Entspannung* • *gute Durchblutung des Kopfes* • *Kräftigung der Hände und Finger*

Übung – Asana	So wird die Übung ausgeführt
Katze 	• Bewege im Vierfüßlerstand deinen Rücken abwechselnd in eine Hohlstellung und in eine Rundung (Katzenbuckel). • Töne dabei „Miau!“ und „Mio!“. Bei „Miau!“ führst du die Hohlstellung aus, bei „Mio!“ machst du den Katzenbuckel. **Mögliche Wirkungen:** • *Aktivierung der Wirbelsäule* • *Dehnung des Brustraumes* • *Beruhigung der Nerven* • *Verlängerung der Ausatmung durch Tönen*

Übung – Asana	So wird die Übung ausgeführt
Kranich 	• Stehe aufrecht und ziehe das linke Knie hoch. • Breite die Arme seitlich auf Schulterhöhe aus, klappe die Hände aus den Handgelenken nach unten ab. • Strecke das linke Bein nach vorn aus. • Senke das linke Bein und stelle den linken Fuß auf den Boden. Senke gleichzeitig die Arme. • Hebe das rechte Knie hoch, breite die Arme seitlich auf Schulterhöhe aus, klappe die Hände aus den Handgelenken nach unten ab. • Strecke das rechte Bein nach vorn aus, senke es und stelle den rechten Fuß an den Boden. **Mögliche Wirkungen:** • *Aufrichtung des Körpers* • *Schulung der Körperkoordination* • *Kräftigung der Arme und Beine* • *Weitung des Brustraumes* • *Förderung des Gleichgewichts, der Konzentration und Achtsamkeit*

Übung – Asana	So wird die Übung ausgeführt
Löwe 	• Setze dich auf die Fersen und lege die Handflächen auf die Knie. • Strecke die Arme nach vorn und spreize die Finger. • Reiße die Augen und den Mund weit auf, strecke die Zunge weit heraus und brülle wie ein Löwe. **Mögliche Wirkungen:** • *Aufrichtung des Körpers* • *Kräftigung der Gesichts-Kinn- und Halsmuskulatur, der Stimmbänder und der Atmung* • *Stärkung des Selbstbewusstseins* • *Beruhigung der Nerven*

Übung – Asana	So wird die Übung ausgeführt
Lotosblume 	• Sitze aufrecht, lege die Handflächen vor der Brust aneinander und beuge den Oberkörper gestreckt möglichst weit vor. • Richte dich wieder auf, strecke die Arme über den Kopf. Halte dabei die Handflächen gegeneinander. • Breite dann die Arme seitlich auf Schulterhöhe aus, richte die Unterarme senkrecht zu den Oberarmen auf und klappe die Handflächen nach oben auf. • Strecke die Arme nach oben und lege die Handflächen über dem Kopf aneinander. Beuge die Ellbogen und senke die Hände vor die Brust. Beuge den Oberkörper gestreckt möglichst weit vor. **Mögliche Wirkungen:** • *Aufrichtung der Wirbelsäule* • *Stärkung der Rückenmuskulatur, der Arme, Schultern und Hände* • *Stärkung des Selbstbewusstseins*

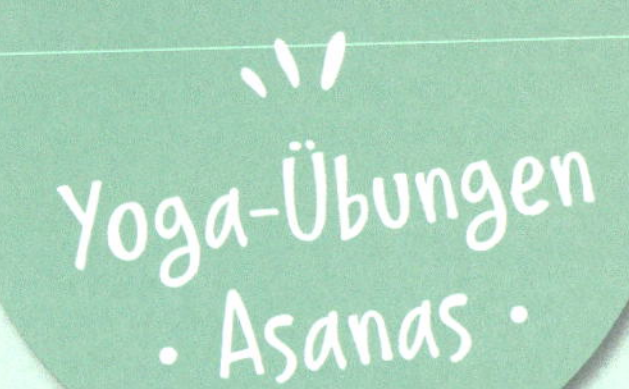

Übung – Asana	So wird die Übung ausgeführt
Maus	• Lege im Fersensitz die Handrücken neben dir an den Boden. Die Fingerspitzen weisen nach hinten. • Beuge dich langsam vor, bis die Stirn den Boden berührt. Dabei gleiten die Handrücken am Boden entlang bis zu den Füßen. • Lege einen Handrücken auf den Rücken und bewege den Zeigefinger als Mauseschwanz. • Führe die Übung zur anderen Seite durch. **Mögliche Wirkungen:** • *Beruhigung der Gedanken und Emotionen* • *Entspannung des Körpers und der Psyche*

Übung – Asana	So wird die Übung ausgeführt
Palme	• Stehe aufrecht und schaue auf einen Punkt am Boden oder an der Wand. Verlagere das Gewicht des Körpers auf den linken Fuß. • Winkle das rechte Knie an, fasse den rechten Fuß von der Fußaußenseite mit der rechten Hand und dehne die Ferse zum Gesäß. • Hebe den linken Arm nach oben und dehne dich. Verfalle dabei aber nicht ins Hohlkreuz – drücke die Hüfte während der Dehnung nach vorn. • Mache die gleiche Übung auf dem rechten Bein stehend. **Mögliche Wirkungen:** • *Aufrichtung des Körpers* • *Stärkung der Arme und Beine* • *Schulung des Gleichgewichts, der Konzentration und Aufmerksamkeit*

Übung – Asana	So wird die Übung ausgeführt
Schmetterling	• Sitze aufrecht und lege die Fußsohlen aneinander. • Fasse die Füße mit den Händen, dehne die Knie nach außen und bewege sie einige Male auf und ab. Strecke dabei den Rücken. **Mögliche Wirkungen:** • *Aufrichtung der Wirbelsäule und des Beckens* • *Dehnung der Oberschenkel und der Leisten* • *Vertiefung der Atmung*

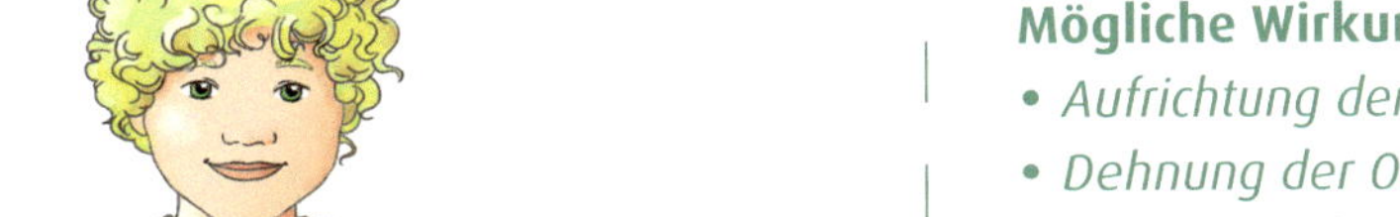

Übung – Asana	So wird die Übung ausgeführt
Sonne	• Stehe aufrecht und grätsche die Beine. • Hebe die Arme so nach oben, dass sie in der diagonalen Weiterführung der Beine sind. • Dehne dich in die Länge, spreize die Finger und hebe das Brustbein. **Mögliche Wirkungen:** • *Kräftigung und Dehnung des ganzen Körpers* • *Vertiefung der Atmung*

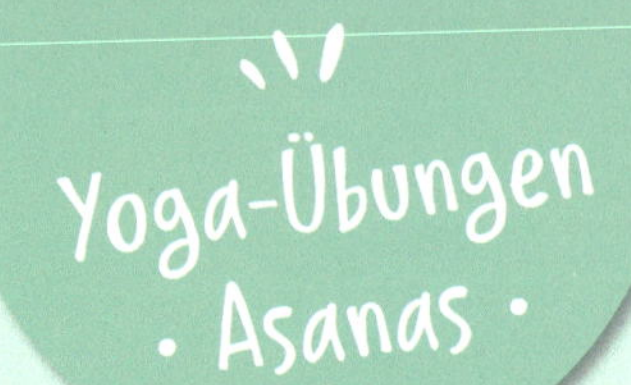

Übung – Asana	So wird die Übung ausgeführt
Stern 	• Stehe aufrecht. Dehne einen Arm schräg nach oben und den anderen Arm in der diagonalen Weiterführung nach unten. • Drehe den Oberkörper nach links und rechts und bewege die Finger dabei. Halte das Becken nach vorn gerichtet. • Führe die Übung auch zur anderen Seite durch. In die passende Stellung kommst du mit gegenläufigen Armbewegungen. **Mögliche Wirkungen:** • *Aufrichtung und diagonale Dehnung des Körpers* • *Drehung der Brustwirbelsäule* • *Kräftigung der Arme*

Übung – Asana	So wird die Übung ausgeführt
Sternschnuppe 	• Stehe aufrecht, hebe den linken Arm nach oben. • Lege die rechte Handfläche auf den rechten Oberschenkel, hebe und dehne das rechte Bein gestreckt nach hinten. Töne: „Schschsch!" • Führe die gleiche Übung zur anderen Seite aus. **Mögliche Wirkungen:** • *Aufrichtung und Dehnung des ganzen Körpers* • *Schulung des Gleichgewichts* • *Vertiefung der Atmung durch Tönen*

Übung – Asana	So wird die Übung ausgeführt
Storch	• Stehe aufrecht. Lege die Handflächen vor der Brust aneinander. • Verlagere das Gewicht des Körpers auf den linken Fuß. • Löse den rechten Fuß vom Boden, beuge das Knie und strecke den Unterschenkel nach hinten in eine Parallele zum Boden. Die Knie sind nebeneinander, schaue auf deine aneinanderliegenden Hände. • Mache die gleiche Übung auf dem rechten Standbein. **Mögliche Wirkungen:** • *Schulung des Gleichgewichts* • *Aufrichtung des Körpers* • *Kräftigung der Beine*

Übung – Asana	So wird die Übung ausgeführt
Tiger	• Strecke im Vierfüßlerstand das linke Bein nach hinten und den rechten Arm nach vorn. Dehne dich diagonal in die Länge. • Stelle das linke Knie und die rechte Hand wieder an den Boden und führe das diagonale Strecken auch mit dem rechten Bein und dem linken Arm aus. • Wechsle die Bewegungen einige Male ab. **Mögliche Wirkungen:** • *Kräftigung und Dehnung des ganzen Körpers* • *Schulung des Gleichgewichts, der Koordination, Konzentration und Achtsamkeit*

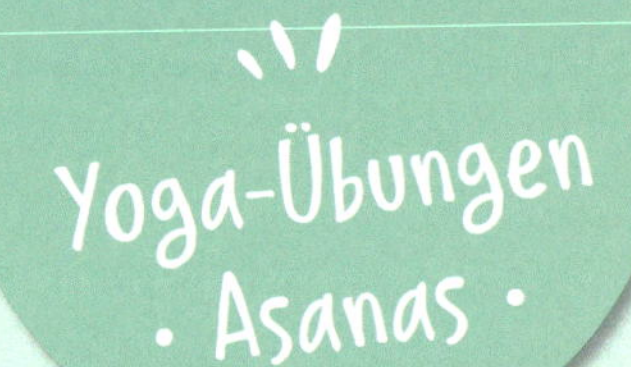

Übung – Asana	So wird die Übung ausgeführt
 Vogel 	• Stehe aufrecht und breite die Arme seitlich auf Schulterhöhe aus. Stelle dich dabei auf die Zehengrundgelenke. • Führe die Arme, auf Schulterhöhe ausgestreckt, nach vorn, lege die Handflächen aneinander und stelle die Fußsohlen wieder an den Boden. • Wechsle die Bewegungen einige Male ab. Töne dazu „Ah!" und „Oh!". **Mögliche Wirkungen:** • *Dehnung und Aufrichtung des Körpers* • *Kräftigung der Arm- und Schultermuskeln und der Zehen- und Fußgelenke* • *Dehnung des Brustkorbs und Vertiefung des Atems* • *Schulung des Gleichgewichts*

Übung – Asana	So wird die Übung ausgeführt
Kleiner Vogel 	• Stehe aufrecht und lege deine Hände auf die Schultern. Die Daumen weisen nach hinten und die Finger nach vorn. • Kreise mit den Schultern vor und zurück. **Mögliche Wirkungen:** • *Aufrichtung des Körpers* • *Kräftigung der Arme und Schultern*

Übung – Asana	So wird die Übung ausgeführt
Vollmond 	• Stehe aufrecht. • Hebe die Arme über die Seiten und lege über dem Kopf die Mittelfingerkuppen aneinander. • Dehne die Ellbogen zu den Seiten. **Mögliche Wirkungen:** • *Aufrichtung des Körpers* • *Entwicklung von Stabilität und Standfestigkeit* • *Kräftigung der Arme und Schultern* • *Dehnung des Brustkorbs*

Die goldenen Yoga-Regeln und erste praktische Übungen für Unterricht und Kita-Alltag

Spiele zum Einführen der Yoga-Übungen

KARTEN AUFDECKEN

Übungsschwerpunkte und Lernziele:
Kennenlernen und Vertiefung der Yoga-Übungen

Material:
Yoga-Karten (s. S. 24 ff.), blickdichtes Tuch

Ausführung:
Auf einem Tisch liegen Yoga-Karten, die mit einem Tuch abgedeckt sind. (Je nach Alter und Yoga-Erfahrung vier bis acht Karten). Ein Kind beginnt, sucht mit den Händen unter dem Tuch eine Karte aus und stellt die Übung vor. Das Kind kann sich Hilfe bei einem anderen Kind oder dem Pädagogen bzw. der Pädagogin holen. Alle Kinder führen anschließend die Übung aus. Das Kind, das die Karte aufgedeckt hat, sucht ein Kind aus, das die nächste Übung aussucht und vorstellt. So wird das Spiel fortgesetzt, bis alle Karten aufgedeckt auf dem Tuch liegen.

STOPPTANZ

Übungsschwerpunkte und Lernziele:
Anregung der Konzentration, Förderung des Reaktionsvermögens

Material:
Yoga-Karten (s. S. 24 ff.), beschwingte Musik

Ausführung:
Die Kinder bewegen sich frei nach der Musik im Raum. Dann stoppt der Pädagoge bzw. die Pädagogin die Musik und benennt eine Yoga-Übung, die von den Kindern ausgeführt wird. Bevor es weitergeht, sucht der Pädagoge bzw. die Pädagogin ein Kind aus, das die Übung für den nächsten Stopp festlegt. Dann wird wieder mit Musik getanzt. Beim nächsten Stopp führen alle Kinder die Übung aus, die das Kind ausgesucht hat. Das Kind beauftragt wieder ein Kind, das die Übung für den nächsten Stopp festlegt. So wird der Tanz fortgesetzt, bis die Musik zu Ende ist.

Variation:
Mal schnell, mal langsam
Bis zu zehn Yoga-Übungen werden vom Pädagogen bzw. der Pädagogin ausgewählt und die Kartenabbildungen sichtbar ausgelegt. Die erste Übung wird von den Kindern nach Musik mal schnell und mal langsam ausgeführt, dann die zweite Übung, bis alle Übungen von den Abbildungen umgesetzt wurden.

FLASCHENDREHEN

Übungsschwerpunkte und Lernziele:
Einhaltung von Spielregeln, Erkennen und Nachstellen von Übungen auf der Yoga-Karte

Material:
Yoga-Karten (s. S. 24 ff.), kleine Flasche oder alternativ Kreisel

Ausführung:
Die Yoga-Karten werden in einer Kreisform ausgelegt. Ein Kind beginnt und dreht eine Flasche in der Mitte der Yoga-Karten. Das Kind stellt die Übung von der Karte vor, auf die der Flaschenhals weist, wenn die Flasche ruhig liegt. Alle Kinder machen die Übung auf der Karte nach. Danach wählt das ausführende Kind ein anderes Kind aus, das die Flasche dreht und so die nächste Übung vorstellt. So wird das Spiel fortgesetzt, bis alle Übungen ausgeführt wurden.

Kindgemäße Atemspiele

ATEMSPIEL MIT STROHHALM

Übungsschwerpunkte und Lernziele:
bewusstes Erleben von Ein- und Ausatmung, Kräftigung der Atmung, Üben von Geschicklichkeit

Material:
Strohhalme, Wattebällchen

Ausführung:
Jedes Kind erhält einen Strohhalm und ein Watteböllchen. Sie pusten die Watteböllchen in den Raum und anschließend pusten sie sich die Watteböllchen gegenseitig zu. Als weitere Herausforderung pusten die Kinder sich die Watteböllchen anschließend mit dem Strohhalm zu. Den Kindern wird bewusst, dass sie beim Pusten einatmen und ausatmen.

Vertiefung:
Das Wattebällchen wandert im Kreis herum
Ein Kind beginnt das Spiel und saugt das Wattebällchen mit dem Strohhalm an. Es wendet sich seinem Nachbarkind zu. Dieses hält seinen Strohhalm an das Wattebällchen und saugt es an. Gleichzeitig lässt das andere Kind los. Das Kind, das nun das Wattebällchen angesaugt hat, gibt es auf gleiche Weise an sein Nachbarkind weiter. Das Spiel ist beendet, wenn alle Kinder das Wattebällchen angesaugt und wieder abgegeben haben.

THEMA 1: Grundlegendes

Die goldenen Yoga-Regeln und erste praktische Übungen für Unterricht und Kita-Alltag

DARUM SIND KINDGEMÄSSE ATEMSPIELE WICHTIG:
Der Atem ist der vitalste Körperprozess. Unsere Emotionen haben Einfluss auf den Atem. Umgekehrt kann man mit einem vertieften, ruhigen Atem den Geist und die Emotionen beruhigen. Zum Atem haben Kinder bis zum Beginn der Pubertät keinen Bezug. Das Atmen geschieht einfach. Deshalb sollten Atemübungen spielerisch gestaltet werden.

ATEMÜBUNGEN FÜR KINDER (ab 8 Jahre) UND PÄDAGOG*INNEN

Für Kinder ist es bedeutsam, den Atem zuerst zu beobachten, bevor sie ihn beeinflussen. Der Atem sollte fließen, so sanft, als wenn ein besonderer Duft in den Körper strömt. Der Atem fließt besonders gut, wenn er lautlos und tief einströmt. Viele Übende glauben, dass sie tief atmen, wenn der Atem von einem lauten Geräusch begleitet wird. Sie verwechseln lauten Atem mit tiefem Atmen. Der Atem strömt in der Regel durch die Nase ein und aus. Er sollte langsam, tief und lautlos sein, „ wie Öl fließen".

Übungsschwerpunkte und Lernziele:
tiefes und bewusstes Atmen, Verfeinerung der Wahrnehmung, Entwicklung von Ruhe und Achtsamkeit, Steigerung der Konzentration

Material:
Klangschale oder ein anderes Klanginstrument

Ausführung:
Die Kinder sitzen aufrecht auf einem Stuhl, stellen die Füße fest auf den Boden, legen die Hände auf die Knie. Mit möglichst geschlossenen Augen beobachten sie, wie der Atem durch die Nase ein und ausströmt mit dem Ziel, immer bewusster und feiner zu atmen.
Je öfter die Kinder bewusst atmen und sich dabei beobachten, desto feiner wird die Wahrnehmung. Dabei können sie motiviert werden, ihre Aufmerksamkeit auf bestimmte Details der Atmung zu lenken:

Text zur Ausführung:
Beobachte, wie sich der Atem anfühlt.
Wie fühlt sich der Atem an, wenn du ausatmest?
Wie fühlt sich der Atem an, wenn du einatmest?
Wann spürst du den Atem als kühlen Strom an den Nasenflügeln?
Wann spürst du den Atem als warmen Strom?

[Die Klangschale oder das Klanginstrument ertönt nach etwa ein bis zwei Minuten.]

Atme wieder ganz normal und beobachte, ob sich dein Atem verändert hat.

ATEM UND BEWEGUNG

Übungsschwerpunkte und Lernziele:
Konzentration auf den Atem in Koordination mit bestimmten Bewegungen

Material:
Klangschale oder Klanginstrument

Text zur Ausführung:
Stehe aufrecht. Hebe, wenn du einatmest, deine Arme nach oben. Senke sie, wenn du ausatmest. Spüre, wie lange du ein- und ausatmest, und versuche, die Länge der Einatmung und die Länge der Ausatmung mit den Bewegungen in Einklang zu bringen.

[Die Klangschale ertönt nach etwa ein bis zwei Minuten.]

Stehe wieder aufrecht, schließe die Augen und beobachte, wie du atmest.

Ein Geschenk für engagierte Pädagog*innen: „Asanas für dich" – zum Wohlfühlen und Entspannen zwischendurch

Ohne großen Aufwand können Sie die folgenden Übungen in Ihrer Berufspraxis direkt anwenden und fast zu jedem Zeitpunkt integrieren. Ganz nebenbei erleben Sie dadurch viele entspannende und bewegungsfreudige Momente für sich selbst. Und weil es beim Yoga üblich ist, werden Sie bei den Übungen geduzt. In dem Sinne wünschen wir dir für den Moment ein schönes Entspannen. Später gehen wir wieder zum Sie über.

EIN KLEINER TIPP

Kurz vor dem Arbeitsbeginn bzw. Unterricht: Handy, Nachrichten, Zeitung weglassen – trinke bewusst und achtsam eine Tasse Kaffee, Tee oder ein sonstiges Lebenselixier. Nur das, NUR trinken. Viel Spaß dabei. Sorge für dich selbst, gehe achtsam mit dir um, stärke dich regelmäßig und genieße die wundervollen Momente. Ein wirkliches Geschenk für jeden Tag.

NERVENSTÄRKENDE ATMUNG

Übungsschwerpunkte:
Stärkung von Stabilität und Nervenkraft

Ausführung:

- Stehe aufrecht, hebe die Arme, gestreckt auf Schulterhöhe, nach vorn. Die Handflächen weisen nach oben.
- Halte den Atem und schließe die Hände zu Fäusten.
- Ziehe die Arme, ohne zu atmen, mit einer ruckartigen Bewegung zurück, indem du die Ellbogen beugst und nach hinten ziehst.
- Die Schulterblätter kommen dabei dichter zusammen. Die Fäuste sind auf Brusthöhe. Schiebe nun, weiterhin ohne zu atmen, die Arme wieder nach vorn. Stelle dir dabei vor, einen Widerstand zu durchbrechen, und werde dir deiner Kraft bewusst.
- Öffne die Fäuste und senke mit einer Ausatmung die Arme.
- Schließe die Augen und spüre, wie sich Kraft in deinem Körper ausbreitet.

NACKEN UND SCHULTER ENTSPANNEN

Übungsschwerpunkte:
Entspannung und Mobilisation des Schulter- und Nackenbereichs

Ausführung:
Die Schultern sind oft verspannt. Bei Angst, Stress, Unwohlsein, Schmerzen werden sie häufig hochgezogen, der Nacken verschwindet, der Brustkorb wird eingeengt. Auch körperliche Anstrengung hinterlässt Anspannung in den Schultern. Täglich einzelne Lockerungsübungen können anhaltenden Schulterschmerzen etwas entgegensetzen und Schmerzen lindern.

Übe erst mit fließendem Atem. Wenn du schon Yoga-Erfahrung hast, übe mit Atemkontakt. Die Anweisungen in Klammern bedeuten **E für Einatmen und A für Ausatmen.**

- Setze dich aufrecht auf einen Hocker oder Stuhl.
- Stelle die Füße fest auf den Boden.
- Lege die Hände auf die Oberschenkel.
- (E): Strecke den Nacken.
- (A): Senke den Kopf langsam nach vorn, bis der Nacken ganz gestreckt ist.
- (E): Richte den Kopf wieder auf.
- (A): Bewege den Kopf langsam nach hinten, bis der Hals gestreckt ist.
- (E): Richte den Kopf wieder auf.
- (A): Drehe den Kopf langsam nach rechts.
- (E): Drehe den Kopf nach vorn zurück.
- (A): Drehe den Kopf langsam nach links.
- (E): Drehe den Kopf nach vorn zurück.
- (A): Lasse die Arme neben dem Körper hängen.
- (E): Ziehe die Schultern hoch.
- (A): Lasse die Schultern wieder hängen.
- Wiederhole das Hochziehen und Senken noch 2-mal.
- (E): Bewege die Schultern nach hinten.
- (A): Bewege die Schultern wieder an ihren Platz.
- (E): Ziehe die Schultern nach vorn.
- (A): Bewege die Schultern wieder an ihren Platz.
- Wiederhole die Bewegungen nach hinten und vorn noch 2-mal.
- (E): Strecke dann die Arme nach oben, verschränke die Finger ineinander, drehe die Handflächen nach oben und dehne sie nach oben.
- (A): Löse die Hände voneinander und senke die Arme, lege die Hände wieder auf die Knie.
- Wiederhole den Ablauf.

THEMA 1: Grundlegendes

Die goldenen Yoga-Regeln und erste praktische Übungen für Unterricht und Kita-Alltag

OHRMASSAGE

Übungsschwerpunkte:
Abbau von Stress und Anspannung, Anregung der Organe bzw. des Körpers insgesamt

Ausführung:
Die Reflexzonenmassage am eigenen Ohr belebt den ganzen Körper. Sie ist als morgendliches Ritual geeignet, um frisch und munter in den Tag zu starten. Wie bei der Fußreflexzonenmassage können wir auch im Ohr von bestimmten Punkten reflektorische Verbindungen zu den Organen und verschiedenen Bereichen des Körpers herstellen. So wird etwa der Kopfbereich durch die Massage der Ohrläppchen angesprochen. Die Massage an den Außenohren wirkt auf die Wirbelsäule, die in den „Tälern" des Innenohrs wirkt auf die inneren Organe. Die Massage ist für beide Ohren gedacht und wird nacheinander oder gleichzeitig ausgeführt.

- Knete das Ohrläppchen, den „Kopf", richtig durch, bis es sich warm und prall anfühlt.
- Wandere mit den massierenden Daumen und Zeigefingern höher, um den Rand des Ohres zu massieren.
- Nun wandere mit den Zeigefingern in die „Täler und Schluchten" des Ohres. So erreichst du alle Regionen und Organe.
- Zum Abschluss beobachte die Wirkung in Stille.

BAUCHATMUNG

Übungsschwerpunkte:
Schulung der Körperwahrnehmung

Ausführung:

- Sitze aufrecht auf dem Stuhl und stelle die Füße fest an den Boden. (Oder lege dich entspannt auf den Rücken, winkle die Knie an und stelle die Füße parallel zueinander fest auf den Boden.)
- Lege die Handflächen auf den Bauch und beobachte, wie der Bauch von deinem Atem bewegt wird.
- Mit der Einatmung hebt sich die Bauchdecke, mit der Ausatmung senkt sie sich wieder. Ziehe dann mit einer Ausatmung die Bauchdecke kraftvoll ein und lasse sie in der Atemleere los.
- Beobachte, wie der Atem beim Einatmen von selbst wieder einströmt.
- Mit der Ausatmung ziehe die Bauchdecke wieder kraftvoll nach innen und wiederhole die Übung einige Male.
- Stelle dir vor, Verbrauchtes abzugeben und frische Energie aufzunehmen. Du atmest immer in deinem Tempo und nach deiner Körperempfindung.

MEDITATION DES HERZENS

Übungsschwerpunkte:
Stärkung von Mitgefühl, Freude und Verbundenheit

Ausführung:
Gehe in dieser Meditation des Herzens zu dir, in deinen Herzensraum, entspanne dich, schließe die Augen und lenke die Achtsamkeit auf deinen Atem.

Schritt 1: Stelle dir einen Menschen vor, der dir sehr nahe steht. Ein*e Herzensfreund*in, dein*e Partner*in, dein Kind ... – jemanden, den du sehr gerne hast. Sprich dann innerlich folgende Sätze in deinem Atemrhythmus:

Einatmen	Ausatmen
Mögest du ...	getragen und geborgen sein.
Mögest du ...	glücklich und zufrieden sein.
Mögest du ...	friedvoll und heiter sein.

Schritt 2: Wenn du magst, stelle dir noch einen anderen – oder mehrere – Menschen aus deinem Leben vor, denen du Herzensgrüße zukommen lassen willst. Vielleicht auch Personen, zu denen die Beziehung in der Vergangenheit kompliziert war oder aktuell schwierig ist, oder Menschen, die du verloren hast. Wiederhole dabei innerlich die Sätze von oben in deinem Atemrhythmus.

Schritt 3: Vergiss nicht, dich selbst anzunehmen, und sei gut zu dir, mit den Worten: „Möge ich ..."

Achtsame Wahrnehmung und der gesunde Umgang mit Stresssituationen

Was bedeutet Achtsamkeit und wie ist sie zu verwirklichen?

„Achtsamkeit" ist heute fast zum Modewort geworden. Im Yoga ist **Achtsamkeit ein wesentlicher Aspekt** – er ist so wesentlich, dass im Prinzip jede achtsame Handlung eine yogische Handlung ist. Übungen zur achtsamen Wahrnehmung des Körpers und eine achtsame Ausführung der Übungen unterstützen darin, zu Stille, Konzentration und zu einem Fokus zu finden.
Doch ist es überhaupt möglich, bei der Betriebsamkeit der Bildungseinrichtungen „achtsam" zu sein – in Bildungseinrichtungen, die schon früh leistungsgeprägt sind? Oder anders ausgedrückt: Wie kann es gelingen, die Samen der Achtsamkeit im Garten des Lebens der Kinder zu säen und zum Gedeihen zu bringen?
Achtsamkeit im Yoga bedeutet, ganz bei sich selbst und bei der momentanen Handlung zu sein. Wenn wir uns selbst gegenüber achtsam sind, uns selbst bewusst wahrnehmen und spüren, was uns beruhigt, was guttut, was besser vermieden werden sollte, können wir auch unseren Mitmenschen, Tieren, Pflanzen und der Erde guttun.
Weisheitslehrer*innen unterschiedlicher Kulturen empfehlen, achtsam zu sein, gewahr zu werden, wer wir sind, was wir fühlen, reden, denken und tun. „Achtsam gewahr zu sein", ermöglicht, mit sich selbst und allen Menschen, mit allen Wesen der Natur, mit Himmel und Erde in einer tieferen Verbundenheit der Beziehung und des Dialoges sein zu können. Achtsames Gewahrsein unterstützt uns, innere Kraft zu entfalten: **die Kraft, zu lieben und zu verstehen.** Frieden mit sich selbst und der Welt, Mitgefühl mit allem, was ist, Zuversicht und Freude können daraus erwachsen.

Im Augenblick sein

Achtsamkeit lässt uns erkennen, was im gegenwärtigen **Augenblick**, in jedem Moment geschieht. Gehen wir mit vollkommener Aufmerksamkeit und ohne Ablenkung, ist dies Achtsamkeit für das Gehen. Sprechen wir aufmerksam, ist dies Achtsamkeit beim Sprechen. Trinken, essen, arbeiten, spielen, lernen, atmen oder bewegen wir uns achtsam, sind wir bewusst und klar, in dem, was wir tun. Wir atmen ein und atmen aus und werden uns dabei unserer Schritte bewusst. Es geht darum, innezuhalten, **das Leben zu berühren und sich vom Leben wieder berühren zu lassen:** vom Zwitschern eines Vogels, dem Rauschen einer Welle im Ozean, dem Summen einer Biene, dem Jauchzen eines Kindes, mit allen Sinnen. In einer offenen Haltung und ohne Bewertung ist es möglich, das Leben in der konzentrierten Gegenwart zu erfahren und zu genießen, auch Schweigen gehört dazu. Hier sind Sie als Pädagog*in ganz anders gefragt, als oft im Alltag. Ihre Aufgabe ist hier nicht, etwas „beizubringen" oder zu vermitteln: „Sie können Weisheit und Einsicht nicht an andere weitergeben. Der Samen ist bereits da. Ein guter Lehrer berührt den Samen und so vermag dieser, zu erwachen, zu sprießen und zu wachsen." (Thich Nhat Han 2018: 13) Was ist gemeint? Jeder Mensch kann achtsam sein und dieses Samenkorn zum Wachsen bringen. Friede, Freude, Liebe und Mitgefühl sind in uns angelegt. Durch das bewusste Wahrnehmen des Augenblicks wird alles zu einer lehrenden Erfahrung: der Körper, die Gefühle, der Geist, das Tun, die Natur, Mitmenschen – das menschliche Dasein und jeder Augenblick.

Warum Achtsamkeit mit Kindern?

In einer achtsamen und heilenden Atmosphäre kann jedes Kind seine eigenen Begabungen in einer friedvollen, warmherzigen und offenen Weise finden. Achtsamkeitsübungen unterstützen Kinder darin, sich besser zu konzentrieren und ihre Impulse zu steuern, **Ruhe und Ausgeglichenheit zu entwickeln und Stress zu reduzieren.** Sie helfen, **besser mit schwierigen Gefühlen umzugehen, sich in andere einzufühlen, diese besser zu verstehen und Konflikte gelassen aushandeln** zu können. Es entsteht **eine Lernatmosphäre, in der alle Kinder in ihren fachlichen, emotionalen und sozialen Kompetenzen wachsen können.** Soziale Toleranz und gute Kommunikation werden immer selbstverständlicher.

Achtsame Wahrnehmung und der gesunde Umgang mit Stresssituationen

Achtsame Pädagog*innen – wie können sie profitieren?

Im Bewusstsein der Achtsamkeit können Pädagog*innen die Kinder authentischer wahrnehmen und ihre Bedürfnisse leichter erkennen. Sie können sich gezielter auf sie einstellen und reagieren. Persönlich erleben sie häufig mehr Zufriedenheit und gesündere Beziehungen, fühlen sich stressfreier, fokussierter und zufriedener. Ihre Gruppen und Klassen wirken harmonischer, friedlicher und kooperativer.

Gut zu wissen und zu erfahren – ein Exkurs für Erwachsene

„Der Weg der Achtsamkeit" ist lange schon in vielen Kulturen bekannt. Unabhängig von den Begrifflichkeiten ist er durch das Leben geprägt. Die Wirkungen des Weges sind durch vielfältige Erfahrungen der Übenden und ihrer Lehrer*innen beschrieben und über Generationen tradiert. In geistiger Achtsamkeit zu leben, das ist nicht käuflich zu haben. Manchmal ist es ein Geschenk, aber meist ist es mit oft harter, intensiver Arbeit an sich selbst verbunden. So bleibt dieser Weg immer ein Weg: ein Weg der Entwicklung und Erkenntnis; und somit immer auch die Aufgabe jedes*jeder Einzelnen, zu forschen, Neues zu entdecken und anzuwenden. Folgende Impulse mögen erinnernd dazu beitragen: Wenn der Geist aufgeschlossen und empfänglich ist, um immer wieder neu und unverstellt mit kindlicher Neugier zu schauen, um aufmerksam Dinge so zu nehmen, wie sie sind, mit Abstand und ohne Vorurteile und Bewertung, dann wird unser Bewusstsein klarer. Es wird freier von Manipulationen des Urteilens, von Gedanken und Gefühlen. Natürliche Entfaltung in jedem Moment und jeder Moment ist das Leben. Warum ungeduldig also eilen und hasten, flüchten oder sich einfangen lassen von dem Tun, Denken und den wiederkehrenden Erfahrungen des Alltags?

Geduld, Akzeptanz und neutrales Beobachten des Geschehens mit unvoreingenommenem Blick, Vertrauen in das Gute, aber auch die Disziplin der Entschlossenheit und die Hingabe zu diesem Weg machen es möglich, sein eigenes Leben zu leben, Augenblick für Augenblick. Achtsamkeit in uns stellt sich nicht von selbst ein. Nehmen wir uns bewusst Zeit für uns selbst, üben wir regelmäßig an einem schönen Ort, bleiben wir auf dem Weg. Und auch wenn's schwierig wird, Gewohnheiten, Gedanken und Gefühle loszulassen, können wir so erleben, einfach nur zu sein. Einfach nur zu sein, das bedeutet, einen Zustand der Entspannung zu erreichen, der vollständige Wachheit ermöglicht, der innere Stärke, Kraft und Stabilität verleiht und ermutigt, aus dem Sein heraus zu handeln. Nicht sofort vielleicht, aber sehr wohl perspektivisch und längerfristig gesehen. Beobachten, Innehalten und Wahrnehmen, Gefühlen und Gedanken ohne Anhaftung und ohne Zielvorstellung Raum geben erlaubt uns, zu erfahren, wie wir wirklich sind, und nicht, wie wir sein wollen. Wer ohne Wunschdenken den **gegenwärtigen Augenblick** anzunehmen und zu würdigen lernt, kann **Verbindung**, **Fülle** und **Bewusstwerdung** erfahren. Welch ein Geschenk des Lebens! Aber auch: welch eine Herausforderung! Doch seien wir nachsichtig mit uns selbst und den anderen, es gibt kein Richtig oder Falsch, keinen Erfolg oder Misserfolg, es gibt heilsame Entwicklungen und manchmal geschehen Wunder. Alles und jedes in der Welt, jeder Augenblick, kann lehrreich sein. Achtsames Gehen, Atmen und Meditieren sind mögliche Wege zum Ziel für Erwachsene. **Kinder brauchen kindgerechte Übungen und Erfahrungen.**

Achtsamkeit in der Praxis: ein breites Repertoire an Angeboten für Kinder

Dieses Kapitel bietet im Folgenden Übungen für Kinder zur achtsamen Wahrnehmung des Körpers in der Verbindung von Körper und geistig-sozialer Entwicklung. Dabei gibt es viele spielerische Yoga-Anleitungen. Das nächste Kapitel „Potenziale aktivieren und Kräfte steuern – mit Yoga zum Empowerment" (S. 60 ff.) knüpft daran an und stellt die Potenzialentfaltung in den Vordergrund. Die yogisch-achtsame Meisterung der Gefühle, die emotionale Kompetenz also, nimmt dabei einen großen Raum ein, begleitet von sozialer, geistiger und globaler Kompetenzentwicklung.

Spiele zur Wahrnehmung des Körpers

ICH KENNE MEINEN KÖRPER

Übungsschwerpunkte und Lernziele:
Schulung der Körperwahrnehmung, Konzentration auf das Klanginstrument und einen Körperteil, Erspüren von Berührung und Benennung des Teils des Körpers (bei der Variation)

Material:
Klanginstrument, Zauberstab für die Variation

Ausführung:
Die Kinder schließen die Augen. Der Pädagoge bzw. die Pädagogin schlägt ein Klanginstrument an und gibt eine auf den Körper bezogene Einladung mit dem folgenden Text.

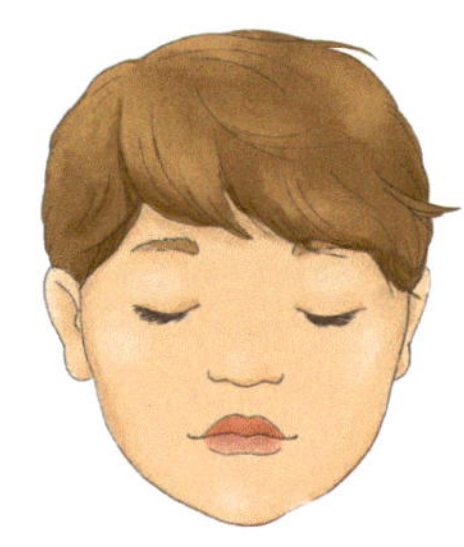

Text zur Ausführung:
Legt die Handflächen auf den Bauch.
Beim nächsten Klang legt die Handflächen auf die Schultern.
Beim nächsten Klang legt die Zeigefinger auf die Stirn …

[Nach einigen weiteren, frei gewählten Einladungen des Pädagogen bzw. der Pädagogin können auch Kinder übernehmen und die Anweisungen geben.]

Variante:
Die Kinder schließen die Augen. Ein Kind erhält einen Zauberstab und geht damit im Kreis herum. Es berührt jedes Kind mit dem Zauberstab. Die Kinder merken sich die Stelle des Körpers, die berührt wurde, und benennen sie anschließend. Wenn das Kind mit dem Zauberstab fragt: „Wo habe ich dich berührt?“, antwortet das gefragte Kind z. B.: „Du hast meine Schulter berührt“. Zum Berühren können auch Federn oder Tücher genutzt werden.

PARTNERÜBUNG: GEMEINSAM ACHTSAM UND KONZENTRIERT

Übungsschwerpunkte und Lernziele:
Schulung der Konzentration und Achtsamkeit im Umgang mit anderen Kindern

Material:
evtl. Klanginstrument

Ausführung:
Je zwei Kinder stehen sich gegenüber bzw. Rücken an Rücken und folgen den Anweisungen, die auch in Verbindung mit einem Klanginstrument gegeben werden können.

Text zur Ausführung:
Legt eure Handflächen aneinander. Legt eure Handrücken aneinander. Legt die rechten Fußsohlen aneinander. Stellt euch so, dass sich die Rücken berühren, und führt die Übung Baum aus.

[O. Ä. – so können auch andere Übungen ausgeführt werden, wie Vollmond, Stern etc.]

Achtsamkeitsübung

DIE FINGER WANDERN

Übungsschwerpunkte und Lernziele:
Schulung der Körperwahrnehmung durch die Konzentration auf bestimmte Körperstellen

Ausführung:
Die Kinder schließen die Augen und folgen den Anweisungen des Pädagogen bzw. der Pädagogin.

Text zur Ausführung:
Lege den Zeigefinger mitten auf die Stirn. Wandere mit dem Zeigefinger hinunter, zwischen die Augenbrauen. Streiche über die rechte Augenbraue und zurück zu dem Punkt zwischen den Augenbrauen.
Streiche über die linke Augenbraue und wieder zurück zum Punkt zwischen den Augenbrauen.
Streiche mit dem Zeigefinger über die Nase bis zur Nasenspitze. Streiche zur Oberlippe, Unterlippe, am Kinn entlang bis zum Hals. Streiche am Hals entlang wieder zum Kinn, zur Unterlippe, Oberlippe, zur Nasenspitze, über den Nasenrücken zum Punkt zwischen den Augenbrauen, über die linke Augenbraue, die rechte Augenbraue, zum Punkt zwischen den Augenbrauen und wieder hoch mitten auf die Stirn.

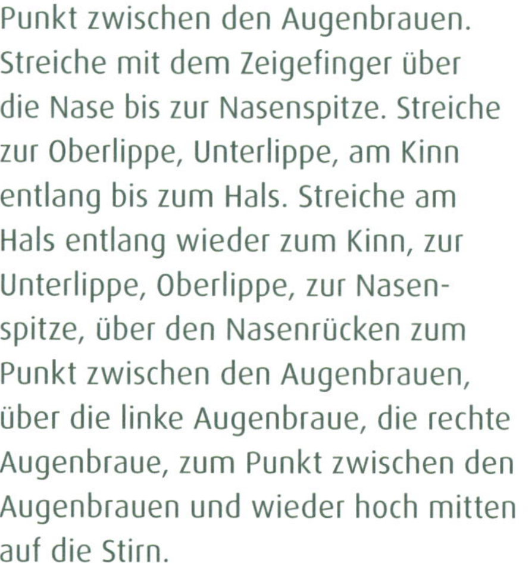

Du kannst die Übung auch mit einem anderen Finger oder dem Daumen ausführen.

Achtsamkeitsverse

ACHTSAM SEIN

Übungsschwerpunkte und Lernziele:
Vertiefung der Yoga-Übungen im Sprechvers; Anregung, eigene Übungen zu finden, die die Achtsamkeit unterstützen

Übungen:
Storch, Vogel, Biene, Sonne

Text zur Ausführung:
Achtsam sein macht mich stark,
- Lege die Handflächen vor der Brust aneinander, strecke die Arme nach oben, bilde Fäuste, beuge die Ellbogen und ziehe die Oberarme an die Flanken (also seitlich an den Rumpf der Bauchregion).

drum übe ich dieses jeden Tag.
- Beschreibe einen Armkreis.

Ich stelle mich still auf ein Bein
- Stelle dich auf das linke Standbein, beuge das rechte Bein, führe das rechte Knie neben das linke Knie und strecke den rechten Unterschenkel parallel zum Boden nach hinten. Lege die Handflächen vor der Brust aneinander.

*wie ein **Storch** im **Sonnenschein**.*
- Mache die gleiche Übung auf dem rechten Standbein.

*Wie ein **Vogel** will ich fliegen*
- Stehe aufrecht, breite die Arme seitlich auf Schulterhöhe aus und stelle dich auf die Zehen. Führe die Arme auf Schulterhöhe nach vorn, lege die Handflächen aneinander und stelle die Fußsohlen wieder an den Boden.

und so Angst und Stress besiegen.
- Wiederhole die eben durchgeführte Übung des Vogels.

*Wie eine **Biene** summe ich,*
- Stehe aufrecht, breite die Arme seitlich auf Schulterhöhe aus, beuge die Knie, beuge den Oberkörper gestreckt vor, bis der Bauch auf den Oberschenkeln liegt. Bewege die Hände und Finger und summe wie eine Biene.

das kräftigt und beruhigt mich.
- Richte dich auf und beschreibe einen Armkreis.

*Jetzt bin ich heller **Sonnenschein***
- Grätsche die Beine, führe die Arme nach oben in die diagonale Weiterführung der Beine und dehne den ganzen Körper.

und lass ihn in mein Herz hinein.
- Beschreibe einen Armkreis und lege die Hände auf dein Herz.

Achtsamkeit an jedem Tag
- Breite die Arme auf Schulterhöhe aus und lege über dem Kopf die Handflächen aneinander.

macht mich glücklich, froh und stark.
- Beschreibe drei Armkreise und senke die Arme zum Schluss.

ACHTSAM SEIN: SPRECHVERS MIT BEWEGUNGEN

Übungsschwerpunkte und Lernziele:
Entwicklung von Wahrnehmung, Ruhe und Stille; Achtsamkeit in der Bewegung

Übungen:
Baum, Sonne

Text zur Ausführung:
Achtsam sein, ganz allein,
- Stehe aufrecht, lege die Handflächen vor der Brust aneinander und dehne die Ellbogen nach außen, breite die Arme auf Schulterhöhe seitlich aus.

ich stehe still auf einem Bein.
- Verlagere das Gewicht des Körpers auf dein linkes Bein, hebe das rechte Bein, ziehe das rechte Knie hoch, dehne es nach außen und stelle die Fußsohle an die Innenseite des linken Beines. Stelle den rechten Fuß wieder an den Boden und lege die Handflächen wieder vor der Brust aneinander. Die Arme bleiben ausgebreitet.

Das andere Bein kann das auch.
- Führe die gleiche Übung auf dem rechten Standbein aus.

Ich streichle meinen Bauch.
- Lege dann die Handflächen auf den Bauch und streichle ihn. Lasse die Arme zum Schluss neben dem Körper hängen.

Jetzt stehe ich auf meinen Zehen,
- Stelle dich auf die Zehen und führe die Arme über die Seiten nach oben, lege über dem Kopf die Handflächen aneinander.

kann so vor- und rückwärtsgehen.
- Laufe auf den Zehen vor und zurück. Stehe dann wieder fest auf beiden Fußsohlen, lege die Handflächen vor der Brust aneinander und dehne die Ellbogen nach außen.

Achtsam sein, ganz allein,
- Breite die Arme seitlich auf Schulterhöhe aus.

tut so gut wie ***Sonnenschein****.*
- Stelle dich in die Übung Sonne. Stehe aufrecht und grätsche die Beine. Hebe die Arme schräg nach oben. Dehne dich in die Länge, spreize die Finger und hebe das Brustbein.

ACHTSAME ASANAS

Übungsschwerpunkte und Lernziele:
achtsames Ausführen der Yoga-Übungen, Schulung des Gleichgewichts

Übung:
Grußhaltung, Baum

Text zur Ausführung:
Achtsam sein
- Stehe aufrecht in der Grußhaltung, schaue auf einen Punkt am Boden und breite die Arme seitlich auf Schulterhöhe aus.

ist nicht so leicht.
- Löse den rechten Fuß vom Boden, beuge das Knie, dehne es hoch und nach außen und stelle die rechte Fußsohle an die Wade des linken Beines.

Schaffst du es,
- Führe die Arme über die Seiten nach oben und lege über dem Kopf die Handflächen aneinander.

hast du viel erreicht.
- Dehne dich, beuge die Ellbogen und senke langsam die aneinanderliegenden Hände wieder vor dein Brustbein und stelle den rechten Fuß wieder an den Boden.

[Dann führen die Kinder den gleichen Ablauf auf dem rechten Standbein aus.]

Variation:
Die Kinder können diesen Vers auch mit anderen Übungen achtsam ausführen, z. B. mit den Übungen Sonne, Mond etc.

DER BAUM IM JAHRESKREIS

Übungsschwerpunkte und Lernziele:
achtsame Beobachtung eines Baums im Jahreskreis, Ausdruck der Beobachtungen in einem kleinen „Baumtanz"

Übungen:
Grußhaltung, Baum, Schmetterling

Text zur Ausführung:
Der Wind weht durch den starken ***Baum****,*
Blätter tanzen, du glaubst es kaum.
- Stehe aufrecht in der Grußhaltung.
- Breite die Arme seitlich auf Schulterhöhe aus.
- Beuge das rechte Knie, hebe es und drehe es nach rechts.
- Stelle die rechte Fußsohle an die Innenseite des linken Standbeines.

Leicht und leise, wie ***Blätter*** *so sind,*
tanzen sie im Herbstwind.
- Drehe die Hände und bewege die Finger.

Der Wind weht durch den starken ***Baum****,*
Schneeflocken tanzen, du glaubst es kaum.
- Stehe aufrecht in der Grußhaltung.
- Breite die Arme seitlich auf Schulterhöhe aus.
- Beuge das linke Knie, hebe es und drehe es nach links.
- Stelle die linke Fußsohle an die Wade des rechten Standbeines.

Leicht und leise, wie ***Schneeflocken*** *sind,*
tanzen sie im Winterwind.
- Bewege die Arme leicht auf und ab und bewege dazu die Hände auch auf und ab.

Der Wind weht durch den starken ***Baum****,*
Blüten tanzen, du glaubst es kaum.
- Stehe aufrecht in der Grußhaltung.
- Breite die Arme seitlich auf Schulterhöhe aus.
- Beuge das rechte Knie, hebe es und drehe es nach rechts.

- Stelle die rechte Fußsohle an die Wade des linken Standbeines.
- Forme mit den Händen eine Blüte.

*Leicht und leise, wie **Blüten** so sind,*
tanzen sie im Frühlingswind.

- Bewege die Arme leicht auf und ab und bewege dazu die Hände auch auf und ab.

*Der Wind weht durch den starken **Baum**,*
Schmetterlinge tanzen, du glaubst es kaum.

- Stehe aufrecht in der Grußhaltung.
- Breite die Arme seitlich auf Schulterhöhe aus.
- Beuge das linke Knie, hebe es und drehe es nach links.
- Stelle die linke Fußsohle an die Wade des rechten Standbeines.

*Leicht und leise, wie **Schmetterlinge** sind,*
tanzen sie im Sommerwind.

- Setze dich mit aufrechtem Rücken auf den Boden, lege die Fußsohlen aneinander, dehne die Knie nach außen und bewege sie leicht auf und ab.

Achtsame Hände, Finger und Arme

DIE FINGER BEGRÜSSEN DEN DAUMEN

Übungsschwerpunkte und Lernziele:
Schulung der Körperwahrnehmung, Konzentration und Geschicklichkeit

Text zur Ausführung:
Sitze aufrecht und halte die Hände vor deinen Körper. Bewege die Zeigefinger, Mittelfinger, Ringfinger und kleinen Finger nacheinander zu den Daumen und drücke sie aneinander – so wie die Finger beim Klavierspielen auf die Tasten drücken. Benenne dabei den Finger, der die Daumenkuppe berührt: Zeigefinger, Mittelfinger, Ringfinger, kleiner Finger. Gehe dann wieder zurück: kleiner Finger, Ringfinger, Mittelfinger, Zeigefinger. Kinder, denen die Übung schwerfällt, üben zuerst mit einer Hand, dann mit der anderen Hand und dann mit beiden Händen gleichzeitig.

EIN KLEINER TIPP
Finger- und Armübungen sind ein besonderer Gewinn für Kinder und Jugendliche: Übungen mit Fingern und Händen können vielfältig zur Kräftigung bestimmter Körperpartien und zur Verbesserung der Konzentration und Achtsamkeit eingesetzt werden. Durch ein leichtes Drücken aller Fingerkuppen aneinander werden Gehirnströme positiv beeinflusst, was sich fördernd auf das Gedächtnis, die Merkfähigkeit und Kreativität auswirkt. Auch der Brustkorb kann durch das Aneinanderdrücken der Hände und die Dehnung der Unterarme nach außen gestärkt werden.

FINGER UND DAUMENKUPPEN

Übungsschwerpunkte und Lernziele:
Kräftigung der Finger, Hände und Arme; Steigerung der Konzentration und Achtsamkeit; Aufrichtung des Rumpfes und Bewegung der Brustwirbelsäule

Text zur Ausführung:
Sitze aufrecht und lege die Finger- und Daumenkuppen deiner beiden Hände aneinander. Drücke sie aneinander und dehne die Ellbogen nach außen. Richte dabei den Rumpf auf und hebe das Brustbein.
Zähle bis drei oder fünf. Löse den Druck, lege die Handflächen aneinander und beuge leicht den Kopf.
Lege die Fingerkuppen auf die Mitte der Stirn und zähle bis drei oder fünf. Wiederhole den Ablauf einige Male.

STARKER BRUSTKORB

Übungsschwerpunkte und Lernziele:
Kräftigung der Hände, Finger, Schultern und des Brustkorbs

Text zur Ausführung:
Sitze oder stehe aufrecht. Lege die Handflächen aneinander und verschränke die Finger. Halte die Hände mit den Daumen vor dein Brustbein. Drücke die Fingerkuppen fest an die Handrücken und die Handballen aneinander. Dehne die Ellbogen nach außen. Zähle bis drei *[oder fünf oder sieben]*.

Lasse den Druck der Hände und Finger los und wiederhole die Übung noch 3-mal *[oder 5-mal]*.

[Die Ansage kann je nach Alter und Kondition der Kinder variiert werden.]

Achtsame Wahrnehmung und der gesunde Umgang mit Stresssituationen

ACHTSAMKEIT MIT KLÄNGEN

Übungsschwerpunkte und Lernziele:
achtsame Konzentration auf Körperteile, Beruhigung der Gedanken, Entspannung für Körper und Geist

Material:
Klangschale, Klangkugeln oder Glöckchen, Schellenkranz

Ausführung:
Die Instrumente werden zuerst von dem Pädagogen bzw. der Pädagogin gespielt. Haben die Kinder die Übung öfter gemacht, kann das Anschlagen der Instrumente auch durch Kinder ausgeführt werden. Die Kinder sitzen auf Stühlen oder liegen im Kreis, je nach den räumlichen Bedingungen. Sie schließen die Augen.

Text zur Ausführung:
Setze (oder lege) dich entspannt hin. Lege die Handflächen auf deinen Bauch.

[Klangschale anschlagen.]

Halte die Hände auf dem Bauch, bis du den Ton der Klangschale nicht mehr hörst.

[Klangschale anschlagen.]

Beim zweiten Tönen der Klangschale konzentriere dich auf den Bauch, ohne die Hände aufzulegen. Danach lege deine Handflächen auf dein Herz.

[Klangkugeln ertönen lassen.]

Halte die Hände auf dem Herzensraum, bis du den Ton der Klangkugeln nicht mehr hörst.

[Klangkugeln ertönen lassen.]

Beim zweiten Tönen der Klangkugeln konzentriere dich auf den Herzensraum, ohne die Hände aufzulegen. Lege die Handflächen auf deine Stirn.

[Schellenkranz tönen lassen.]

Wenn du nichts mehr hörst, lege die Hände neben den Körper und konzentriere dich auf deine Stirn.

Variation:
Lege jetzt immer, wenn du die Instrumente hörst, die Hände auf die entsprechenden Körperteile:
Klangschale – Bauch
Klangkugeln – Herz
Schellenkranz – Stirn
Zum Schluss bleibe noch einen Moment liegen und spüre, wie sich der Körper anfühlt.

Mudras für Konzentration und Achtsamkeit

Mudras – **„Yoga mit Händen und Fingern"** – sind symbolische Finger-, Augen- und Körperhaltungen, die bestimmte Bewusstseinszustände oder Vorgänge bildhaft darstellen. Im Yoga gibt es eine Vielzahl an Fingermudras, die als Konzentrations- und Achtsamkeitshilfe und zur Vertiefung der Meditation genutzt werden können. Die Mudras halten die Kinder so lange, bis die Konzentration und Aufmerksamkeit nachlässt. Mudras sind wirksam, wenn die Übungen längere Zeit gehalten werden. Die Verbesserung der Konzentration stellt sich jedoch erfahrungsgemäß sehr rasch ein.

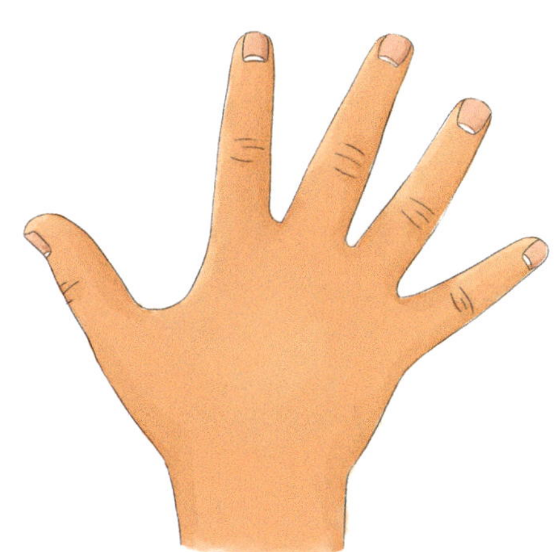

Die folgenden Mudras können als kleine Entspannungsübungen einfach und schnell zur Beruhigung der Emotionen eingesetzt werden. Sie helfen auch, Gedanken ruhiger fließen zu lassen, den Geist zu entspannen und klarer werden zu lassen. Sie sind für Kinder ab sechs Jahren geeignet.

Übung – Mudra	So wird die Übung ausgeführt
Kalesvara Mudra 	• Sitze aufrecht. Halte die Handflächen auf Abstand und lege die Daumen- und Mittelfingerkuppen beider Hände aneinander. • Lege auch die ersten beiden Fingerglieder des Zeigefingers aneinander. • Beuge den Ring- und kleinen Finger nach innen, ohne dass sie sich berühren. • Richte die Daumen zur Brust, die Ellbogen nach außen und zähle bis fünf oder zehn. **Mögliche Wirkungen:** • *Beruhigung der Gedanken* • *Entwicklung geistiger Klarheit* • *Stärkung der Konzentration und Achtsamkeit*

Übung – Mudra	So wird die Übung ausgeführt
Balini Mudra 	• Sitze aufrecht. Balle die Hände zu Fäusten und lege die Kleinfingerseiten an die Mitte des Hinterkopfes. • Dehne mit jeder Einatmung die Ellbogen nach hinten und unten. • Dehne das Brustbein nach vorn und oben. • Entspanne beim Ausatmen. **Mögliche Wirkungen:** • *Stärkung und Aufrichtung des Rückens* • *Dehnung des Brustkorbs* • *Vertiefung der Atmung* • *Entwicklung von Kraft und Selbstbewusstsein*

Übung – Mudra	So wird die Übung ausgeführt
Shanka Mudra 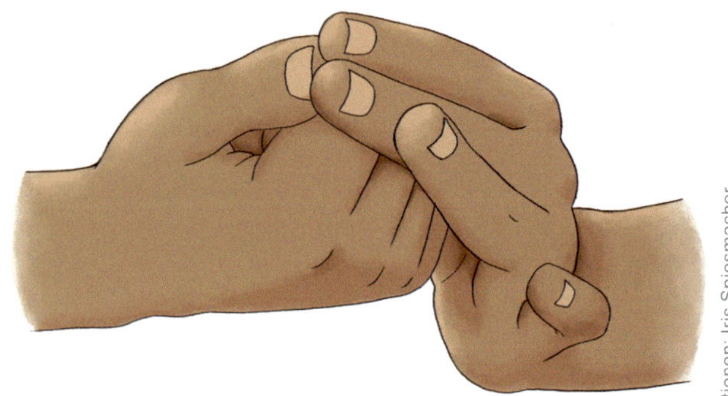	• Sitze aufrecht. Umschließe mit den Fingern der rechten Hand den Daumen der linken Hand. • Lege die linken Zeige- und Mittelfingerkuppen an die rechte Daumenkuppe. • Halte die Hände in der Höhe des Zwerchfells. **Mögliche Wirkungen:** • *Entwicklung geistiger Klarheit und eines Gefühls von Geborgenheit und Trost* • *evtl. Befreiung der Nasennebenhöhlen bei Erkältungen*

Übung – Mudra	So wird die Übung ausgeführt
Jnana Mudra 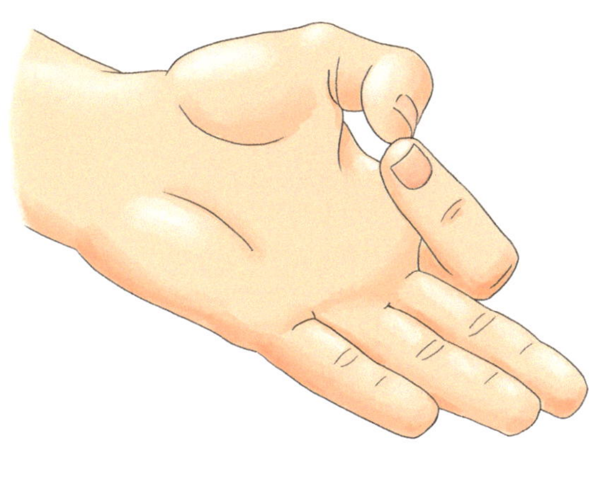	• Sitze aufrecht. Lege die Zeigefinger und Daumenkuppen beider Hände aneinander. • Lege die Handaußenseiten auf die Oberschenkel. **Mögliche Wirkungen:** • *Weisheitsgeste für Sicherheit und Selbstbewusstsein* • *Unterstützung der kraftvollen und liebenden Qualitäten*

Übung – Mudra	So wird die Übung ausgeführt
Garuda Mudra (1) 	• Sitze aufrecht. Kreuze die Unterarme. • Verschränke die Daumen. • Lege die Fingerkuppen unter die Schlüsselbeine. **Mögliche Wirkungen:** • *Anregung des Kreislaufs* • *Entspannung bei Nervosität, Stimmungsschwankungen und Magenverstimmungen* • *Atemberuhigung*

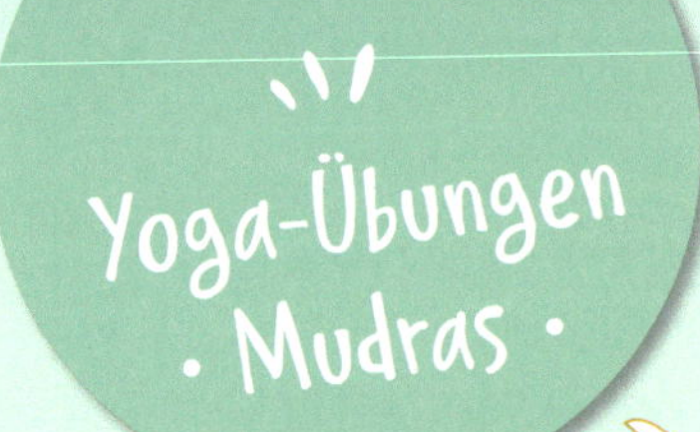

Übung – Mudra	So wird die Übung ausgeführt
Garuda Mudra (2)	• Sitze aufrecht. Kreuze die Unterarme. • Richte die Handflächen zum Körper. • Verhake die Daumen so, dass die linke Daumenkuppe auf dem unteren Daumenglied des rechten Daumens liegt. • Spreize die Finger und dehne sie zu den Seiten. **Mögliche Wirkungen:** • *Anregung des Kreislaufs* • *Entspannung bei Nervosität, Stimmungsschwankungen und Magenverstimmungen* • *Atemberuhigung*

Fingerübungen mit Affirmationen

Affirmationen sind positive Leitsätze, die sich durch achtsames und wiederholtes Sprechen auf das Denken, Fühlen und Wollen auswirken. Wenn sich die Kinder beim Sprechen der Leitsätze achtsam bewegen, sind die Wirkungen noch effektiver.

ACHTSAMKEIT MACHT MICH STARK

Übungsschwerpunkte und Lernziele:
Schulung der Achtsamkeit und Konzentration durch Sprechen und Bewegen der Finger

Ausführung:
Je nach Alter und Entwicklungsstand kann die Übung mit einer Hand oder mit beiden Händen gleichzeitig ausgeführt werden.

Text zur Ausführung:

Acht-
- Die Zeigefingerkuppe berührt die Daumenkuppe.

sam-
- Die Mittelfingerkuppe berührt die Daumenkuppe.

keit
- Die Ringfingerkuppe berührt die Daumenkuppe.

macht
- Die Kleinfingerkuppe berührt die Daumenkuppe.

mich
- Die Ringfingerkuppe berührt die Daumenkuppe.

stark.
- Die Mittelfingerkuppe berührt die Daumenkuppe.

Variationen:
- Ich bin achtsam und stark:
  Ich – bin – acht – sam – und – stark.
- Ich bin achtsam, ich bin stark, drum üb ich jeden Tag:
  Ich – bin – acht – sam –
  ich – bin – stark –
  drum – üb – ich – je – den – Tag.

Achtsame Wahrnehmung und der gesunde Umgang mit Stresssituationen

- Ich bin achtsam, ich bin still, weil ich etwas lernen will:
  Ich - bin - acht - sam -
  ich - bin - still -
  weil - ich - et - was - ler - nen will.

Die Durchführung der Berührung Daumen mit Fingerkuppen erfolgt nach gleichem Schema pro Silbe: Daumen mit Zeigefinger, Mittelfinger, Ringfinger, kleinem Finger. Dann geht es zurück: Daumen mit kleinem Finger, Ringfinger, Mittelfinger, Zeigefinger bzw. bis alle Silben gesprochen sind. Wiederholungen machen besonderen Spaß.

Achtsamkeitsübungen für Pädagog*innen

Zum Abschluss dieses Abschnitts kommt nun noch ein Bonbon für die Pädagog*innen. Sie können durch einfache Achtsamkeitsübungen sowohl Entspannung als auch eine lernfreudige Atmosphäre in den Bildungsalltag bringen. Kleine Achtsamkeitsübungen für sich selbst vor der Arbeit sind hilfreich. Gut vorbereitete und eingestimmte Pädagog*innen geben das Gefühl von Sicherheit auch an die Kinder weiter. Dabei können Klopfatmung oder Fingermudras zur Lockerung wirksam sein.

KLOPFATMUNG

Übungsschwerpunkte und Lernziele:
vertreibt Müdigkeit und Anspannung, der Kopf wird frei, der Körper fühlt sich neu belebt an

Text zur Ausführung:
Stehe aufrecht. Breite die Arme seitlich auf Schulterhöhe aus, bilde Fäuste, beuge die Ellbogen und lege die Fäuste auf dein Brustbein.
Klopfe mit den Fäusten den Brustraum ab. Stelle dir dabei vor, alles Verbrauchte, alle Schlacken aus dem Körper herauszuklopfen.
Dann nimm wieder frische Kraft auf. Der Atem fließt frei.
Breite die Arme seitlich aus.
Klopfe wieder den Brustkorb ab.
Wiederhole die Übung einige Male.

STRESS AUS DEM KÖRPER KLOPFEN

Übungsschwerpunkte und Lernziele:
vertreibt Müdigkeit und Anspannung, der Kopf wird frei, der Körper fühlt sich neu belebt an

Text zur Ausführung:
Stehe aufrecht. Breite die Arme seitlich auf Schulterhöhe aus und bilde Fäuste.
Senke die Arme und klopfe mit der rechten Faust den linken Arm von der Schulter bis zu der linken Hand und den Fingern ab. Löse dazu die linke Faust.
Breite die Arme wieder seitlich auf Schulterhöhe aus und bilde Fäuste. Senke die Arme und klopfe mit der linken Faust den rechten Arm von der Schulter bis zur rechten Hand und den Fingern aus.
Breite die Arme seitlich auf Schulterhöhe aus und bilde Fäuste. Senke die Arme und klopfe zuerst das rechte Bein und dann das linke Bein mit beiden Fäusten aus. Streiche anschließend mit den Händen die Arme und Beine aus. Schließe die Augen und beobachte einen Moment, wie sich dein Körper anfühlt.

Mit Yoga zum Empowerment

Kinder stark machen – die eigenen Ressourcen und Stärken vor Augen

Von jedem Kind geht ein Zauber aus: Es verfügt über einzigartige Fähigkeiten, Kompetenzen und Ideen und zeigt bereits als Baby Kernelemente seiner ihm eigenen Persönlichkeit. Erfährt es Vertrauen, Ermutigung, Wertschätzung und Stärkung beim Aufwachsen und Lernen in seinem Sosein, erlebt das Kind Sicherheit und Geborgenheit, so kann es seine Potenziale im eigenen Tempo, in allen Facetten und Schritt für Schritt positiv entfalten. „Gras wächst nicht schneller, wenn man daran zieht", so sagt es ein altbekanntes Sprichwort. Anders ausgedrückt: Alles wächst und entsteht, nichts bleibt, wie es ist. Gedeihen braucht Zeit und ist nicht erzwingbar. Mit diesem Kernsatz wird eine **diversitätsbewusste Pädagogik** angesprochen, in der **Pädagog*innen** nicht nur Wissen vermitteln, sondern als offene **Dialogpartner*innen**, aufbauende **Unterstützer*innen** und herausfordernde **Lernbegleiter*innen** Kinder fürs Leben und Lernen begeistern können. Sie kennen ihre Schützlinge gut und ermutigen sie vertrauensvoll zur Entwicklung eines positiven Selbstkonzeptes, zum Erleben von Selbstwirksamkeit, dem Aufbau von Selbstsicherheit, Selbstvertrauen und Resilienz.

Wissen und Können öffnen Türen zum Wachstum. Neues erfahren zu dürfen, Einfluss nehmen und etwas bewirken zu können, aber auch die Welt in ihrer Vielfalt zu verstehen und mit anderen in Interaktion zu sein – all dies lässt Wachstum geschehen. Kurzum: Für alle Kinder geht es darum, „stark zu werden" und Kompetenz fürs Leben zu erwerben. Familie, Kita und Schule sind wichtige Partner auf diesem Pfad. Folgende Lebenskompetenzen werden nach Gabriele Haug-Schnabel, Sibylle Fischer und Joachim Bensel *(vgl. Haug-Schnabel/Bensel/Fischer 2020: 6)* unterschieden und hier zugrunde gelegt:

- Die sozial-emotionale Kompetenz in der Beziehung zu Anderen, auch im Hinblick darauf, wie Entscheidungen getroffen und Probleme gelöst werden.
- Die Wahrnehmung seiner selbst und seiner Mitmenschen.
- Das eigene Körperbewusstsein und ein Wissen um die vorhandenen, individuellen Ressourcen.
- Die Ausdrucksfähigkeit auf verbaler und nonverbaler Ebene.
- Die Verantwortung für und der respektvolle Umgang mit der Welt und der Gesellschaft, in der wir leben – in all ihren Facetten.
- Das eigene kritische Denkvermögen und der Wissenstransfer.

Kinder, die sich diese Lebenskompetenzen schon früh aneignen, können Aufgaben besser bewältigen und erleben so Selbstwirksamkeit.

Sensibel wahrnehmen und beobachten, mit geschultem Blick die Situation richtig einschätzen, deuten und verstehen zu können, sind heute aufseiten der Fachkräfte besonders gefragt. Denn **jedes Verhalten hat einen guten Grund**, hat Sinn und Funktion, Botschaft und Motiv. Diesen Grund zu erfragen und zu erkennen, erlaubt es uns schließlich, lösungs- und ressourcenorientiert zu handeln. Probleme werden als Chance der Weiterentwicklung begreifbar und Herausforderungen können konstruktiv, transparent und gemeinsam mit den Kindern bewältigt werden. Dies ist in vielerlei Hinsicht **ein Perspektivwechsel**.

Was brauchen wir, um diese Ziele zu erreichen?

Auf den Punkt gebracht: die Pädagogik der Achtsamkeit und des Empowerments

Eine **„Pädagogik der Achtsamkeit"** will die individuell unterschiedlichen Bedürfnisse des Kindes verstehen, vertrauensvolle, konstante und zuverlässige Beziehungen aufbauen, Trennungen und Abbrüche vermeiden. Den Sockel bilden eine empathische, achtsame Haltung und Präsenz. Diese zeigt sich in Aufmerksamkeit, Feinfühligkeit, Einfühlungsvermögen und Trost, aber auch in Klarheit, Unmittelbarkeit (der Sprache) und verlässlichen Strukturen (Regeln). Achtsamkeit ist mit großem Respekt vor der Lebenserfahrung der Kinder verbunden, die oftmals Spezialist*innen in der Meisterung ihrer schwierigen Lebensumstände sind und sich selbst am besten kennen. Achtsam zu sein, ermöglicht, mit **„freiem Blick"** die Interessen, Bedürfnisse und Themen des Kindes aufzugreifen, dialogisch zu erörtern und die **„Sicht des Kindes"** einnehmen zu können. Werden die kindlichen Kompetenzen achtsam erfasst, so können differenzierte Bildungs- und Lernwege gegangen werden. Die Teilhabe aller wird möglich.

THEMA 3: Potenziale aktivieren und Kräfte steuern

Mit Yoga zum Empowerment

Eine **Pädagogik des „Empowerments"** knüpft daran an und setzt auf Ressourcenstärkung und Potenzialentfaltung:
„Ich bin, ich kann, ich will. Ich weiß, was ich will und wohin ich will. Ich entscheide für mich selbst, setze mir ein Ziel und gehe meinen eigenen Weg. Ich bin stark und traue mir was zu."
Wer seine Stärken kennt, kann ICH-Kraft entwickeln und sich selbst führen: Entscheidungen treffen, sich eigeninitiativ Ziele setzen, Perspektiven entwickeln, Probleme lösen und Stress bewältigen. Wer seine Potenziale kennt, kann mit dem Kaleidoskop seiner Gefühle angemessen umgehen, die eigenen Kräfte verstehen und sie bewusst zu lenken lernen.
„Geh ins Leben", diese Weisheit meint nichts anderes, als über Erfahrung zu lernen: Das Lernen über „Herausforderung" lässt uns an die eigenen Grenzen stoßen und darüber hinauswachsen. Das Lernen über „Engagement" bietet die Chance, soziale Kompetenzen zu vertiefen. Das Lernen über „Verantwortung" macht spürbar, wie es ist, gebraucht zu werden. Menschen mit Botschaften – Greta Thunberg, Astrid Lindgren, Mahatma Gandhi und viele mehr – laden zur Auseinandersetzung mit Werten, Lebenszielen und Anderssein ein. Erfahrungsbasiertes Lernen bringt Kompetenzerleben und Freude und ebnet den Weg zu einer neuen Lernkultur.

Yoga mit Kindern ist Ermutigung kleiner Menschen mit Potenzialen

Yoga mit Kindern im Unterricht und alltagsintegriert in der Kita ermutigt und macht stark. Yoga schafft kreative Freiräume, aus denen Kinder ihre Potenziale neu schöpfen können. Yoga schärft den pädagogischen Blick auf die Lebensrealitäten der Kinder, lässt uns die Einflüsse von Familie, Peers, Prägungen, Haltungen, Werten und Lebenserfahrungen erkennen und uns an ihrer „realen Welt" teilhaben.

Kinderyoga berührt Kinder und Erwachsene im Herzen. Sie werden glücklicher im gegenwärtigen Augenblick, kommen zur Ruhe und können die Herausforderungen des Lebens leichter meistern. Sie lernen mit Freude, Erfahrungen auszutauschen, Erlebnisse zu teilen, die eigenen Bedürfnisse mitzuteilen, die Sprache des*der anderen zu sprechen, achtsam zu sein. Die Fähigkeit, mitfühlend zuzuhören und aus dem Herzen zu sprechen, ermöglicht, den*die andere*n so wahrzunehmen, wie er*sie ist. Sie hält die Beziehung aufrecht und bringt Veränderung. Eine Verwandlung von Wut, Ärger, Angst und Kummer in Ruhe und Stille wird möglich.
Wenn Gefühle bewusst ausgedrückt und achtsam gehört werden, können gemeinsam Lösungen gefunden, Konflikte friedlich gelöst werden. Es werden die Beziehungen zueinander gestärkt; neue, bisher unsichtbare oder schlummernde Kreativität, Talente und Fähigkeiten werden in der Kita-Gruppe und der Klasse sichtbar.
Aus dem Herzen zu sprechen, ist positiv und berührend. Das Sprechen geschieht mit klarer Absicht, in deutliche Worte gebracht, ohne verletzend oder verschleiernd zu sein. Wenn wir innehalten und wahrnehmen, allen Gefühlen und Gedanken der Kinder Raum geben, ohne Kritik oder Verurteilung zu üben, erlauben wir den Kindern, zu erfahren, dass sie in Ordnung sind, wie sie sind. Wir ermöglichen den Kindern, zu erkennen, dass sie angenommen werden und dass das Leben ein Geschenk ist.

Yoga mit Kindern verändert die Rolle der Pädagog*innen und stellt ihre Aufgabe in ein anderes Licht. Ob in der Rolle der Feuer-Entfacher*innen, Potenzial-Entfalter*innen oder Mut-Macher*innen, ob Moderator*innen, Fels in der Brandung oder Beziehungskünstler*innen – eine strahlende, gefestigte und geerdete Haltung der Pädagog*innen fördert in jedem Moment eine natürliche Entfaltung des Kindes.

Und so geht's: üben, üben, üben

Wie Potenzialförderung und Empowerment mit Elementen des Kinderyoga und der Achtsamkeit realisiert werden können, zeigt dieses Kapitel im Folgenden auf – zu diesen Schwerpunkten finden Sie Beiträge:

- Emotionale Kompetenz: der kreative Umgang mit Emotionen, Gefühlen und Gedanken
- Empowerment: sich im Körper zu Hause fühlen
- Geistige Stärke: Beweglichkeit und Achtsamkeit
- Soziale Verbundenheit: miteinander leben und vom Leben lernen
- Globale Beziehungen: die Welt verstehen und gut in ihr stehen

Emotionale Kompetenz: der kreative Umgang mit Emotionen, Gefühlen und Gedanken

Ein wesentlicher Aspekt für ein friedliches und entspanntes Miteinander ist der Austausch über Gefühle und Emotionen. Geeignete Übungen, die einen konstruktiven Umgang mit (auch schwierigen) Emotionen unterstützen, sind die Übungen Holzfäller, Löwe und Vulkan (zum Vulkan siehe Seite 63). Die Übungen erlauben es den Kindern, einfach mal den Frust herauszulassen, um danach mit der Übung Held Kraft und Mut zu spüren und sich selbst in der positiven Kraft zu erfahren. Oder die Kinder erleben sich im Anschluss an Holzfäller, Löwe und Vulkan in der Übung Baum im Gleichgewicht und entwickeln Selbstvertrauen.

Sprechverse mit Bewegungen

WAS MACHE ICH MIT MEINER WUT?

Übungsschwerpunkte und Lernziele:
mich selbst und andere besser kennenlernen – mich und andere verstehen, intrinsische Motivation, eigene Gefühle gut kontrollieren und regulieren können, Reflexion über das Gefühl der Wut und das Gefühl, die Wut mit der Übung Holzfäller loszulassen

Übungen:
Holzfäller, Held, Baum

Text zur Ausführung:
Manchmal wenn ich wütend bin,
- Stampfe mit den Füßen und boxe in die Luft.

stelle ich mich aufrecht hin.
- Stehe aufrecht.

Stell mir vor, ich hacke Holz.
- Führe die Übung Holzfäller aus, grätsche die Beine, führe die Arme nach oben und verschränke die Hände über dem Kopf.

Hah, hah, hah.
- Beuge dich gestreckt kraftvoll vor und schwinge die Arme durch die gegrätschten Beine nach hinten. Töne dabei „Hah!". Wiederhole das noch 2-mal.

Bin danach mutig und stolz.
- Stehe aufrecht, strecke die Arme nach oben, bilde Fäuste und ziehe die Oberarme an die Körperseiten.

Fühle mich so wie ein ***Held****,*
- Führe die Übung Held mit dem rechten Bein nach vorn gestellt aus.

schaue aufrecht in die Welt.
- Führe die Übung Held mit dem linken Bein nach vorn gestellt aus.

Stehe still so wie ein ***Baum****,*
- Führe die Übung Baum auf dem linken Standbein aus.

stark und voller Selbstvertrauen.
- Führe die Übung Baum auf dem rechten Standbein aus.

WENN DU TANZT, VERGEHT DIE ANGST

Übungsschwerpunkte und Lernziele:
Reflexion über das Gefühl der Angst und das Gefühl, die Angst loszulassen; Förderung von Ruhe, Konzentration und Achtsamkeit

Übungen:
Sonne, Baum, Vogel, Blume, Biene, Bär

Ausführung:
Die Kinder stehen aufrecht und legen die Hände vor der Brust aneinander. Die Übungen können mit Musik aneinandergereiht werden.

Text zur Ausführung:
*Ich tanze mit der **Sonne** im Sonnenlicht.*
- Führe die Übung Sonne aus und beschreibe einen Armkreis.

*Jetzt tanz ich mit den **Bäumen** und wackle nicht.*
- Stelle dich in die Übung Baum zuerst auf dem linken und dann auf dem rechten Standbein.

*Ich tanze mit dem **Vogel** hoch in der Luft.*
- Führe die Übung Vogel aus.

*Dann tanze ich mit **Blumen** im Blumenduft.*
- Forme eine Blume mit den Fingern.

*Ich tanze mit den **Bienen**, summ, summ, summ.*
- Stelle dich in die Übung Biene und summe.

*Ich tanze mit den **Bären** im Kreis herum.*
- Führe die Übung Tanzbär aus.

WIE EIN VULKAN

Übungsschwerpunkte und Lernziele:
Reflexion über negative Gefühle und Empfindungen und das Gefühl, „alles Negative" verabschieden zu können

Übungen:
Grußhaltung, Blume, Vogel

Text zur Ausführung:
Alles, was ich an mir nicht mag,
- Stehe aufrecht für die Grußhaltung, lege die Handflächen vor der Brust aneinander und dehne die Ellbogen nach außen.

spucke ich aus an jedem Tag.
- Beschreibe einen Armkreis.

*Verwandle mich in den **Vulkan**,*
- Stehe aufrecht, lege die Handflächen vor der Brust aneinander, hebe die aneinandergedrückten Hände über den Kopf.

der alles schnell ausspucken kann.
- Springe in die Grätsche und führe die Arme über die Seiten nach unten. Dabei kannst du laut zischen.
- Lege die Handflächen wieder vor der Brust aneinander.

Die Angst, den Stress und auch die Wut
- Wiederhole die Übung noch 3-mal – für Angst, Stress und Wut.

spuck ich aus, dann geht es mir gut.
- Stehe aufrecht, lege die Handflächen vor der Brust aneinander und dehne die Ellbogen nach außen.

*Ich fühle mich wie **Blumen**duft*
- Forme mit den Händen eine Blume: Löse die Zeige-, Mittel- und Ringfinger voneinander und dehne sie nach außen. Kleine Finger und Daumen behalten Kontakt.

*und wie ein **Vogel** in der Luft.*
- Führe 3-mal die Übung Vogel aus.

MUTIG UND STARK WIE EIN LÖWE

Übungsschwerpunkte und Lernziele:
Reflexion über negative Gefühle, wie Wut, Angst, Ärger, und darüber, was dagegen getan werden kann

Übung:
Löwe

Ausführung:
Die Kinder erzählen, worüber sie sich ärgern, wovor sie Angst haben, was ihnen Sorgen bereitet, worüber sie wütend sind ... Sie lernen die Übung Löwe und den passenden Text kennen und führen beides gemeinsam aus.

Text zur Ausführung:
Manchmal wenn ich wütend bin,
setze ich mich aufrecht hin.
Streck die Arme und die Finger aus und die Zunge geht weit raus.
Ich brüll, so laut ich brüllen kann, und fang noch mal von vorne an.
Jetzt reiß ich noch die Augen auf und brülle meine Wut heraus.

[Der Vers kann einige Male wiederholt werden und dabei immer etwas anderes „herausgebrüllt" werden: die Angst, der Stress ...]

KEINE CHANCE FÜR DIE ANGST

Übungsschwerpunkte und Lernziele:
Reflexion über das Gefühl der Angst und die Möglichkeiten, der Angst etwas entgegenzusetzen

Übungen:
Sonne, Held

Ausführung:
Die Kinder erinnern sich an angstvolle Situationen und daran, wo sie im Körper die Angst am meisten gespürt haben. Anschließend lernen sie einen rhythmischen Vers, mit dem sie die Angst vertreiben können.

Text zur Ausführung:
Gib der Angst
- Klatsche mit den Handflächen 2-mal auf die Oberschenkel. Lege bei „Angst" die rechte Hand auf die linke und die linke Hand auf die rechte Schulter.

keine Chance.
- Wiederhole das Klatschen und Handauflegen.

Lass sie raus
- Klatsche 2-mal auf die Oberschenkel und bei „raus" in die Hände.

aus dem Bauch,
- Klatsche 2-mal auf die Oberschenkel und lege bei „Bauch" die Handflächen auf den Bauch.

aus dem Kopf,
- Klatsche 2-mal auf die Oberschenkel und lege bei „Kopf" die Handflächen auf den Kopf.

[Es können weitere Körperteile hinzugefügt werden ...]

Mit folgendem Vers **„Keine Chance für die Angst"** lernen die Kinder, was sie gegen die Angst tun können.

Text zur Ausführung:
Keine Chance
- Stehe aufrecht, lege die Hände vor der Brust aneinander.

für die Angst.
- Breite die Arme seitlich auf Schulterhöhe über Kreuz auf die Schultern.

Lass den Sonnenschein
- Stelle dich in die Yoga-Übung **Sonne**.

in dein Herz hinein.
- Stelle die Füße wieder nebeneinander und lege die Handflächen auf dein Herz.

Die Angst kann jetzt gehen
- Beschreibe einen großen Armkreis.

und du aufrecht stehen.
- Lege die Handflächen wieder vor der Brust aneinander.

Schau wie ein Held
- Führe die Übung **Held** mit dem rechten Bein nach hinten gestellt aus.

aufrecht, mutig und stark in die Welt.
- Führe die Übung **Held** mit dem linken Bein nach hinten gestellt aus.

Bewegungsgeschichten

In Bewegungsgeschichten versetzen sich die Kinder in verschiedene Rollen, indem sie die Übungen der Handelnden ausführen. Sie lernen dabei, Mitgefühl und Hilfsbereitschaft zu entwickeln.

MUT FÜR DEN KLEINEN VOGEL

Übungsschwerpunkte und Lernziele:
Umgang mit Angst, Traurigkeit, Mitgefühl, Hilfsbereitschaft und Mut

Übungen:
Vogel, kleiner Vogel, Adler, Sonne, Baum

Ausführung:
Die Kinder hören die Geschichte und führen die Übungen aus, wenn sie genannt werden. Im Laufe der Geschichte wird die **Kräftigungsübung für die Flügel** ausgeführt:
- Breite die Arme seitlich auf Schulterhöhe aus, bilde mit den Händen Fäuste und bewege die Arme auf und ab. Lasse die Arme hängen und ziehe die Schultern hoch und lasse sie wieder sinken.

Text zur Ausführung:
Ein **kleiner Vogel** sitzt traurig in seinem Nest. Er fühlt sich einsam, denn seine **Vogel**mutter hat seinen Geschwistern das Fliegen beigebracht.
Seine Mutter und die Geschwister sitzen alle auf dem **Baum** neben dem **Baum**, auf dem er allein im Nest geblieben ist.

Er hat sich einfach nicht getraut. Traurig schaut er über den Nestrand und sieht einen **Adler** herbeischweben. „Ich habe dich beobachtet", sagt der **Adler**, „du hast zu viel Angst, dir fehlt der Mut. Schau dir die **Sonne** an. Sie schenkt dir Wärme und ihr helles Licht."
Der **Adler** zeigt dem **kleinen Vogel** die Übung **Sonne**. Der **kleine Vogel** lernt sie schnell und fühlt sich gleich etwas besser. Das helle und warme **Sonnen**licht macht ihm Mut, schenkt ihm Freude und gute Gedanken. „Nun schau dir den **Baum** an, der dein Nest trägt. Er ist stark und schenkt dir Stärke, Ruhe und Gleichgewicht, wenn du die Übung **Baum** ausführst", sagt der **Adler** und macht dem **kleinen Vogel** die Übung vor.
Der **kleine Vogel** stellt sich auf ein Bein in die Übung **Baum** und merkt, wie gut sie ihm tut. „Danke, lieber **Adler**, vielleicht versuche ich doch noch mal, zu fliegen", zwitschert er. Der **Adler** zeigt dem **kleinen Vogel** noch einige **Kräftigungsübungen für die Flügel** und schon bald stellt sich der **kleine Vogel** auf den Nestrand und fliegt zu seiner Mutter und den Geschwistern. Die klatschen begeistert in die Flügel.
Der **kleine Vogel** ist glücklich und bedankt sich beim **Adler**. Als er abends einschläft, träumt er einen Traum vom Fliegen.

Mögliche Fragen im Anschluss:
Lege oder setze dich bequem hin. Stelle dir vor, du hast etwas gelernt, was du vorher nicht konntest. Wie fühlt sich das an? Hat dir jemand dabei geholfen? Hast du schon mal geholfen, wenn du gesehen hast, dass jemand etwas nicht konnte? Wie fühlt sich das an?

„DER GRUMMELIGE BÄR"

Übungsschwerpunkte und Lernziele:
mich selbst und andere besser kennenlernen – mich und andere verstehen, intrinsische Motivation, eigene Gefühle gut kontrollieren und regulieren können: Selbstwahrnehmung, Hilfsbereitschaft, Freundlichkeit und friedliches Miteinander, Reflexion über eigenes Verhalten und das der anderen

Übungen:
Bär, Vogel, kleiner Vogel, Hase, Katze, Biene, Sonne

Ausführung:
Die Kinder hören die Geschichte und führen die Übungen aus, wenn sie genannt werden.

Text zur Ausführung:
An einem sonnigen Morgen wacht Bruno **Bär** in seiner Bärenhöhle auf, aber er hat gar keine Lust, aufzustehen. Erst als er Appetit auf sein Honigfrühstück bekommt, tapst er zu seinem Honigglas. Er ist entsetzt – das Glas ist leer.
Traurig und etwas wütend tapst Bruno **Bär** auf seinen vier Bärentatzen in den Wald, um Honig zu suchen.
Die **Vögel** begrüßen ihn mit fröhlichem Gesang: „Ah-oh-ah-oh ..."
„Seid ruhig, ihr nervt", brummt Bruno **Bär**. „Aber wir müssen dir etwas erzählen", zwitschert ein **kleiner Vogel**. „Hast du Honig?", fragt Bruno **Bär**. „Nein, aber ...", versucht der **kleine Vogel** es noch mal. Doch Bruno **Bär** tapst traurig und grummelig weiter.
Schon bald trifft er einen **Hasen**. „Du guckst aber mürrisch", sagt der **Hase**. „Hast du Honig?", fragt der **Bär**. „Nein, das leider nicht, aber ich muss dir was erzählen, worüber du dich bestimmt freust", antwortet der **Hase**, doch da tapst Bruno **Bär** schon brummelnd weiter.
„Guten Morgen, Bruno, du siehst aber gar nicht glücklich aus", miaut eine kleine **Katze** dem **Bären** zu. „Schau doch mal, die **Sonne** scheint so schön!" Aber Bruno reagiert nicht, sondern fragt nur: „Hast du Honig?" – „Ich nicht, aber ...", doch der **Bär** brummt laut und geht weiter. Da begegnet ihm sein **Bär**enfreund Benny mit einem Eimer Honig in der Tatze. Benny tanzt vor Freude. „Wo hast du denn den Honig her?", fragt Bruno. „Die **Bienen** feiern heute ein **Bienen**fest und verschenken Honig an freundliche Tiere. Ich habe meinen schönsten **Bär**entanz vorgeführt und die **Bienen** haben mit mir dazu getanzt. Zum Schluss haben sie mir den Eimer mit

Honig geschenkt." Bruno wird nachdenklich. „Jetzt weiß ich, was mir die Tiere erzählen wollten."
Traurig und nachdenklich tapst er davon.
„Hey, du bist doch mein Freund, komm mit mir in meine Höhle und wir schlecken zusammen von dem köstlichen Honig." Bruno schämt sich etwas, doch Benny überredet ihn. So frühstücken die **Bären** gemeinsam und legen sich dann vor die Höhle, um sich die **Sonne** auf das Fell scheinen zu lassen.

Mögliche Fragen im Anschluss:
Wie hat sich der Bär am Ende der Geschichte gefühlt?
Hast du dich auch schon einmal so gefühlt wie der Bär Bruno?
Hast du schon einmal einer Freundin oder einem Freund geholfen, schlechte Laune zu überwinden?

DER AFFE, DER NICHT TANZEN KANN

Übungsschwerpunkte und Lernziele:
Entwicklung von Hilfsbereitschaft, Mitgefühl, Durchhaltekraft

Material:
Yoga-Karten (s. S. 24 ff.), blickdichtes Tuch, Entspannungsmusik

Übungen:
Tiger, Affe, Hahn, Vogel, Hase

Ausführung:
Die Kinder wiederholen die Übungen Tiger, Affe, Hahn, Vogel und Hase, indem sie die Karten aufdecken und dann die jeweilige Übung durchführen (siehe Spiel „Karten aufdecken", Seite 44). Anschließend lernen sie, wie sie in einen Tanz umgesetzt werden können. Die Kinder hören nun die Geschichte und führen die Übungen wie beschrieben aus.

Text zur Ausführung:
Heute findet auf der Wiese ein Tanzfest statt.
Alle Tiere, die gerne tanzen, sind gekommen und zeigen ihre Tänze.
Der **Tiger** ist der Schiedsrichter und entscheidet, welche Tiergruppe den schönsten Tanz aufgeführt hat.
Ein kleiner **Affe** macht heute zum ersten Mal beim Tanzfest mit. Mit seinen Affenfreunden hat er viel geübt, doch leider fällt es ihm immer noch schwer, die rechte Hand auf das linke Knie und die linke Hand auf das rechte Knie zu schlagen. Er ist sehr aufgeregt.
Zuerst tanzen die **Hähne**.
Sie breiten die Arme aus und legen die Handrücken von den abgeklappten Händen aneinander. Mit „Kikeriki!" stellen sie sich auf die Zehen und bewegen die Arme etwas nach oben, ohne den Kontakt zu den Handrücken zu verlieren. Mit einem weiteren „Kikeriki!" stellen sie die Fußsohlen wieder an den Boden und senken die Arme wieder auf Schulterhöhe. Das wiederholen sie noch 2-mal. Dann verbeugen sie sich und bekommen Applaus.
Als Nächstes sind die **Vögel** dran.
Sie breiten die Arme auf Schulterhöhe aus und legen die Fingerspitzen aneinander. Sie stellen sich dabei auf die Zehen und singen „Ah!". Dann stellen sie die Fußsohlen wieder auf den Boden, führen die Arme gestreckt auf Schulterhöhe nach vorn, legen die Handflächen aneinander und tönen „Oh!". Das wiederholen sie noch 2-mal. Dann stehen sie aufrecht und legen die Handflächen vor der Brust aneinander. Auch sie bekommen viel Applaus.

[Alternativ können auch je zwei Kinder Rücken an Rücken die Vogelübung ausführen.]

Nun sind die **Affen** dran. Der kleine Affe ist furchtbar aufgeregt.
Die Affen stellen sich in den Kreis. Sie bilden Fäuste und trommeln sich damit auf die Brust. Dann lassen sie die Arme hängen und beginnen mit dem **Affentanz**. Der rechte Arm wird nach oben gestreckt und dann auf das linke angezogene Knie getippt. Das Gleiche machen sie dann mit dem linken Arm und dem rechten angezogenen Knie. Sie wiederholen das einige Male.
Der kleine Affe hat es zuerst geschafft, aber dann kommt er durcheinander. Die rechte Hand will auf das rechte Knie und die linke Hand auf das linke Knie.
Der kleine Affe setzt sich ins Gras und weint.
Ein kleiner **Hase** macht ihm Mut: „Gib nicht auf, du

schaffst das." Er gibt ihm ein rotes Band für seinen rechten Arm und eins für das linke Bein. Er sagt: „Jetzt bewege den Arm mit dem roten Band zu dem Knie mit dem roten Band und den Arm ohne Band zum Knie ohne Band. Sag dir immer: Ich bin stark und schaffe das."
Der kleine **Affe** hat neuen Mut und der **Tiger** gibt den **Affen** eine neue Chance. Diesmal funktioniert alles und der kleine Affe und seine Affenfreunde sind glücklich. Sie haben zwar nicht den ersten Preis bekommen, aber sie haben es gemeinsam geschafft.
Anschließend legen sich alle Tiere ins Gras und entspannen sich mit leiser Musik.

Mögliche Fragen im Anschluss:
Hast du dich auch schon einmal so gefühlt wie der kleine Affe? Hat dir jemand geholfen?
Hast du schon einmal einem Kind geholfen, das etwas nicht konnte und darüber sehr traurig war?

BIN ICH TRAURIG ODER FRÖHLICH?

Übungsschwerpunkte und Lernziele:
Wahrnehmung der Gefühle anderer, Reflexion und Gespräch über Gefühle

Übungen:
Sonne, Blume, Frosch, Katze, Tiger, Löwe, Schmetterling

Material:
Je eine Blume mit einem lachenden und einem weinenden Gesicht. (Diese wirken motivierend, sich über Gefühle klar zu werden, und können leicht aus Tonpapier hergestellt werden.)

Ausführung:
Die Kinder schauen die lachende und die weinende Blume an und beschreiben die Gefühle der Blumen. Sie ordnen ihr momentanes Gefühl den Blumen zu. Dann hören sie die Geschichte und führen die Übungen dazu aus.

Text zur Ausführung:
Die **Sonne** geht strahlend auf. Fröhlich erwacht die wunderschöne **Blume**.
Der kleine **Frosch** kommt herbeigesprungen. Er freut sich auf den Froschwettlauf, denn meist gewinnt er dabei.
Die kleine **Katze** kommt weinend herbei. Sie hat sich gerade mit dem Kater Schnurri gestritten.
Der kleine **Tiger** ist sehr glücklich, denn er hat endlich die Tigerübung gelernt. Gestern fiel er noch um, aber heute gelingt ihm alles perfekt.
Der **Löwe** brüllt der **Blume** ein lautes „Guten Morgen!" entgegen. Er ist unglücklich, weil er allein auf seinem Felsen sitzt.
Ein **Schmetterling** setzt sich auf die Nase des **Löwen**. Das kitzelt und er muss lachen. Der **Schmetterling** aber ist traurig, weil die Mama heute Morgen schon geschimpft hat.
„Komm zu mir," ruft die **Blume**, „und trinke meinen süßen Nektar!"
Schon geht es dem **Schmetterling** besser und bald flattert er vergnügt weiter.

Mögliche Fragen im Anschluss:
Wer war traurig? Warum war die Katze traurig?
Warum war der Löwe unglücklich?

EIN KLEINER TIPP
Die Kinder können bei der Frage „Bin ich traurig oder bin ich fröhlich?" traurige Tiere der traurigen Blume und fröhliche Tiere der fröhlichen Blume zuordnen.
Dafür können Bildkarten, Spieltiere o. Ä. genutzt werden.
Die Kinder werden zum Erzählen angeregt.

DIE WEISSE BLUME

Übungsschwerpunkte und Lernziele:
mich selbst und andere besser kennenlernen – mich und andere verstehen, intrinsische Motivation, eigene Gefühle gut kontrollieren und regulieren können

Übungen:
Blume, Sonne, Baum, Vogel, kleiner Vogel, Biene

Ausführung:
Die Kinder sitzen im Kreis und hören die Geschichte. Sie führen die Übungen, die genannt werden, aus.

Text zur Ausführung:
Auf der **Blumen**wiese ist es noch still. Die **Sonne** geht langsam auf und schickt ihre ersten Sonnenstrahlen zum großen starken **Baum**. Einige **Vögel** spüren das. Sie strecken ihre Flügel aus und fangen an, ihr Morgenlied zu singen. Auf der Wiese wachen nun auch die **Blumen** auf und entfalten langsam ihre Blütenblätter. Bald sieht es auf der ganzen Wiese kunterbunt aus.
Eine **Blume** ist noch dabei, leise und langsam ihre Blütenblätter zu entfalten. Es ist eine besondere **Blume**.
Ein **kleiner Vogel** schaut sie neugierig an. Er sieht, dass sie traurig ist und weint.
„Warum weinst du?", fragt der kleine Vogel.
„Schau dich doch mal um. Alle **Blumen** haben eine leuchtende Farbe. Sie sind rot, blau, lila, gelb, orange. Und ich bin einfach nur langweilig weiß", antwortet die weiße **Blume** weinerlich.
Ein kleiner Marienkäfer hat sie die ganze Zeit beobachtet. Er setzt sich auf ein Blütenblatt und streichelt sie mit seinen kleinen „Krabbelbeinchen". „Wie schön, jetzt hast du einen roten Farbtupfer", zwitschert der **kleine Vogel**. „Bei einer roten Blume wäre der kleine Käfer gar nicht zu sehen."
Stimmt, denkt die weiße **Blume**. Und als sich noch eine **Biene** auf ihre Blüte setzt, um Nektar zu trinken, ist sie glücklich. Sie bedankt sich bei dem Marienkäfer, der **Biene** und auch dem **kleinen Vogel**. „Ihr habt mir Mut gemacht", flüstert sie.
Als am Abend die **Sonne** untergeht, falten die **Blumen** ihre Blütenblätter ein, um sich auszuruhen. Auch die weiße **Blume** faltet langsam ihre Blütenblätter ein. Sie fühlt sich glücklich und freut sich schon auf den nächsten Tag.

Mögliche Fragen im Anschluss:
Warst du auch schon einmal so unzufrieden wie die weiße Blume? Hat dir jemand Mut gemacht? Hast du schon einmal einem Kind geholfen, das unzufrieden mit sich selbst und traurig war?

Spiele

MEMO-SPIEL DER GEFÜHLE

Übungsschwerpunkte und Lernziele:
mich selbst und andere besser kennenlernen – mich und andere verstehen, intrinsische Motivation, eigene Gefühle gut kontrollieren und regulieren können: Erkennen und Ausdruck von Gefühlen, Verfeinerung der Wahrnehmung

Ausführung:
Die Kinder sitzen im Kreis. Jedes Kind denkt über ein Gefühl nach und stellt es im Kreis vor, indem es das Gefühl mit dem Gesicht ausdrückt. Ein Kind beginnt. Die anderen Kinder finden heraus, welches Gefühl dargestellt ist. Wer das richtige Gefühl erkannt hat, kann anschließend sein ausgedachtes Gefühl vorstellen. Hat das Kind schon ein Gefühl ausgedrückt, entscheidet es, wer als Nächstes an der Reihe ist. So wird das Spiel fortgesetzt, bis alle Kinder ein Gefühl gezeigt haben. Dann ist das Memo-Spiel an der Reihe.
Beim Memo-Spiel gehen zwei Kinder (A und B) aus dem Raum. Die anderen Kinder bilden Paare. Jedes Paar denkt sich gemeinsam ein Gefühl aus und entscheidet, wie sie es darstellen können. Die Paare müssen sich absprechen und darauf achten, dass kein Gefühl doppelt gewählt wird. Dann verteilen sich die Paare im Raum, sodass die Partner*innen nicht nebeneinanderstehen. Die beiden Kinder A und B werden wieder in den Raum gerufen und entscheiden, wer von beiden beginnt. Z. B. Kind A benennt nun ein Kind aus der Gruppe, das sein Gefühl zeigt. Dann benennt Kind A ein weiteres Kind aus der Gruppe, das auch sein gewähltes Gefühl zeigt. Sind es die gleichen Gefühle, stellt sich das Paar hinter Kind A, welches nun noch einmal zwei Kinder auswählen kann. Stimmen die Gefühle nicht überein, darf Kind B weitermachen und zwei Kinder aufrufen.
Das Spiel ist beendet, wenn alle Paare gefunden wurden.

Begrüßungsrituale

GUTEN-MORGEN-GRUSS

Übungsschwerpunkte und Lernziele:
Wahrnehmung, Konzentration, Achtsamkeit

Ausführung:
Die Kinder wünschen sich mit dem Bewegungsvers einen guten Morgen und patschen mit den Handflächen auf die Oberschenkel, klatschen in die Hände, legen die Handflächen über Kreuz auf die Schultern und strecken die Arme nach oben.

Text zur Ausführung:
Hal-lo,
- Klatsche mit beiden Handflächen 2-mal auf die Oberschenkel.

gu-ten
- Klatsche 2-mal in die Hände.

Mor-
- Lege die Handflächen kreuzweise auf die Schultern.

gen!
- Strecke die Arme nach oben.

[Text und Bewegungen können die Kinder 3-mal wiederholen.]

Dann beginnt ein Kind und sagt: „Hal-lo". Dabei klatscht es mit beiden Händen 2-mal auf die Oberschenkel. Das im Uhrzeigersinn folgende Kind sagt „gu-ten" und klatscht 2-mal in die Hände. Das im Uhrzeigersinn folgende Kind sagt: „Mor-gen", legt dabei die Hände über Kreuz auf die Schultern und streckt sie dann nach oben. Dann fängt das nächste Kind wieder von vorn an. So wird die Reihenfolge fortgesetzt, bis alle Kinder etwas gesagt und die entsprechende Bewegung ausgeführt haben.

EIN KLEINER TIPP
Rituale sind geeignet, um kurze achtsame Momente in Bildungseinrichtungen zu integrieren. Rituale können Bewegungsverse, Bewegungslieder, Übungsreihen oder auch kleine meditative Übungen sein. Wenn sich die Kinder regelmäßig mit einem Bewegungsvers oder Lied begrüßen, wird das Gemeinschaftsgefühl gestärkt, das Klima in der Gruppe verbessert sich.

Erprobte Rituale für das Gemeinschaftsgefühl sind Guten-Morgen-Verse oder Lieder mit Bewegungen, in denen sich die Kinder begrüßen, wahrnehmen und berühren.

BEGRÜSSUNG MIT YOGA-ÜBUNGEN

Übungsschwerpunkte und Lernziele:
Stärkung von Gemeinschaftsgefühl, Konzentration, Koordination und Merkfähigkeit

Ausführung:
Jedes Kind sucht sich eine Yoga-Übung aus. Nacheinander benennt jedes Kind seine Übung und alle führen sie gemeinsam aus. Dabei sprechen sie zusammen folgenden Text, beispielhaft für die Übungen Sonne und Blume formuliert.

Text zur Ausführung:
Hal-lo,
- Patsche mit beiden Handflächen 2-mal auf die Oberschenkel.

lie-be
- Klatsche 2-mal in die Hände.

Son-ne!
- Führe die Übung Sonne aus.

Hal-lo,
- Patsche mit beiden Handflächen 2-mal auf die Oberschenkel.

lie-be
- Klatsche 2-mal in die Hände.

Blu-me!
- Führe die Übung Blume aus.

Variation:
Haben die Kinder diesen Gruß öfter geübt, können sie ihn nach dem Prinzip „Ich packe meinen Koffer" ausführen. Dem Ablauf werden weitere Yoga-Übungen hinzugefügt.
Ein Kind beginnt: „Hallo, liebe Sonne!" Das im Uhrzeigersinn folgende Kind sagt: „Hallo, liebe Sonne, hallo, liebe Blume!" Das folgende Kind wiederholt: „Hallo, liebe Sonne, hallo, liebe Blume!", und es fügt eine Übung hinzu, z. B. „... hallo, lieber Baum!" So wird der Gruß fortgesetzt, bis alle Kinder eine Übung genannt und ausgeführt haben.

EIN LIEBER GRUSS

Übungsschwerpunkte und Lernziele:
Entwicklung guter Gedanken und Wünsche, Schulung von Konzentration und Achtsamkeit, Verstärkung der Wahrnehmung für sich selbst und die anderen Kinder

Ausführung:
(nach dem Spiel-Prinzip „Stille Post")
Die Kinder fassen sich an den Händen. Ein Kind beginnt und sagt, wem es einen besonderen Gruß schicken möchte. „Ich schicke einen lieben Morgengruß an ..." Es drückt die Hand eines Nachbarkindes. Dieses gibt den Händedruck weiter. Wenn der Händedruck bei dem genannten Kind angekommen ist, sagt dieses Kind: „Danke!", und schickt nun einen lieben Morgengruß auf gleiche Weise an ein anderes Kind im Kreis. Das Spiel ist beendet, wenn alle Kinder einen lieben Morgengruß bekommen haben. Auf diese Weise sind die Kinder achtsam bezogen auf sich selbst und auf die anderen Kinder.

GUTEN MORGEN, LIEBE SONNE

Übungsschwerpunkte und Lernziele:
Stärkung der sozial-emotionalen Kompetenz, Solidarität und des Gemeinschaftsgefühls, Entwicklung von Achtsamkeit für die Natur und das Leben in allen Formen

Ausführung:
Die Kinder vertiefen die Übungen und lernen den Text. Sie sprechen den Text gemeinsam und führen dazu die Übungen aus. Der Text kann als Sprechvers genutzt werden oder mit Bewegungen zu einer leichten Musik umgesetzt werden.

Übungen:
Sonne, Erde, Baum, Blume, Biene, Vogel, Kranich, Tanzbär

Text zur Ausführung:
*Guten Morgen, liebe **Sonne**, ich freu mich, dass du da bist.*
*Guten Morgen, liebe **Erde**, ich stehe fest auf dir.*
*Guten Morgen, lieber **Baum**, du schenkst mir viel Selbstvertrauen.*
*Guten Morgen, liebe **Blumen**, schön, dass es euch gibt.*
*Guten Morgen, liebe **Biene**, ich freu mich, dass du da bist.*
*Guten Morgen, lieber **Vogel**, ich hör so gern dein Lied.*
*Guten Morgen, lieber **Kranich**, ich sehe dich gerne schreiten.*
*Guten Morgen, lieber **Tanzbär**, ich tanze gern mit dir.*

EIN KLEINER TIPP
Die Yoga-Übungen und Übungsreihen bewirken durch regelmäßiges Praktizieren ohne Selbstdarstellung, dass wir uns besser auf eine Sache konzentrieren können und dass die Gedanken zur Ruhe kommen, weil sich die Konzentration auf den Ablauf richtet.
Übungsreihen in Partnerarbeit schulen neben der Achtsamkeit für sich selbst auch die Achtsamkeit für andere.

Empowerment: sich im Körper zu Hause fühlen

DIE SPRACHE DER SINNE

Übungsschwerpunkte und Lernziele:
Körper- und Sinneswahrnehmung, Selbstregulation, Selbstausdruck

Material:
Pinsel, Chiffontuch, Wattebausch, Stein

Text zur Ausführung:
Wir erforschen unsere Hände. Was die so alles können: malen, schreiben, ein Feuerwehrhaus aus Spielsteinen bauen, die Katze streicheln, der Oma winken, den Apfel festhalten, Flöte spielen, im Wasser planschen, die Puppe lieb halten. Was für ein Glück, so feine Hände zu haben.
Nun hebt beide Hände so, dass ihr **sie gut anschauen und spüren** könnt. Betrachtet sie ganz genau, als ob ihr sie noch nie gesehen hättet: die Hautfarbe, die Daumen und Finger und die Form der Hände. Schaut aufmerksam in die Handinnenflächen. Wie fühlt sich eure Hand an: heiß, kalt, leicht, juckend, weich, feucht, trocken ... oder ...? Nun dreht ihr die Hände um und schaut euch die Handrücken an, pustet ein wenig oder haltet sie in den Wind. Es gibt so vieles, was man mit der Hand spüren kann: kratzen, reiben, klopfen, patschen ...
Dann schüttelt ihr beide Hände kräftig aus.
Nun schließt ihr die Augen und legt die Hände mit dem Handrücken auf die Oberschenkel und spürt, was

passiert, wenn ich eure Handinnenflächen mit verschiedenen Gegenständen, wie Pinsel, Chiffontuch, Wattebausch, Stein ... streichele.

Anmerkung: Bei großen Gruppen können ein oder zwei Kinder beim Streicheln helfen. Im Anschluss können die Kinder auch zu zweit oder dritt die Materialien miteinander ausprobieren. Zum Abschluss öffnen die Kinder die Augen und berichten, mit welchem Gegenstand sie gestreichelt wurden und wie sie das empfunden haben.

Variation:
Zur Anregung der Vorstellungskraft können weitere Übungen folgen:

- „Schließt die Augen und stellt euch vor, ihr haltet einen **Schneeball** in der Hand. Wie fühlt sich dies an?"
- „Stellt euch eine **Tasse mit warmem Kakao** vor, die ihr mit den Händen umfasst. Wie fühlen sich die Hände an?"
- „Ein **Marienkäfer krabbelt** in einer Handfläche zum Zeigefinger, kannst du das spüren? Er fliegt zur anderen Handfläche und krabbelt dort herum, um sie zu erkunden. Dann krabbelt er zum Daumen und fliegt davon. Ein sanfter Wind streichelt die Hände und warme Sonnenstrahlen tanzen in deinen Handflächen."

Die unterschiedlichen Handlungen rufen unterschiedliche Erfahrungen hervor. Diese Erfahrungen können die Kinder austauschen und so Sprache erleben, die Gefühle ausdrückt. Wer Lust hat, kann seine **Finger** bei weiteren Durchgängen **verkleiden** bzw. **anmalen**: mit Mund, Nase, Ohren, Mütze ... und was den Kindern sonst noch so einfällt.

„STARK UND STABIL, LOCKER UND BEWEGLICH"

Übungsschwerpunkte und Lernziele:
Sensibilisierung für den eigenen Körper, Selbstausdruck, Stressabbau, sich selbst und andere verstehen

Material:
Schellenkranz oder kleine Glöckchen

Text zur Ausführung:
Ihr werdet zu einem großen, starken Baum und spannt euren Körper so fest an, dass er sich wie der Baumstamm anfühlt. Ihr spannt ebenfalls die Arme an, bildet Fäuste, krallt die Zehen in den Boden, die Beine werden ganz fest. Wie ein kräftiger Baumstamm steht ihr stabil auf der Erde. Ihr zieht die Schultern zu den Ohren, presst die Lippen zusammen, schließt die Augen fest, zieht die Wangen hoch und rümpft die Nase. Der Atem fließt frei. Ihr fühlt euren Baum: stark und frei.
Nun lockert ihr die Anspannung und lasst alles mit einem großen Seufzer los: Lippen, Wangen, Augen, Mund. Ihr seid ganz entspannt und stellt euch vor, ihr wärt Äste und Zweige, die im Wind tanzen. Dabei stellt ihr euch aufrecht hin und beginnt, die Hände zu schütteln, dann auch den Kopf, die Beine, den ganzen Körper. Ihr fühlt einige Momente, wie der Baum tanzt.

[Ein Schellenkranz oder kleine Glöckchen unterstützen das Tanzen.]

Wenn die Glöckchen nicht mehr zu hören sind, steht ihr für einen Moment ganz still. Beobachtet, wie sich der Körper – euer Baum – anfühlt, wenn er ganz ruhig ist. Steht so lange still, bis die Glöckchen wieder erklingen. Dann beobachtet ihr euch dabei, wie sich die Äste, Zweige und der Stamm anfühlen, wenn ihr euch schüttelt. So geht es weiter – abwechselnd in Ruhe und Bewegung.

Anmerkung: Die Kinder spüren in ihren Körper hinein, während der Schüttelbewegung, im Ruhezustand und am Übergang zwischen diesen beiden Phasen.

TIEFE ENTSPANNUNG „WIR WANDERN DURCH DEN KÖRPER"

Übungsschwerpunkte und Lernziele:
den eigenen Körper erfahren und kennenlernen; Ruhe, Frieden und Sicherheit erleben; sich ausruhen und erfrischen

Ausführung:
Diese Übung wird im Sitzen durchgeführt.

Text zur Ausführung:
Unsere Körper sind kleine Wunder. Wir wandern durch den Körper und schauen, wer uns da so alles begegnet. Wir spüren, wie sich jeder Körperteil anfühlt, und schicken Liebe und Fürsorge in jede Zelle. Der Atem kommt und geht wie leichte Wellen im Meer, sanft und friedlich.

- Ich bringe meine Aufmerksamkeit zu **meinem Gesicht**: Wie kostbar es ist! Es zeigt mir, wer ich bin. Ich kann mit den Augen die Schmetterlinge sehen, mit der Nase die frisch gebackenen Plätzchen riechen, mit meinem Mund frische Luft atmen, sprechen und mein Lieblingsgericht essen. Ein großes Geschenk!
- **Wie fühlt sich mein Gesicht an?** Wie geht es meiner Stirn, meinem Mund, meinen Lippen, meinen Wangen? Ich spüre mein Gesicht, streichle es ganz aufmerksam mit den Händen und lächle jedem Teil zu. Dann spanne ich es an, presse die Lippen zusammen und kneife die Augen zu. Jetzt lass ich alles los und spüre, wie sich das anfühlt.
- Nun wandert meine Aufmerksamkeit weiter zu den **Armen und Schultern, Beinen und Füßen, Händen und Zehen**, ich vergesse auch den Popo nicht. Dort angekommen, spüre ich einatmend jeden Körperteil. Dann spanne ich ihn an und ziehe mich zusammen. Und wenn ich im Körper weiterwandere, lasse ich vorher alles los und werde ganz locker und weich. Ich genieße das Gefühl der Entspannung.

Mögliche Fragen im Anschluss:
Wie geht es dir jetzt, wie fühlst du dich?
Was erzählt dir dein Körper über dich?

Geistige Stärke: Beweglichkeit und Achtsamkeit

„DIE SCHLAUE SCHILDKRÖTE"

Übungsschwerpunkte und Lernziele:
Lösung von Reizüberflutung, sich selbst wahrnehmen und ganz bei sich sein, Entwicklung der Konzentration auf den gegenwärtigen Moment. (Die Übung ist besonders geeignet für hyperaktive Kinder, die gern kurze Momente abtauchen, um erfrischt wieder aufzutauchen.)

Text zur Ausführung:
Die Schildkröte trägt ihr Haus immer bei sich. Sie ist sehr achtsam. Wenn sie merkt, dass sie unruhig und unkonzentriert wird, zieht sie sich achtsam in ihr Haus zurück. Hier ist sie ganz bei sich und wird immer ruhiger, da sie von nichts abgelenkt wird. Sie atmet ruhig, der ganze Körper entspannt sich. Sie ist mit sich allein und fühlt sich frei von Angst und Stress. Sie spürt Gelassenheit, Stärke, Kraft und Mut in sich. Sobald sie merkt, dass sie sich wieder konzentrieren kann, verlässt sie ihr Haus, denn sie kann jederzeit zurückkehren und sich erholen. Sitze aufrecht auf deinem Stuhl und mache es wie eine Schildkröte. Grätsche die Beine und beuge dich mit gestrecktem Rücken weit vor. Fasse von innen mit den Händen an die Stuhlbeine oder deine Fersen. Lasse den Kopf locker nach vorn hängen. Du musst dich um nichts kümmern, kannst einfach alle Gedanken hinausschicken aus deinem kleinen Haus. Sei einfach nur du. So bleibst du eine Weile und du hast so viel Zeit, wie du brauchst. In deinem Schildkrötenhaus bist du geborgen und an einem sicheren Ort.
Wenn du merkst, du bist entspannt und fit, hebe den Kopf langsam, löse achtsam die Hände und setze dich wieder aufrecht hin. Du kannst die Übung immer dann ausführen und dich in dein Schildkrötenhaus zurückziehen, wenn du dich angestrengt fühlst, wenn dein Kopf „brummt" und dir alles zu viel wird. Dann mache es wie die Schildkröte. Gönne dir ab und zu eine kurze Auszeit und alles wird leichter.

SCHNEEFLOCKEN-GEDANKEN

Übungsschwerpunkte und Lernziele:
Gedanken bemerken und lenken, lächeln, zur Ruhe kommen

Material:
Kugel mit Schneeflocken und Rentier (Alternativen: andere Schneekugel, Wasserglas mit Reis und Löffel zum Umrühren des Inhalts, Saft mit Fruchtstücken ...)

Text zur Ausführung:
In unserem Gehirn schweben viele Gedanken wie Schneeflocken – große und kleine, leichte und schwere. Sie wirbeln auf und verschwinden auch wieder. Kennt ihr die Schneekugel mit dem Rentier in der Mitte? Wenn wir sie rütteln und schütteln, dann fliegen die Schneeflocken um das Rentier ganz hoch und weit, wild und stürmisch. Stellen wir die Kugel ruhig auf einen Platz, dann sinken die Schneeflocken langsam und sanft immer tiefer, bis sie den Boden weiß bedecken. So geht es auch unseren Gedanken. Manchmal sind unsere Gedanken wild und verrückt, wir sehen und denken dann oft nicht klar, werden zappelig, ängstlich, unaufmerksam

... und können nicht richtig lernen. Wenn die Gedanken ruhig und still werden, sinken sie in unserem Kopf auf den Boden und wir erleben, wie wir uns verändern. Vielleicht werden wir leiser, aufmerksam, leichter ... Probieren wir es alle gemeinsam mal aus.
Mit der Schneekugel erkennen wir und nehmen an, dass leise sein, Stille und Ruhe schön, wertvoll und erreichbar sind. Wir müssen uns dafür nicht anstrengen und auch nichts dafür tun. Wir lassen uns gemeinsam einfach darauf ein und genießen den Schnee am Boden. Was hilft uns dabei? Wir knien uns einfach hin und berühren mit den Händen den Boden. Lasst uns das doch einmal zusammen machen. Dort verweilen wir ein wenig in dieser Stellung. Wir spüren den kraftvollen Erdboden und wir grüßen die Erde, auf der wir stehen und gehen. Sie ist unsere gute Freundin. Wir sagen Danke schön für alle ihre Geschenke, für alle Lebewesen, die Tiere und Pflanzen, die mit ihr leben, und erheben uns wieder.
Wenn ihr euch nervös und unruhig fühlt, die Gedanken euch plagen, denkt einfach an die Schneekugel, berührt die Erde und lächelt ein wenig.

HÖREN UND LAUSCHEN

Übungsschwerpunkte und Lernziele:
beobachten und wahrnehmen, sich konzentrieren und im gegenwärtigen Moment sein, Gedanken bewusst und ohne Ablenkung steuern lernen, entspannen

Material:
Klangschale (oder Glocke oder anderes Klanginstrument)

Text zur Ausführung:
Du sitzt aufrecht und locker auf dem Stuhl und bist eingeladen, die Welt um dich herum nur mit den Ohren wahrzunehmen. Du erlebst die Klänge und Geräusche, wie sie in jedem Moment wirklich sind, ohne Erwartung. Auftauchende Gedanken kommen und fliegen vorbei wie Vögel am Himmel. Dein Atem fließt frei, du tust nichts für den Atem, sondern lässt ihn natürlich kommen und gehen.
Nun schließt du deine Augen und öffnest die Ohren ganz weit. Dann reibst du die Hände aneinander, bis sie warm sind, und legst sie auf die Ohren. Mit geschlossenen Augen konzentrierst du dich auf das Lauschen und Zuhören. Was hörst du im Raum, was hörst du von draußen im Gebäude, was kommt aus der Natur?
Nun gehst du einen Schritt weiter: Auf dem Pult oder in der Kreismitte steht eine Klangschale

[oder eine Glocke oder ein anderes Klanginstrument].

Wenn die Klangschale ertönt, lauschst du dem Klang so lange nach, wie du ihn hören kannst. Wenn du lauschst, sprichst du nicht, denkst du nicht und tust du nichts. Du lauschst mit dem ganzen Herzen, wirst still und atmest einfach weiter. Wenn du den Klang nicht mehr hören kannst, hebst du eine Hand.

[warten, bis alle Kinder die Hand gehoben haben]

Nun könnt ihr auch selbst ein Geräusch entstehen lassen, wie: in die Hände klatschen, die Hände aneinander reiben, mit den Füßen stampfen, mit der Zunge schnalzen, zischen. Ihr macht zunächst alle gleichzeitig eure Geräusche, gerade so, wie sie euch einfallen. Hui, welch ein Klangmeer! Dann beginnt ein Kind einzeln mit einem Geräusch, das die anderen Kinder wiederum achtsam nachahmen. Wer dran ist, entscheidet ihr Kinder gemeinsam: Freiwillige vor! Wer vormacht, darf das nächste Kind wählen. Das gewählte Kind beginnt und nach und nach entsteht eine wunderschöne Klangwelle. Dies kann immer so weitergehen, bis alle, die gerne wollen, ihre Geräusche eingebracht haben.
Nun, was habt ihr wahrgenommen, als ihr versucht habt, ganz aufmerksam zu sein und euch auf das Geräusch zu konzentrieren?

[Anschließend tauschen sich die Kinder über die Wahrnehmungen der Geräusche aus.]

Soziale Verbundenheit: miteinander leben und vom Leben lernen

DER GLÜCKSSCHMETTERLING

Übungsschwerpunkte und Lernziele:
globale Beziehungen – die Welt verstehen und gut in ihr stehen; Auseinandersetzung mit Glück, Empathie und Mitgefühl; sich und andere verstehen; respektvoller Umgang mit sich selbst und dem Umfeld

Text zur Ausführung:
Setzt euch aufrecht hin. Legt die Hände auf das Herz. Spürt die Bewegung in eurem Brustraum. Vielleicht spürt ihr sogar euren Herzschlag. Stellt euch **einen kleinen Schmetterling im Herzensraum vor, der euch Glück und Freude bringt.** Ihr schaut ihm zu und fühlt das Glück und die Freude. Wenn ihr merkt, dass euer Herzensraum erfüllt ist von Glück und Freude, denkt an einen Menschen, den ihr sehr gernhabt, und bittet den kleinen Schmetterling, diesem Menschen auch Glück und Freude zu bringen. Und ihr sprecht frei, laut, leise oder still in euch: **„Ich wünsche z. B. meiner Mama ... meiner Lehrerin ... meiner Freundin ... meiner Katze ... meiner Schildkröte usw. ...** glücklich, stark, gesund ... und fröhlich zu sein." Ihr könnt diese Übung immer wieder machen und weiterführen, ihr könnt andere Personen oder Haustiere einbeziehen.

EIN KLEINER TIPP
Haben die Kinder den Glücksschmetterling öfter durchgeführt, können sie auch Menschen, die sie nicht so gern mögen, in die Übung einbeziehen und diesen Menschen mit dem Schmetterling Glück und Freude schicken.
Zur Selbstreflexion kann die Frage aufgeworfen werden: Was macht dich glücklich? Ein Spielzeug, Süßigkeiten, eine Umarmung oder ... oder ...? Tatsächlich gilt: Ein Glück im Herzen ist echt, weit und tief wie der Ozean des Lebens.

ACHTSAM IN DER GEGENWART MITEINANDER SPRECHEN

Übungsschwerpunkte und Lernziele:
im Moment sprechen und verstehen, achtsam zuhören, sich und andere verstehen, Konzentration auf den Augenblick

Text zur Ausführung:
Oft sprechen wir über vergangene Erfahrungen oder was wir uns in der Zukunft wünschen. Heute sprechen wir nur über das, was wir in diesem Moment, also jetzt gerade, spüren und wahrnehmen: was wir sehen, hören, riechen und schmecken. Was wir fühlen. Was im Körper passiert, wenn wir nervös oder glücklich sind ... Wir sitzen aufrecht auf dem Stuhl und nehmen ein paar Momente unseren Atem mit geschlossenen Augen wahr. Sage dir dann: „Ich lausche und konzentriere mich auf den Augenblick und darauf, was ich genau da wahrnehmen kann. Vielleicht spüre ich mein pochendes Herz, weil ich aufgeregt bin, oder ich höre gerade Autogeräusche von draußen ... oder ich höre in diesem Moment ein Niesen in der Klasse ... oder die Glocken läuten ... oder ein Kind auf dem Schulhof rufen ... einen Vogel zwitschern ... den Wind in den Bäumen, oder ... oder ... oder ... Ich lausche und staune im Moment."
Nach einiger Zeit öffnen wir nun gemeinsam alle die Augen und erinnern uns, was wir erlauscht haben. Wir spüren, wie es uns geht, und beginnen, zu erzählen, was wir in diesen Momenten der inneren Stille „im Außen" erlebt und erlauscht haben. Nimm dir deinen Raum und die Zeit, zu erzählen. Alle anderen hören ganz aufmerksam zu, was du sagst. Alle warten, bis du ausgesprochen hast, ohne zu bewerten, dazwischenzureden oder zu überlegen, was sie selbst denn gleich sagen möchten.

DIE KRAFT DER DANKBARKEIT UND ZUFRIEDENHEIT

Übungsschwerpunkte und Lernziele:
positive Einstellung üben, sich und andere verstehen, Selbstbewusstsein und Selbstvertrauen, Empathie und Mitgefühl sowie Wertebewusstsein entwickeln

Material:
Erzählball

Text zur Ausführung:
Dankbarkeit macht glücklich. Es gibt viele schöne, gute, liebevolle Dinge, Ereignisse, Taten und persönliche Beziehungen in unserem Leben, viele unverhofft positive Veränderungen und Begegnungen, für die wir – sehen wir genau hin – dankbar und glücklich sein können. Wir können uns selbst dankbar sein, wenn wir gesund sind, wenn wir etwas Schönes erlebt haben, unsere Aufgaben gut gemacht haben, hilfsbereit waren. Wir können auch einem Menschen danken, der uns beschenkt hat, vielleicht mit einem guten Rat, mit Trost oder einem Lächeln. Wir können dankbar sein für die Geschenke der Natur, unsere Fähigkeiten und Talente und vieles mehr. Wenn wir dankbar sind, konzentrieren wir uns mehr auf das in unserem Leben, was uns Freude macht und uns fröhlich stimmt.

Sequenz 1: Überlege: Wie ist es bei dir?
Wofür empfindest du Dankbarkeit? Du kannst deine Ideen sammeln, aufschreiben (lassen), Bilder malen, Collagen basteln oder auch ein kleines Dankbarkeitsbüchlein entwerfen. Wie fühlt sich diese Dankbarkeit in deinem Körper an? Wie fühlt sich dein Körper an, wenn du dankbar bist? Wo in deinem Körper empfindest du die Dankbarkeit? Dies wirst du im Folgenden ausprobieren.

Sequenz 2: Dankbarkeit erinnern – visualisieren – berichten
Setzt euch aufrecht hin und legt die Hände auf den Bauch. Schließt eure Augen und richtet eure Aufmerksamkeit auf die Bewegung eures Bauches. Und schon tauchen in euch Situationen, Personen, Ereignisse auf, mit denen es euch gut ging, die ihr gerne mögt und für die ihr euch bedankt.

- **Lieb Gewonnenes erinnern:** Mama, Papa, Geschwister, eine liebe Freundin oder einen lieben Freund, euer Lieblingstier, ein Lieblingsspiel, eure schönste Reise, euren allerliebsten Pullover, euer Kinderzimmer oder was euch sonst noch einfällt ... Ihr könnt eine lange Liste dazu machen, die Ideen auch malen oder aufschreiben.
- **Gefühle wahrnehmen:** Wie fühlt sich mein Pullover an: Ist er weich, welche Farbe hat er, wie riecht er und wie fühlt es sich an, ihn zu tragen? Wie fühlt es sich an, wenn meine Katze bei mir auf dem Schoß sitzt? Wie fühlt sich mein unaufgeräumtes Zimmer an?
- **Bilder visualisieren:** Welche Bilder erinnere ich von meiner Reise mit Mama und Papa? Wo im Körper erinnere ich sie? Wie fühlt sich der Körper an, wenn ich daran zurückdenke? Welche Bilder tauchen in mir auf, wenn ich mich an meinen letzten Geburtstag erinnere, und was habe ich damals gefühlt?
- **Erlebnisse berichten:** Ihr könnt euch gegenseitig über Dankbarkeitsmomente erzählen und auch über Ereignisse aus eurem Leben berichten, für die ihr dankbar seid. Hier einige Erfahrungen einiger Kinder aus Berlin dazu, wie sie ihr Tagebuch geschrieben und bebildert haben:
  „Ich danke Murat, weil er mein Freund ist", „Ich danke Dilek, weil sie mit mir ihr Frühstück geteilt hat", „Ich danke Anne, weil sie mich tröstet, wenn ich traurig bin", „Ich bin dankbar, weil meine Oma wieder gesund geworden ist", „Ich bin dankbar, weil ich in der Schule Yoga lernen kann", „Ich danke Cem, weil er mir bei den Hausaufgaben hilft", „Ich bin dankbar, weil hier kein Krieg ist".
  Wer berichtet, erhält einen „Erzählball" und gibt diesen anschließend an das nächste Kind weiter, das erzählen will. Ihr könnt in jeder Situation versuchen, diese Dankbarkeit der anderen mitzuempfinden.

EIN KLEINER TIPP
Reflexion zu Dankbarkeit und Zufriedenheit: Dankbarkeit macht zufrieden. Was ist Zufriedenheit? Wenn wir zufrieden sind, fühlen wir uns erfüllt und sind dankbar für das, was wir haben. Wir nehmen uns Zeit, uns an einfachen Dingen zu erfreuen. Wir können ein Glas Wasser genießen, eine Libelle beobachten, den Sonnenuntergang bewundern, das Meer rauschen hören, den Vögeln beim Nestbau zusehen etc. Immer mehr zu wollen, höher, weiter, schneller sein zu müssen, macht unzufrieden. Probiert es einfach mal aus.

Globale Beziehungen: die Welt verstehen und gut in ihr stehen

BEWUSST ESSEN – NAHRUNG SINNLICH ERFAHREN

Übungsschwerpunkte und Lernziele:
ich in der Welt, Orientierungssicherheit, respektvoller Umgang, Wertebewusstsein und Verantwortungsübernahme, Wahrnehmung mit allen Sinnen

Material:
Früchtekorb mit Obst der Saison, z. B. Erdbeeren, Apfel, Ananas (berücksichtigen Sie evtl. vorhandene Allergien!); Klangschale oder Klanginstrument

Ausführung:
Die Kinder erfahren die Nahrung mit allen Sinnen: Sie riechen, spüren, hören, sehen, tasten und schmecken die Nahrung in ihren Farben, Gerüchen, Tönen, in der Konsistenz und Beschaffenheit. Sinnliche Erkundung braucht Zeit und lädt zur Aufmerksamkeit und Langsamkeit ein.

Text zur Ausführung:
Wir erforschen die Erdbeere: Wir sehen, fühlen, hören, riechen und schmecken.

- **Fühlt mal:** Wie fühlt sich die Erdbeere in der Hand an? – Ist sie weich oder fest, warm oder kühl, mit Dellen oder glatt ...?
- **Schaut mal:** Welche Farbe hat eure Erdbeere? – Ist sie rot, grün, braun, bunt schattiert, leuchtend, matt ...?
- **Riecht mal:** Wie riecht die Frucht? – Nach nichts, fruchtig, blumig, erdig ...?
- **Hört mal:** Könnt ihr die Erdbeere auch hören? – Hat sie einen Ton, wenn ihr daran reibt, kratzt ...?
- **Schmeckt mal:** Wie schmeckt eure Erdbeere? – Süß, sauer, bitter, samtig, kalt, warm ...?

Für den letzten Punkt schließt ihr eure Augen, wenn ihr mögt, und beginnt, die Erdbeere zu essen: ganz, ganz langsam, in Zeitlupe, still und ruhig, ohne zu sprechen.

- Was sagen eure Sinne? Was empfindet ihr jetzt? Wie fühlt sich die Frucht im Mund an? Zwischen den Zähnen? Wo schmeckt ihr sie auf der Zunge? Wie fühlt es sich an, wenn ihr sie schluckt? Könnt ihr sie im Magen spüren? Lasst euch viel Zeit dazu: Beobachtet, nehmt wahr, riecht, fühlt, hört.

Wenn die Klangschale erklingt, öffnet ihr wieder eure Augen und geht ein wenig in den Dialog:

- Was habt ihr bemerkt? Wie war es, etwas so langsam und voller Aufmerksamkeit zu essen? Wie unterscheidet sich dies von eurer sonstigen Art, zu essen? Was wisst ihr vom Anbau, der Ernte, den Wegen zum Verkauf von Erdbeeren? Wann ist die beste Saison oder Jahreszeit, in der Erdbeeren wachsen? Welche Produkte können aus Erdbeeren hergestellt werden?

Überlegungen zum Essen als Chance, Weichen für die Zukunft zu stellen
Wie und was essen wir? Sind wir verbunden mit dem Boden und dem Ursprung der Nahrung oder sind wir getrennt von der Natur, vom ehemals gesunden Leben der Tiere und Pflanzen, die nun aus Massentierhaltung und Gen-Anbau in Konserven vor uns stehen? Können wir Nahrung bewusst und dankbar annehmen und nähren und heilen wir damit unseren Körper? Oder fügen wir ihm Gewalt zu und schlingen Fast Food in Windeseile hinunter? Können wir Freude und Harmonie im Kreis unserer Lieben erleben und die Mahlzeiten genießen oder begegnen wir uns nur noch zwischen Tür und Angel mit einem Sandwich in der Hand? Diese Überlegungen und Fragen können Kinder sehr früh erwägen, bedenken und in die Tat bringen, wenn wir ihr Bewusstsein dafür sensibilisieren und auch die Eltern mitnehmen.

Stärkung von Gesundheit, Stabilität, Bewegung und gesunder Ernährung mit Freude und Leichtigkeit

Mit Yoga auf Entdeckungsreise in die Welt der Prävention und Gesundheitsförderung

Für Kinder ist es faszinierend, die bunte Welt der Lebensmittel mit allen Sinnen zu entdecken, die Farben, Formen, Gerüche und die Konsistenz der Nahrung zu schmecken, zu riechen, zu tasten, zu sehen, ja, gar zu hören. Kinder sind stets neugierig. Sie begeistern sich dafür, die Welt der Bewegung und Ernährung in deren vielfältigen Möglichkeiten zu erforschen und zu erobern, auf Entdeckungsreise von sich selbst zu gehen.
Dementgegen stehen Ernährungs- und Gesundheitsdefizite, Leistungsdruck und Bildungsstress, Bewegungsmangel, der Konsum von Fast Food und Fertiggerichten – alles nimmt schon bei den Kleinen stetig zu. Sehr früh werden gesundheitliche Probleme diagnostiziert: Eine nachweislich zu hohe und stetig steigende Prozentzahl an Kindern hat Haltungsschwächen und Fehlstellungen der Wirbelsäule, gefolgt von Koordinationsschwächen, Übergewicht und Herz-Kreislauf-Schwächen.

Yoga für Kinder will Kinder in Kita und Schule sehr früh, sehr bewusst und gezielt auf ihrer Entdeckungsreise begleiten und auch die Eltern mit ins Boot nehmen: auf einer Reise zu einem **bewussteren Umgang mit sich selbst**.
Verstehen, Spaß, Freude und Genuss in der konkreten Umsetzung mit den Kindern stehen dabei im Mittelpunkt. Tun und Erleben ermöglichen in Verbindung mit Wissen nachhaltiges Lernen. Der Yoga-Pfad ist der Pfad der Wahrnehmung und Öffnung der Sinne. Wir wollen mit diesem Buchabschnitt die kleinen Genießer*innen „verführen" und sie **begeistern für einen gesunden Körper, ein stabiles Sein und eine wertvolle Ernährung**. Wir wollen sie ermutigen, stark, selbstbewusst, mutig und liebevoll gegenüber sich selbst und anderen zu bleiben oder wieder zu werden – ganz freiwillig und ohne Zwang.
Es ist spannend und macht froh, die eigenen Fähigkeiten zu erinnern und weiterzuentwickeln. Yoga mit Kindern führt auf spielerische Weise zu Achtsamkeit mit dem eigenen Körper und all seinen Sinnen. Yoga schafft einen **Erfahrungsraum**, in dem ein **Bewusstsein von Selbstwert und Selbstwirksamkeit** jenseits der gewohnten Beurteilungen und Einordnungen gefunden werden kann. Dies tut vielen Kindern ausgesprochen gut und uns Pädagog*innen erst recht.
Wissenschaftlich nachgewiesen, ist Yoga mit Kindern Prävention und Gesundheitsförderung und hat in Verbindung mit bestehenden Präventionsprojekten wesentlichen Anteil an einer gesunden Kita und Schule. Die Asanas steigern Flexibilität, Beweglichkeit, Kraft, Ausdauer und schaffen ein Mehr an Lebensenergie. Sie helfen beim Abnehmen und beugen Adipositas vor.
Sie reduzieren Stress, Angst, Schmerzen und Müdigkeit. Ein Mehr an **Lebensenergie**, ein **gestärktes Immunsystem** und **geistige Wachheit** sind der Gewinn.

Die folgenden Yoga-Sequenzen eignen sich für alle Kinder in Kita und Grundschule, bei Ausnahmen sind die Altersstufen besonders gekennzeichnet. Grundlage bilden auch hier die ab Seite 24 dargestellten Asanas. Auf der Basis dieser Übungen gibt es zudem Bewegungsverse, Massagen, Sprechverse, Spiele, Rituale, Tänze, Lieder und Geschichten zum Nachahmen. Mit allen Sinnen „einfach tun", das ist die Devise.

Gesunde Ernährung: ein Farbkasten voller kreativer gesunder Möglichkeiten

Gesunde Ernährung sorgt dafür, dass sich der Körper gut und fit fühlt. Auch das Lernen ist leichter, wenn die Kinder eine ausgewogene Ernährung und ausreichend Bewegung haben.

FARBENSPIEL: „MIT OBST UND GEMÜSE"

Übungsschwerpunkte und Lernziele:
Benennen von Obst und Gemüse, Yoga-Übungen dem Obst und Gemüse und den entsprechenden Farben zuordnen

Übungen:
Blume, Sonne, Frosch, Himmel, Löwe, Biene, Palme

Material:
Karten mit Abbildungen von Obst und/oder Gemüse, Yoga-Karten (s. S. 24 ff.)

Ausführung:
Bildkarten mit Obst oder Gemüse werden gezogen und mit Farbzuordnung benannt.
Der Pädagoge bzw. die Pädagogin zeigt eine Obst-Karte bzw. Gemüse-Karte. Hat er*sie z. B. eine gelbe Banane, führen alle Kinder die Übung der Sonne oder Biene aus. Ein Kind darf nun das Spiel fortsetzen und eine Obst-Karte hochhalten. Auf gleiche Weise kann das Spiel mit Gemüse ausgeführt werden.

rot	**Blume**	Erdbeere, Johannisbeere, Kirsche
gelb	**Sonne, Biene**	Banane, Aprikose, Birne, Zitrone
grün	**Frosch, Palme**	Kiwi, Weintraube
blau	**Himmel**	Blaubeere, Pflaume, Weintraube
orange	**Löwe**	Orange
rot	**Blume**	Radieschen, Tomate
gelb	**Sonne, Biene**	Paprika
grün	**Palme**	Gurke, Brokkoli, Rosenkohl, Erbsen, Lauch
orange	**Löwe**	Karotte

GESUND ODER NICHT GESUND?

Übungsschwerpunkte und Lernziele:
Schärfung des Bewusstseins für gesunde und ungesunde Ernährung

Material:
Tuch, Dose, Karten mit Abbildungen von gesunden und ungesunden Lebensmitteln

Ausführung:
Unter einem Tuch sind Karten mit Abbildungen von gesunden und ungesunden Lebensmitteln: Apfel, Kirsche, Birne, Blumenkohl, Bonbon, Zuckerschnecke, Lolli, Softdrink ... Nacheinander nehmen die Kinder eine Karte, benennen, was sie auf der Karte sehen, und sortieren die Lebensmittel kreativ nach gesund und ungesund. Kinder sind sehr erfinderisch, wenn es darum geht, auch Ungesundes, wie z. B. leckere Süßigkeiten, zu essen. „Ich putze mir danach sofort die Zähne", ist eine geschickte Argumentation. Wichtig ist, die Kinder liebevoll in eine für sie gesunde Lebensführung zu begleiten. Dies kann humorvoll, spielerisch und einfühlsam am besten gelingen.

GESUNDHEITSSPIEL: „STARK ODER SCHWACH"

Übungsschwerpunkte und Lernziele:
Bewusstsein für gesunde und ungesunde Nahrungsmittel: Welche geben Kraft, welche ermüden?

Material:
Karten mit Abbildungen gesunder und ungesunder Nahrungsmittel

Ausführung:
Die Kinder ziehen Bildkarten mit Nahrungsmitteln. Wenn Gesundes hervorgezaubert wird, führen alle Kinder ihre Lieblingsübung aus. Wird etwas Ungesundes gefunden (Softdrink, Süßes ...), gehen die Kinder in die Hocke und legen ihre Hand vors Gesicht.

MASSAGE: „OBSTSALAT"

Übungsschwerpunkte und Lernziele:
Förderung von Toleranz und friedlichem Miteinander, von Vorstellungskraft und Regelbewusstsein

Wichtig bei der Massage:
Jedes Kind gibt die Massage so gut, wie es kann.
Die Wirbelsäule ist sehr empfindlich und darf nur

gestreichelt werden. Die Massage sollte dem Partnerkind guttun. Wenn das Partnerkind etwas nicht mag, sagt es leise zum massierenden Kind, was dieses ändern sollte.

Ausführung:
Der Pädagoge bzw. die Pädagogin führt die Massage mit einem Kind aus. Die übrigen Kinder bilden Paare, besprechen die Regeln und versichern vertrauenstärkend, wohltuend zu massieren. Sie entscheiden, welches Kind zuerst massiert, und führen die Massage aus. Anschließend tauschen die Kinder die Rollen.

Text zur Ausführung:
Wir machen heute Obstsalat.
- Streiche den Rücken zu allen Seiten aus.

Die Schüssel steht auch schon parat.
- Beschreibe mit den Handflächen Kreise auf dem Rücken.

Zum Schneiden brauchen wir ein Messer.
- Streiche mit den Handaußenkanten diagonal über den Rücken.

Mit einem Brett geht alles besser.
- Klatsche mit den Handflächen leicht auf den Rücken.

Bananen schneiden wir in Scheiben.
- Male mit den Zeigefingern kleine Kreise auf den Rücken.

Die Äpfel können wir auch reiben.
- Kratze sanft mit den Fingernägeln auf dem Rücken auf und ab.

Mit Honig wollen wir heut süßen.
- Tippe mit den Fingerkuppen über den Rücken.

Jetzt können wir das Obst genießen.
- Streiche den Rücken von oben nach unten aus.

Halt, ich habe noch Mandelkerne
- Streiche den Rücken von der Mitte zu den Seiten aus.

und ich esse die Nüsse gerne.
- Drücke sanft die Fingerknöchel in den Rücken.

Wir schneiden eine Birne klein,
- Streiche mit den Handaußenkanten über den Rücken.

Weintrauben sollten auch noch rein.
- Drücke die Fingerkuppen auf den Rücken.

Jetzt mischen wir alles zusammen
- Streiche mit den Fingern von außen zur Rückenmitte.

und können mit dem Essen anfangen.
- Streiche den Rücken zu allen Seiten aus.

Mhm, das schmeckt gut, ist gesund, gibt Kraft und Mut.
- Reibe deine Handflächen aneinander und lege die warmen Hände auf den Rücken.

BEWEGUNGSVERS: „STARK WIE EIN TIGER"

Übungsschwerpunkte und Lernziele:
Spüren des Körpers, Reflexion über den Zusammenhang von Bewegung, Ernährung und gutem Körpergefühl

Übungen:
Tiger, Stern, Held

Text zur Ausführung
*Ich bin stark wie ein **Tiger**.*
- Tigerübung: Strecke im Vierfüßlerstand den rechten Arm und das linke Bein in Verlängerung des Rumpfes aus.

Ich streck mich immer wieder.
- Strecke den linken Arm und das rechte Bein in Verlängerung des Rumpfes aus und wechsle die Bewegungen einige Male ab.

Frisches Gemüse esse ich gern,
- Stelle dich aufrecht hin und streichle deinen Bauch.

*danach funkle ich wie ein **Stern**.*
- Führe die Übung Stern aus.

Frisches Obst esse ich auch,
- Breite die Arme seitlich aus und lege sie auf den Bauch.

das ist nicht nur gut für den Bauch.
- Streichle deinen Bauch.

Das ist auch gut für meine Beine,
- Strecke die Beine zu den Seiten aus.

die laufen fast schon von alleine.
- Laufe auf der Stelle.

Ich sammle Kraft, ich sammle Mut,
- Strecke die Arme nach oben, spreize die Finger, bilde Fäuste und beuge die Ellbogen.

an jedem Tag, das tut mir gut.
- Beschreibe einen großen Armkreis.

Obst und Gemüse jeden Tag
- Strecke die Arme nach oben, beuge dich vor und lege die Hände an den Boden.

machen mich fit,
- Richte dich auf und springe in die Grätsche, strecke dabei die Arme nach oben.

gesund
- Stelle den rechten Fuß nach vorn und führe die Übung Held aus.

und stark.
- Stelle dann den linken Fuß nach vorn und führe die Übung **Held** noch einmal aus.
- Stehe danach aufrecht und lege die Handflächen vor der Brust aneinander.

KLEINE TIPPS

Kinder sind besonders stolz, wenn auch die Eltern und Geschwister Interesse an den Yoga-Übungen haben, die sie in der Kita oder Schule gelernt haben. Die Motivation steigt, wenn sie nach der Kita oder Schule und am Wochenende von ihrer Familie beim Üben unterstützt werden und zeigen können, was und wie oft sie den Vers geübt haben oder auch, wen sie motiviert haben, mitzumachen. Die Zusammenarbeit mit den Eltern ist beim Thema Ernährung besonders wichtig.

Zu Hause können die Kinder ihre Ernährung reflektieren und z. B. in einem kleinen Tagebuch oder Kalender dokumentieren. Diese Organisation des Essverhaltens kann von den Eltern gefördert und begleitet werden: Spaß macht, gemeinsam zu kochen, ein Kinder-Kochbuch mit gesunden Lieblingsspeisen zu erstellen oder neue Gerichte auszuprobieren.
Der bewusste, gemeinsame Einkauf von Lebensmitteln, das Erforschen von gesunden Nahrungsketten, der Besuch von Anbaugebieten und Höfen, gemeinsame Mahlzeiten und Dankbarkeit für die Geschenke der Natur – diese und weitere Anregungen in Bildungseinrichtungen und Familien wirken stärkend und prägend für das Konsum- und Ernährungsverhalten der Kinder.
Nicht vergessen: Wir alle sind im Verhalten Botschafter*innen und Vorbild für die Kinder, auf jede*n Einzelne*n kommt es an.

Eine kleine Ermutigung zum gemeinsamen Üben (Asanas Berg, Baum) hilft immer: „Ich fühl mich stark, ich fühl mich fit. Willst du das auch, dann mach jetzt mit! Schüttle deine Beine aus, wackle mit dem kleinen Bauch. Heb die Arme, lass sie runter, ja, das macht dich frisch und munter. Stehe still so wie ein Berg, ja, das kann doch jeder Zwerg. Stehe wie ein Baum ganz fest, stell dir vor, du hältst ein Nest. Sammle Kraft und sammle Mut, denn Kraft und Mut, sie tun dir gut."

IM YOGA-WALD: „DER BÄR IST KRANK"

Übungsschwerpunkte und Lernziele:
Stärkung von Gesundheitsbewusstsein und Sozialkompetenz, Entwicklung von Mitgefühl und Hilfsbereitschaft

Übungen:
Tanzbär, Baum, Vogel, Blume, Löwe, Biene, Frosch, Schmetterling, Hahn

Ausführung:
Der Sprechvers kann mit verteilten Rollen gespielt werden, sodass immer nur ein Kind die Stellung ausführt, während die anderen Kinder sprechen (entweder vorgelesen oder auswendig). Oder die Kinder werden in zwei Gruppen aufgeteilt: Eine Gruppe spricht den Text, die andere Gruppe führt die entsprechende Übung aus.

Text zur Ausführung:
*Im Yoga-Wald, der **Bär** ist krank,*
- Führe die Übung Tanzbär aus: Stehe aufrecht, breite die Arme seitlich auf Schulterhöhe zu den Seiten aus, richte die Unterarme senkrecht zu den Oberarmen auf und strecke die Finger. Stapfe langsam von einem auf den anderen Fuß.

*liegt hier am **Baum** auf einer Bank,*
- Führe die Übung Baum auf dem linken Standbein aus, hebe das rechte Bein, stelle die rechte Fußsohle an die Wade des linken Beins und dehne das rechte Knie nach außen.

deckt sich mit Zauberblättern zu
und sagt: „Lasst mich heut mal in Ruh."
- „Klatsche" leicht mit den Handflächen über deinen Körper.

Stärkung von Gesundheit, Stabilität, Bewegung und gesunder Ernährung mit Freude und Leichtigkeit

*Der **Baum** gibt Schatten, Kraft und Mut,*
das tut dem Bären schon ganz gut.

- Stelle dich in die Übung Baum auf dem rechten Standbein.

*Der **Vogel** singt ein schönes Lied.*

- Führe die Übung Vogel aus: Stehe aufrecht, breite die Arme seitlich auf Schulterhöhe aus und stelle dich auf die Zehen. Töne dabei „Ah!". Führe die Arme auf Schulterhöhe nach vorn, lege die Handflächen aneinander, stelle die Fußsohlen wieder auf den Boden und töne „Oh!".
- Wechsle die Bewegungen einige Male ab.

*Die **Blume** blüht, was der Bär gern sieht.*

- Lege die Handflächen aneinander, löse die Zeige-, Mittel- und Ringfinger voneinander und dehne sie nach außen. Daumen und kleine Finger behalten Kontakt.

*Der **Löwe** brüllt und sagt: „Schau her,*
so kriegst du keinen Schnupfen mehr.
Dir tut der Hals auch nicht mehr weh,
hier hast du einen heißen Tee."

- Setze dich auf die Fersen (oder auf einen Stuhl), strecke die Arme nach vorn, spreize die Finger, reiße den Mund und die Augen weit auf, strecke die Zunge raus und brülle wie ein Löwe.

*Da kommt die **Biene**, summt und lacht,*
sie hat den Honig mitgebracht.

- Stehe aufrecht, beuge die Knie, beuge den Oberkörper gestreckt nach vorn, bis der Bauch auf den Oberschenkeln liegt. Breite die Arme seitlich aus und bewege die Finger. Summe wie eine Biene.

*Der **Frosch** quakt seinen schönsten Ton,*
da rekelt sich der Bär ja schon.

- Stehe aufrecht, dehne die Zehen nach außen und drücke die Fersen aneinander. Strecke die Arme nach oben und lege die Handflächen aneinander. Dehne dich in die Länge und quake wie ein Frosch. Beuge die Knie, dehne die Knie nach außen und bewege den Po zu den Fersen. Wiederhole das Dehnen und Strecken noch einmal.

*Der **Schmetterling** schickt einen Traum*
zur Bärenbank unter dem Baum.
Er schickt die Farben leuchtend bunt.

- Setze dich auf den Boden und lege vor dir die Fußsohlen aneinander. Bewege die Knie wie die Flügel eines Schmetterlings auf und nieder.

*Der **Bär** steht auf und ist gesund.*
Er läuft noch etwas wackelig,

- Stehe in der Übung Tanzbär, rekele dich und tapse langsam von einem auf das andere Bein.

*da sagt der **Hahn**: „Ich stütze dich.*
Schau dir nur meine Flügel an
und hör, wie laut ich krähen kann."

- Stelle dich für den Hahn aufrecht hin, breite die Arme seitlich auf Schulterhöhe aus, klappe die Hände nach unten ab und krähe. Dabei stelle dich auf die Zehen und hebe die Arme, senke sie wieder und stelle die Fußsohlen wieder auf den Boden.

*Nun geht's dem **Bären** wieder gut.*
Wie wohl doch so viel Hilfe tut!

- Tanze in der Übung **Tanzbär** einmal im Kreis herum.

STREICHELSPIEL: „DER KRANKE BÄR"

Übungsschwerpunkte und Lernziele:
Gesundheitsbewusstsein, Hilfsbereitschaft, Achtsamkeit

Material:
Decke

Ausführung:
Ein Kind spielt den kranken Bären. Die anderen Kinder sprechen folgenden Vers mit entsprechenden Bewegungen:

Text zur Ausführung:
Der Bär ist krank, das kannst du sehen,

- Forme mit den Daumen und Zeigefingern eine Brille und lege sie vor die Augen.

wir werden jetzt mal zu ihm gehen.

- Laufe auf der Stelle.

Wir streicheln ihn ganz sanft und leicht.

- Streichele deine Hände.

Das tut ihm gut, er merkt es gleich.

- Reibe deine Handflächen aneinander und lege sie auf deinen Bauch.

THEMA 4: Gesunde Kinder

Stärkung von Gesundheit, Stabilität, Bewegung und gesunder Ernährung mit Freude und Leichtigkeit

SPIEL: „DER ARME BÄR WIRD GESUND“

Übungsschwerpunkte und Lernziele:
Förderung von Gesundheitsbewusstsein über Körperwahrnehmung, Konzentration und Achtsamkeit

Übungen:
Bär, Tanzbär

Ausführung:
Die Kinder fassen sich an den Händen oder legen die Handflächen aneinander, heben das rechte Bein, stellen die Fußsohlen des rechten Beines an die Wade des linken Beines und dehnen das rechte Knie nach außen. So stellen sie den Yoga-Wald dar. Dabei singen die Kinder folgenden Text nach eigener Melodie, alternativ können sie den Text auch sprechen.

Text zur Ausführung:
Im Yoga-Wald, der Bär ist krank, liegt unter dem Baum auf einer Bank.
Ihm tut der Bauch so weh, ihm tut der Bauch so weh

[der Bauch wird gestreichelt],

ach, der arme, arme Bär.

[in der Stellung Tanzbär von einem auf das andere Bein tapsen]

Die Kinder gehen wieder in die Ausgangsstellung des Baums und überlegen, was dem Bären noch wehtut, z. B. der Kopf. Sie singen wieder und fügen ein.
Ihm tut der Bauch so weh, ihm tut der Kopf so weh, ach, der arme, arme Bär.

[Es können weitere Strophen folgen, z. B.: Ihm tut der Hals so weh, ihm tut der Arm so weh, ihm tun die Schultern weh.]

Zum Schluss berühren die Kinder nacheinander an sich selbst, was dem Bären wehtut, und sprechen dazu:
Wir streicheln den Bauch, den Kopf ... und stellen fest: Schon ist der Bär wieder gesund.
Dabei drehen sich die Kinder wie ein Tanzbär im Kreis und klatschen in die Hände.

DANKBARKEITSRITUAL: „DER BÄR BEDANKT SICH“

Übungsschwerpunkte und Lernziele:
Hilfe annehmen und sich bedanken, Bewusstsein für die gesundheitsfördernden Wirkungen der Yoga-Übungen entwickeln

Übungen:
Baum, Vogel, Blume Löwe, Biene, Hahn

Ausführung:
Jedes Kind nimmt eine Yoga-Haltung ein, die dem Bären geholfen hat, gesund zu werden, und bedankt sich dafür.

Text zur Ausführung:
*Danke, lieber **Baum**, für den Schatten und Kraft und Mut.*
*Danke, lieber **Vogel**, für das schöne Lied.*
*Danke, liebe **Blume**, für deine Farben und den Duft.*
*Danke, lieber **Löwe**, für deine guten Tipps für meine Stimme.*
*Danke, liebe **Biene**, für den leckeren Honig.*
*Danke, lieber **Hahn**, dass du mich gestützt hast.*

Gesunde Bewegung tut gut – Yoga ist Bewegung

„DER KÖRPER TANZT"

Übungsschwerpunkte und Lernziele:
Körperwahrnehmung, Bewegungsmomente

Material:
Musik, Klänge

Ausführung:
Die Kinder führen die Übung im Sitzen oder Stehen durch, angeleitet von dem Pädagogen bzw. der Pädagogin, der*die die Übungssequenzen vorspricht, und begleitet von belebender Musik.

Text zur Ausführung:
Hallo, liebe Füße, kommt, tanzt mit!
- Streiche mit den Fingern über die Füße.

Warum denn?
- Ziehe die Schultern hoch, breite die Arme seitlich aus.

Das macht euch stark, gesund und fit.
- Strecke die Arme nach oben, bilde Fäuste, beuge die Ellbogen und ziehe die Ellbogen nach unten. Strecke die Arme wieder, spreize die Finger, bilde wieder Fäuste und wiederhole die Übung einige Male.

Wie denn?
- Ziehe die Schultern hoch und breite die Arme seitlich aus.

Vor, zurück, hin und her, rundherum, das ist nicht schwer.
- Laufe nach vorn, zurück, nach links und rechts und drehe dich einmal im Kreis herum.

Hallo, liebes Bein, komm, tanze mit!
- Klopfe dein Bein aus.

Warum denn?
- Ziehe die Schultern hoch und breite die Arme seitlich aus.

Das macht dich stark, gesund und fit.
- Strecke die Arme nach oben, bilde Fäuste, beuge die Ellbogen und ziehe die Ellbogen nach unten. Strecke die Arme wieder, spreize die Finger, bilde wieder Fäuste und wiederhole die Übung einige Male.

Wie denn?
- Ziehe die Schultern hoch und breite die Arme seitlich aus.

Vor, zurück, hin und her, rundherum, das ist nicht schwer.
- Strecke das Bein nach vorn, nach hinten, nach rechts, nach links und kreise mit dem Bein.

Hallo, anderes Bein, komm, tanze mit!
- Mache das Gleiche mit dem anderen Bein.

Hallo, Bauch, Schultern, Hände, Arme, Kopf …
- Führe die Bewegungen auch für andere Körperteile durch.

SPRECHVERS: „ICH BIN GLÜCKLICH"

Übungsschwerpunkte und Lernziele:
Schulung der Körperwahrnehmung, Körperbewegung und des Gleichgewichts, Wahrnehmung von Körper, Empfindungen und Stimmungen

Übungen:
Baum, Vollmond, Palme, Held, Grußhaltung

Text zur Ausführung:
Ich bin glücklich,
- Stehe aufrecht, lege die Handflächen vor der Brust aneinander, strecke die Arme nach oben. Löse die Handflächen voneinander und führe die Arme oben zu den Seiten in eine V-Stellung. Spreize die Finger.

wenn ich ruhig stehe wie ein ***Baum***
- Führe die Übung Baum auf dem linken Standbein aus.

und mich im Gleichgewicht spüre.
- Führe die Übung Baum auf dem rechten Standbein aus.

Ich bin glücklich,
- Stehe aufrecht, lege die Handflächen vor der Brust aneinander, strecke die Arme nach oben. Löse die Handflächen voneinander und führe die Arme oben zu den Seiten in eine V-Stellung. Spreize die Finger.

wenn ich mich als ***Vollmond*** *in die Länge dehne und als* ***Halbmond*** *meine Körperseiten dehne.*
- Stelle dich in die Übung Vollmond und dehne dich aus dieser Übung in die Halbmondübung nach links und rechts.

Ich bin glücklich,
- Stehe aufrecht, lege die Handflächen vor der Brust aneinander, strecke die Arme nach oben. Löse die Handflächen voneinander und führe die Arme oben zu den Seiten in eine V-Stellung. Spreize die Finger.

wenn ich mich wie eine ***Palme*** *sanft bewege, im Gleichgewicht bleibe*
- Stelle dich in die Übung Palme auf dem linken Standbein.

und dabei entspanne.
- Stelle dich in die Übung Palme auf dem rechten Standbein.

Ich bin glücklich,
- Stehe aufrecht, lege die Handflächen vor der Brust aneinander, strecke die Arme nach oben. Löse die Handflächen voneinander und führe die Arme oben zu den Seiten in eine V-Stellung. Spreize die Finger.

wenn ich stark und mutig stehe wie ein ***Held***
- Führe die Übung Held mit dem rechten Bein nach vorn gestellt aus.

und mich dabei furchtlos und kraftvoll fühle.
- Führe die Übung Held mit dem linken Bein nach vorn gestellt aus.

Das alles tut mir ja so gut.
- Senke die Arme und stelle dich in die **Grußhaltung**.

MASSAGE

Übungsschwerpunkte und Lernziele:
Wahrnehmung des Körpers, von Empfindungen und Stimmungen, fließenden Bewegungen und der Körperkoordination

Wichtig bei der Massage:
Jedes Kind gibt die Massage so gut, wie es kann. Die Wirbelsäule ist sehr empfindlich und darf nur gestreichelt werden. Die Massage sollte dem Partnerkind guttun. Wenn das Partnerkind etwas nicht mag, sagt es leise zum massierenden Kind, was dieses ändern sollte.

Ausführung:
Während der Massagetext von dem Pädagogen bzw. der Pädagogin gesprochen wird, führen die Kinder die Massagebewegungen durch. Ein Kind massiert den Rücken eines anderen Kindes, anschließend wird getauscht. Das empfangende Kind genießt.

Text zur Ausführung:
Die Frühlingssonne ist hell und reich
- von der Mitte des Rückens zu allen Seiten ausstreichen

und sie schickt ihre Strahlen bis zum Teich.
- mit den Händen Wellen zeichnen

Der Frosch erwacht unterm Baum
- die Hände von unten nach oben wandern lassen

und schwimmt zu den Lotosblumen wie im Traum.
- Schwimmbewegungen nachahmen

Libellen und Schmetterlinge fliegen auf und nieder
- „Scheibenwischen", zu den Seiten wegputzen

und helfen der schwachen Lotosblume wieder.
- „Scheibenwischen", zu den Seiten wegputzen

Der Schmetterling erzählt vom leuchtenden Regenbogen,
- auf dem Rücken einen Bogen formen

den sah er am Himmel ganz oben.
- auf dem Rücken einen Bogen formen

Er gibt Kraft und Mut,
- die Schultern massieren

das tut der Lotosblume gut.
- die Schultern ausstreichen

Nun ist die Geschichte aus
- die Hände aneinanderreiben

und auch die Lotosblumen ruhen sich aus.
- die Hände ruhen lassen

Yoga mit Kindern verbindet

Kleine Yoga-Aufgaben für zu Hause

Kinder lieben Yoga-Übungen in Kita und Schule, sie sind stolz darauf und möchten ihr Wissen und Können so gerne an Geschwister, Freunde, Freundinnen, Eltern und Großeltern weitergeben. Mit diesem Kapitel möchten wir die Kreativität in Familien anregen und Eltern ganz spielerisch darauf vorbereiten, Übungssequenzen gemeinsam mit ihren Kindern zu Hause umzusetzen. Sei es ab und zu oder täglich im Familienalltag – alles ist wertvoll. Gleichzeitig sehen wir darin eine sehr gute Chance, die freiwillige Zusammenarbeit und einen authentischen Dialog von Elternhaus und Pädagog*innen am Kita- und Schulstandort gewinnbringend zu stärken. Im Sinne einer **gelebten Bildungs- und Erziehungspartnerschaft** kann Yoga mit Kindern neue und ganz unkomplizierte Wege der Kommunikation, Kooperation und Partizipation mit Familien eröffnen. Offene Eltern-Kind-Gruppen z. B. erreichen alle Familien in ihrer Heterogenität. „Spielerisch" gewinnen sie insbesondere auch Eltern aus bildungsfernen und zugewanderten Milieus, die wenig Bezug zur Bildungseinrichtung haben, den Kontakt scheuen oder bei Elternabenden und Entwicklungsgesprächen nicht gerne sichtbar werden, so die Erfahrung aus der Fachpraxis.

Mehr Verbundenheit unter Kolleg*innen

Yoga mit Kindern hat einen positiven Einfluss auf die **Teamarbeit im Kollegium**, denn die nicht enden wollende Begeisterung der Kinder macht Kolleg*innen neugierig und lässt den Funken überspringen, auch bei Skeptiker*innen. Es sind die Kinder, die sich von ihren Lehrer*innen Yoga-Elemente im Unterricht und in der Kita-Gruppe wünschen und nicht lockerlassen, bis diese nach und nach mitwirken. Im Laufe der Zeit machen sich die Pädagog*innen die Übungen „mit Feuer und Flamme" zu eigen: als Anleitende, Co-Teacher oder gar Trainees, ausgebildet durch die Kinder und Kolleg*innen.

Mehr Gemeinsamkeit in der Familie

Und auch **innerhalb der Familien** wird die Verbindung zwischen Kind, Vater und Mutter und Geschwisterkind(ern) über Eltern-Kind-Yoga gestärkt. Mit dem Entwachsen aus dem Babyalter werden die Berührungen zwischen Eltern und Kindern in der Regel seltener, oberflächlicher und zufälliger. Dabei ist der körperliche Kontakt doch ein wichtiger Teil des gemeinsamen Lebens. Zusammen Yoga zu üben, das kann die **Beziehung bereichern und Achtsamkeit füreinander vertiefen**. Wohl niemand kann dem Kind so aufrichtig **bedingungslose Liebe** schenken wie Mutter und Vater. Die so miteinander verbrachte Zeit wird umso wertvoller und bietet einen gemeinsamen Ruhe- und Ankerpunkt im Alltag.
Yoga fördert Motorik und Bewegungsfreude und natürlich auch die Fähigkeit zur Entspannung. **Kinder und Eltern üben und entwickeln gemeinsam** die gesamte Körperkoordination. Ebenso werden speziell bei der Interaktion kommunikative Fähigkeiten geschult. Die vielfältigen, allein durch das Tun sich selbst bestätigenden Erfahrungen steigern am Ende das Selbstbewusstsein: „Ich bin gut so, wie ich bin!" **Kinder mit besonderen Bedürfnissen und Herausforderungen** – sei es bei der Diagnose Autismus, ADHS, selektiver Mutismus oder Down-Syndrom –, diejenigen, die besondere Hilfe benötigen, finden im Kinderyoga viel passende Unterstützung und Anerkennung.
Eltern-Kind-Yoga liefert eine **willkommene Brücke**, um mit dem eigenen Kind wieder intensiver in Berührung zu kommen. Nicht zuletzt macht Eltern-Kind-Yoga Spaß und Freude – Grund genug, ihm einen Platz im Leben einzuräumen.

Peers für Peers

Last but not least stärkt Yoga für Kinder hier und dort, in der Bildungseinrichtung und zu Hause, die Peerarbeit. Gemeinsames Üben und Praktizieren unter Freund*innen schafft Bindung, Vertrauen, Gemeinschaft und Engagement füreinander.

Wie kann der Transfer ins Elternhaus funktionieren?

Der Weg von der pädagogischen Arbeit mit dem Kind zur elterlichen Situation zu Hause muss von der Bildungseinrichtung geplant und planbar sein, braucht **Zeit und Raum mit dem Kind, ist ein kostbares Gut** und großer Gewinn.

Möglichkeiten und gute Wege:

- Vorstellung von Kinderyoga auf einem Elternabend mit praktischen Beispielen und Handout
- Aufführung im Rahmen von Sommerfesten, Weihnachtsfeiern oder anderen Anlässen mit Kindern unter Einbeziehung der Eltern als „Mitmachyoga"
- Einladung der Eltern zum Morgenkreis oder zur ersten Unterrichtsstunde, die als Kinderyoga-Stunde gestaltet wird
- Gestaltung eines Portfolios oder Yoga-Tagebuchs mit Asanas, Fantasiegeschichten, Spielen, Bewegungsversen und vielem mehr, die zu Hause mit Eltern und Geschwistern umgesetzt werden und in der Folge in Kita und Schule präsentiert werden
- gemeinsame Entwicklung von Yoga-Geschichten, Märchen, Spielen, bildnerischer Darstellung und Theatersequenzen
- Gestaltung eines „Kinderyoga für zu Hause"-Videos oder – noch einfacher – das Versenden kurzer Handyclips mit Übungen für den Alltag: Beide Medien haben sich besonders in der Pandemiezeit als sehr wertvoll erwiesen, Zusammenhalt, Austausch, Begegnung und Kontakt ermöglicht, eben auf unerwartet andere Art und Weise ...
- Etablierung regelmäßiger Eltern-Kind-Gruppen

Welche Übungen und Elemente sind geeignet für Eltern-Kind-Yoga?

Prinzipiell sind alle Übungssequenzen, Bewegungsverse, Massagen, Sprechverse, Spiele, Rituale, Tänze, Lieder und Geschichten dieses Buches zu empfehlen. Einige neue und vielleicht „besonders geeignete" stellen wir Ihnen in diesem Kapitel auf den folgenden Seiten ergänzend vor.

GEDANKENWELT – GEDANKEN LOSLASSEN

Übungsschwerpunkte und Lernziele:
kreativer Selbstausdruck, Mut zur Innovation, Klärung von Gedanken, Spaß und Freude am Spiel, Erleben von Stille, Meditation

Material:
Glocke

Text zur Ausführung:
Sprechen wir doch mal „Kauderwelsch". Das Tolle daran ist – das kann jeder und jede: einfach losquatschen, ganz ohne bekannte Worte. Nur Laute geben, plappern, völlig ohne Inhalt. Wenn du willst, kannst du auch deine tiefsten Geheimnisse ausplaudern, ohne dass jemand eine Silbe versteht. Wenn die Glocke ertönt: Sei sofort still! So wird der Kopf ganz leer ... das ist Meditation.

Variation:
Setzt euch zu zweit gegenüber, plappert und schaut euch dabei in die Augen.

MANDALA LEGEN

Übungsschwerpunkte und Lernziele:
Förderung von Kreativität, Geschicklichkeit, Bewegungskoordination

Material:
ausreichend Wollpompons, Matten, Decken

Ausführung:
Die Kinder sitzen im Kreis, die Wollpompons liegen in ihrer Mitte. Die Kinder greifen mit ihren Füßen bzw. Zehen die Wollpompons und halten sie so fest. Nun gehen sie zunächst damit und dann hüpfen sie mit den Pompons auf ihre Matte.
In Gruppenarbeit (2er- oder 3er-Gruppen) – beim Eltern-Kind-Kurs beispielsweise die Eltern mit den Kindern – werden mit den Wollpompons Mandalas gelegt. Es entstehen so gern Blumen, Schmetterlinge, Kreise und andere schöne Formen (alles ist erlaubt).

Yoga und Märchen

Kinder sind von Märchen schnell begeistert. Märchen sind zeitlos und spannend und die Anspannung löst sich am Ende auf, indem das Gute und die Gerechtigkeit siegen. Jedes Märchen enthält eine Moral und eine Botschaft. In jeweils kindgerechter Form lassen sich diese Nachrichten aus dem Text in pädagogische Impulse umleiten. Indem sich die Kinder mit den Handelnden identifizieren, können sie probeweise Rollen übernehmen, die in ihrem Alltag vielleicht nicht leicht verfügbar sind. Kinder wollen auch einmal das Böse denken, das von der Gesellschaft verboten wird, und durchspielen, wie es sich damit lebt. Genauso oft – und sicher öfter – verbinden sie sich mit dem Guten und den moralisch Handelnden und verinnerlichen die Freude an der guten Tat. Selbstverständlich werden die Märchen in ihrer dargebotenen Form dem Entwicklungsstand des Publikums angepasst. Auf jeder Altersstufe werden die tiefen Weisheiten der Märchen die Kinder in ihrer Persönlichkeitsentwicklung unterstützen, ihnen helfen, Empathiefähigkeit zu entwickeln sowie Selbstvertrauen und Selbstbewusstsein zu stärken.
Märchen werden tradiert in und von der Familie überliefert. Fantasiereich, inspirierend und schützend wirken sie über Generationen verbindend und lehrreich. Die folgenden Sequenzen in diesem Kapitel werden als Familien-Kind-Übungen gemeinsam ausgeführt oder begleitet: Über Geschichte, Meditation, Bewegung, Sprechvers, Traumreise, Massage, Mandala und Asanas erscheint das „Yoga-Rotkäppchen" in einem ganz anderen, modernen Licht. Yoga-Übungen erwecken das Märchen zu frischem Leben. Von den vermittelten Lebenskompetenzen, Resilienzen und Wertorientierungen (Yamas/Niyamas) profitieren Kinder und Familien ... und im gemeinschaftlichen Transfer auch die Bildungseinrichtungen. Zeit und Raum mit dem Kind ist ein kostbares Gut für alle.

EINSTIMMEN UND AUFWÄRMEN „DURCHS MÄRCHENTOR INS MÄRCHENLAND"

Übungsschwerpunkte und Lernziele:
Begegnung initiieren, Vertrauen fördern, Stabilität und Kreativität ermöglichen

Ausführung:
geeignet nur für ein Setting mit mehreren Eltern: Großes Tor: Immer zwei Elternteile stellen sich mit erhobenen Händen gegenüber. Sie geben sich die Hände über Kopfhöhe und treten einen Schritt zurück. So entstehen Tore in einer Reihe. Unter diesen Toren bewegen sich die Kinder hintereinander hindurch, dabei können die Kinder verschiedene Tierhaltungen (Hund, Bär, Maus, Vogel ...) einnehmen.

ROTKÄPPCHEN OHNE WOLF – ABER MIT GESUNDEM ESSEN

Übungsschwerpunkte und Lernziele:
gutes Körpergefühl, gesunde Ernährung und Kraft, Selbstwahrnehmung und Beobachtung, Hilfsbereitschaft, Empathie und Leichtigkeit

Ausführung:
Mutter, Vater oder auch Großeltern lesen die Geschichte mit dem Kind und tauschen sich im Anschuss darüber aus. Freunde, Freundinnen, Geschwisterkind(er) oder Verwandte sind herzlich eingeladen, mitzumachen.
Die Kinder erfahren in dem Märchen, dass es wichtig ist, hilfsbedürftige Menschen zu unterstützen. Sie werden angeregt, Pflanzen und Tiere zu beobachten und bewusst wahrzunehmen. Die Geschichte in der vorliegenden Form lenkt den Fokus auf gesunde Ernährung und zeigt, was gesund ist und dem Körper Kraft gibt. Schließt man an das Märchen die Traumreise an, die Sie im Anschluss finden, spüren die Kinder zudem bewusst ihren eigenen Körper und erfahren Leichtigkeit und Kraft als Kategorien der Selbstwahrnehmung, um diese später auch in ihrem Alltag zu nutzen.

Text zur Ausführung:
Es war eine Mutter, die hatte eine Tochter. Die Oma hatte ihr einmal ein rotes Käppchen geschenkt und da sie es immer trug, nannten alle Leute sie „Rotkäppchen". Eines Tages wurde die Oma krank. Und da gerade Sommerferien waren und das Rotkäppchen viel Zeit hatte, sprach die Mutter: „Mein liebes Rotkäppchen, deine

Oma ist krank. Sie liegt mit Fieber im Bett und fühlt sich sehr schwach. Geh doch bitte zu ihr und bring ihr etwas Gesundes zum Essen. Nimm Gemüse mit, damit kannst du ihr eine Gemüsesuppe kochen. Und mit dem Obst hier machst du ihr einen schönen Obstsalat. Und pack auch die Zahnbürste ein, damit ihr hinterher gleich die Zähne putzen könnt, sodass die Zähne gesund bleiben. Ich gebe dir noch Pfefferminzblätter mit, damit kannst du der Oma einen wunderbaren Pfefferminztee aufbrühen."

Rotkäppchen freute sich sehr, nahm die gepackte Tasche und wollte gleich losrennen. „Aber Rotkäppchen", sagte die Mutter, „weißt du denn, wo die Oma wohnt? Du musst durch den Wald hindurchgehen und dort, wo die drei Birken stehen, wohnt sie. Und, mein liebes Rotkäppchen, bitte merke dir doch, welche Tiere du auf dem Weg triffst, und berichte der Oma davon. Sie wird sich darüber freuen."

„Ja, ja, liebe Mama, das werde ich tun", sagte Rotkäppchen und ging los.

Ein Vogel begleitete sie ein Stück und sang ein wunderschönes Lied für sie. Als sie über die Wiese ging, blühten hier viele bunte Blumen. Ein weißer Schmetterling saß auf einer roten Mohnblume. Eine Biene saß auf einer gelben Blüte und trank ihren Nektar. Rotkäppchen freute sich über die schönen Blumen und atmete ihren Duft ein. Dann sah sie am Rande der Wiese einen Hasen sitzen, der streckte seine Ohren weit nach oben. So ging sie in den Wald hinein und gleich huschte vor ihr eine kleine Maus über den Weg. Rotkäppchen war glücklich, dass sie schon so viele Tiere gesehen hatte. Bald sah sie drei Birken nebeneinanderstehen und sie hörte einen Hahn krähen. Oh, dachte sie, jetzt muss ich wohl bei der Oma sein. Und tatsächlich hatte sie das Haus ihrer Oma erreicht. Sie öffnete die Tür und begrüßte sie freudig.

Die Oma lag im Bett und war sehr froh, das Rotkäppchen zu sehen. „Wie schön, dass du immer noch mein rotes Käppchen trägst", sprach die Oma.

Rotkäppchen setzte sich und erzählte ihr erst einmal, welche Tiere sie gesehen hatte: einen Vogel, einen weißen Schmetterling, eine Biene, einen Hasen, eine kleine Maus und zum Schluss einen Hahn.

Dann kochte Rotkäppchen ihr eine schöne Gemüsesuppe mit Kartoffeln, Mohrrüben, roter Bete, Zwiebeln und Brokkoli. Sie setzten sich an den Tisch und aßen gemeinsam. Bald spürte die Oma, wie sie von der Suppe Kraft bekam. Danach gab es einen leckeren Obstsalat mit Äpfeln, Johannisbeeren, Pflaumen und Blaubeeren. Das stammte alles aus dem Garten von Rotkäppchens Mutter. Zum Schluss tranken sie noch einen warmen Pfefferminztee.

Dann putzten beide ihre Zähne. Rotkäppchen war von dem langen Weg so erschöpft, dass sie zur Oma ins Bett kroch. Gemeinsam machten sie einen langen Mittagsschlaf.

Als sie wieder aufwachten, ging es der Oma viel besser und sie fühlte sich schon fast wieder gesund.

TRAUMREISE MIT ROTKÄPPCHEN

Übungsschwerpunkt und Lernziel:
Mut stärken

Text zur Ausführung:
Lege oder setze dich bequem hin und schließe die Augen. Stelle dir vor, du bist das Rotkäppchen. Du gehst barfuß über eine grüne Wiese spazieren.

Du legst dich ins Gras und spürst die warmen Sonnenstrahlen auf deiner Haut. Du schaust in den blauen Himmel und hörst die Vögel zwitschern.

Da kommt ein bunter Schmetterling angeflogen, setzt sich auf eine deiner Hände und streichelt sie mit seinem zarten Flügelschlag. Er streichelt deinen Arm und setzt sich dann auf deinen Bauch. Er streichelt dein Bein und setzt sich auf deinen Fuß.

Der Schmetterling fliegt zu deiner anderen Hand und streichelt sie, er streichelt den Arm. Er streichelt auch auf dieser Seite dein Bein und setzt sich auf deinen Fuß.

Der Schmetterling fliegt auf deinen Kopf, streichelt deine Stirn, ganz sanft deine geschlossenen Augenlider, deine Nase und dein Kinn.

Der Schmetterling setzt sich auf deinen Herzensraum und verabschiedet sich. Du spürst noch diese liebevolle Leichtigkeit in deinem Körper.

Dann fühlst du die warmen Sonnenstrahlen auf deinem Bauch. Die Sonnenstrahlen breiten sich in deinem ganzen Körper aus.
Die Lichtstrahlen fließen in deine Zehenspitzen, in deine Fingerspitzen, in deinen Kopf und in dein Herz.
Das Licht hilft dir, dass alles, was du tust, gelingt. Es gibt dir Kraft und Zufriedenheit.
Beginne jetzt, dich zu rekeln und zu strecken. Hole einmal ganz tief Luft und öffne die Augen.

[Am Ende liegt – falls möglich – ein gebastelter Schmetterling bei jedem Kind und folgender Text schließt sich an.]

Nimm den Schmetterling sanft in beide Hände und spüre, wie zart sich dieser Schmetterling anfühlt. Genauso zärtlich und liebevoll sind wir mit unseren Mitmenschen, besonders mit unserer Familie.

MASSAGE ZU ROTKÄPPCHEN

Übungsschwerpunkte und Lernziele:
Mut und Kraft fördern

Wichtig bei der Massage:
Jedes Kind gibt die Massage so gut, wie es kann. Die Wirbelsäule ist sehr empfindlich und darf nur gestreichelt werden. Die Massage sollte dem Partnerkind guttun. Wenn das Partnerkind etwas nicht mag, sagt es leise zum massierenden Kind, was dieses ändern sollte.

Text zur Ausführung:
Rotkäppchen geht die Oma besuchen.
- neben der Wirbelsäule mit den Fingern nach oben spazieren

Sie bringt ihr diesmal keinen Kuchen.
- einen großen Kreis beschreiben

Sie geht mutig in den Wald
- neben der Wirbelsäule mit den Handflächen hinauflaufen

und trifft viele Tiere schon bald.
- mit den Fingern hier und dort auftippen

Ein Vogel sitzt auf einem Baum
- die Schultern massieren

und der Schmetterling träumt einen Traum.
- die Schultern ausstreichen

Rotkäppchen atmet die Waldesluft
- die Hände seitlich auf die unteren Rippen legen und tief einatmen lassen

und genießt den Blumenduft.
- die Hände etwas höher auflegen und auch dort hineinatmen lassen

Der Oma kocht sie eine Suppe und einen Tee
- in eine Richtung kreisen

und schon tut der Kopf nicht mehr so weh.
- in die andere Richtung kreisen

Der Wolf hat sich im Wald versteckt
- mit den Fäusten neben der Wirbelsäule laufen

und das Rotkäppchen gar nicht entdeckt.
- den Rücken seitlich von der Wirbelsäule aus ausstreichen

Vielleicht ist der Wolf ja ganz lieb
- die Handflächen aneinanderreiben

und gar kein Mädchen- und Hühnerdieb.
- die Handflächen auflegen und einen Moment ruhen lassen

Partnerübung – Asana	So wird die Übung ausgeführt

Tag und Nacht

Die Bezugsperson (Mutter, Vater oder eine andere vertraute Person wie Großeltern) setzt sich mit gegrätschten Beinen hin. Das Kind setzt sich mit gegrätschten Beinen davor. Kind und Bezugsperson öffnen beide die Arme zu Seite, dehnen und weiten den Brustraum. Anschließend schließen sie die Arme nach vorn. Die Bezugsperson kann mit ihren Armen das Kind umschließen. Der Oberkörper rundet sich dabei leicht.

Mögliche Wirkung:
Entwickeln von Vertrauen und Geborgenheit

Partnerübung – Asana	So wird die Übung ausgeführt

Kuchen mit Sahne

Ausgangsstellung: Die Bezugsperson nimmt eine Hockstellung ein, legt den Kopf mit der Stirn an den Boden; das Gesäß liegt auf den Fersen, die Hände kommen zu den Füßen („Kuchen").
Das Kind setzt sich mit dem Gesäß auf das Kreuzbein der Bezugsperson und legt den Rücken und die weit nach hinten gestreckten Arme auf dem Rücken der Bezugsperson ab. Oberkörper und Brust des Kindes dehnen und weiten sich („Sahne").
Die Füße des Kindes stehen auf dem Boden.
Um aus dieser Position wieder herauszukommen, stellt die Bezugsperson die Hände unter ihren Schultern auf, stützt sich ab und richtet dabei den Oberkörper auf. Das Kind rutscht so zurück.

Mögliche Wirkungen:
- *Weitung des Oberkörpers*
- *Vertiefung der Atmung, Entwicklung von Geborgenheit*
- *Vertrauen und Leichtigkeit*

Partnerübung – Asana	So wird die Übung ausgeführt

Kochtopf rühren

Die Bezugsperson und das Kind sitzen sich mit gegrätschten Beinen gegenüber und fassen sich an den Händen. Dann kreisen beide ihre Oberkörper.
Die Übung macht besonders Spaß, wenn man sich vorstellt, dabei eine leckere Suppe oder einen Topf mit Milchreis umzurühren. Die Beininnenseiten werden dabei gedehnt, der Oberkörper mobilisiert. Symbolisch steht die Übung dafür, dass das Kind auf Augenhöhe an die Hand genommen und fröhlich durchs Leben geführt wird.

Mögliche Wirkungen:
Vertrauen, Sicherheit, Beziehungsstärkung

Partnerübung – Asana	So wird die Übung ausgeführt

Doppelhund

Die Bezugsperson führt die Übung Hund aus und das Kind führt die Übung Hund unter der Bezugsperson aus. Es fühlt sich geborgen und beschützt.

Mögliche Wirkungen:
- *Kräftigung der Körperrückseite, Arme, Beine und Handgelenke*
- *Vertiefung der Atmung und gute Durchblutung des Kopfes*
- *Entwicklung von Geborgenheit*

Partnerübung – Asana	So wird die Übung ausgeführt

Drachenflieger

Die Bezugsperson geht in den Vierfüßlerstand: Die Handflächen, Knie, Unterschenkel und Fußrücken sind am Boden, Arme und Oberschenkel sind senkrecht zum Boden gerichtet. Das Kind liegt mit dem Oberkörper auf dem Rücken der Bezugsperson, breitet die Arme seitlich in Verlängerung der Schultern aus. Sie sind parallel zum Boden gerichtet. Die Beine hängen rechts und links vom Oberkörper der Bezugsperson.

Mögliche Wirkung:

- *Kräftigung der Arme und Schultern*
- *Schulung des Gleichgewichts*
- *Entwicklung von Vertrauen, Geborgenheit und Mut*

Partnerübung – Asana	So wird die Übung ausgeführt

Muschelübungen

Die Bezugsperson sitzt aufrecht mit ausgestreckten Beinen am Boden. Das Kind sitzt auf dem Schoß, auch mit ausgestreckten Beinen. Bezugsperson und Kind strecken die Arme nach oben und dehnen sich. Sie fühlen sich wie eine offene Muschel.

Dann beugen sich beide gleichzeitig gestreckt vor und versuchen, mit den Händen die Füße zu erreichen. Sie sind nun eine geschlossene Muschel und fühlen sich wie eine Muschel, die sich ausruht.

Mögliche Wirkung:

- *Streckung der Wirbelsäule und Arme, Dehnung der Körperrückseite*
- *Spüren von Geborgenheit*

Partnerübung – Asana	So wird die Übung ausgeführt
Entspannung *(mit der Klangschale)* 	Das Kind liegt auf dem Rücken auf einer weichen Decke oder Matte. Die Bezugsperson sitzt oder kniet neben dem Kind und legt eine Klangschale auf den Bauch des Kindes, die sie in kleinen Abständen zum Tönen bringt. Entsprechend kann die Klangschale auch auf den Rücken gelegt und zum Tönen gebracht werden. **Mögliche Wirkungen:** • *Beruhigung* • *auf das Spüren der Töne gerichtete Konzentration* • *Entspannung*

Partnerübung – Asana	So wird die Übung ausgeführt
Entspannung *(auf dem Rücken)* 	Die Bezugsperson liegt mit dem Rücken auf einer weichen Decke oder Matte. Das Kind liegt auf dem Bauch der Bezugsperson, hat den Kopf in Herznähe aufgelegt und fühlt sich geborgen. Bezugsperson und Kind finden Entspannung. **Mögliche Wirkungen:** • *sich-aufeinander-Einlassen von Bezugsperson und Kind* • *sich gegenseitig ein warmes und entspanntes Gefühl geben* • *Geborgenheit finden*

Soziale Verbundenheit, inneren Frieden und Werteempfinden stärken

Sprache ist das Tor zur Welt

Sprache ist das Tor zur Welt, zu unserer Welt der Vielfalt und Diversität, die im ständigen Wandel begriffen ist und viele Chancen der positiven Veränderung und nachhaltigen Bewegung mit sich bringt. Lebendige Sprache, die Sprache mit Herz, Hand und Fuß ist immer in Bewegung. Bewegte Sprache wiederum – motorisch, rhythmisch, klingend, spielend – ist die Quelle für Verbundenheit, Herzenserlebnisse und Wahrnehmungsfreude. Sie ist der Brunnen für ein Miteinander, das auf Wertschätzung, Respekt und Toleranz, Fürsorge und Selbstfürsorge – ja, nennen wir es einfach Liebe – beruht.

Sprache ist Bewusstsein

Lassen wir folgende Inspirationen und Überlegungen zur Entwicklung des Bewusstseins, der Verbundenheit und des eigenen Daseins über Sprache zunächst einfach mal wirken:

- Leise singe ich vor mich hin – ich bin ich, jawohl ich bin.
- Was habe ich zu sagen? Wie kann ich das Wunder meiner Worte heilend in meine Existenz und die meiner Mitmenschen bringen? Wie kann ich Worte empfinden lernen und wohltuend gestalten?
- Ich atme ein, ich atme aus. Im Nun, dem Raum des Universums, spricht zu mir die Stille und ich in der Stille zur Welt.
- Poesie, Musik, Bewegung und Sprache treffen sich im Nun.
- Im Nun, meinem inneren Raum, meinem sicheren Platz, erinnere und erahne ich.

(Anregungen und Impulse von Fredrik Vahle, mit bestem Dank für den persönlichen Austausch dazu.)

Lassen wir diese Impulse nun in uns noch etwas tiefer klingen und erklingen:

- Was spüren Sie?
- Was sehen Sie?
- Was nehmen Sie wahr?
- Was denken und meinen Sie vielleicht?

Sprache, kindliche Sprachentwicklung vollzieht sich nicht allein im Gehirn und seinen Mustern des Denkens, Wollens, Fühlens. Sie erfolgt vielmehr integral und steht in engem Zusammenhang mit der psychomotorischen Bewegung des Körpers über Herzschlag, Atmung, Tasten/Greifen und aufrechten Gang. Sprache ist die **Feinmotorik des Körpers**, sie ist Wahrnehmung, Klang und kommunikativer Tanz – ein Wunder also, das zu wirklichem Austausch und Sich-einander-näher-Kommen oder Nah-Sein, führen kann.

Was hat Sprachförderung nun mit Yoga für Kinder zu tun? Yoga-Übungen, Spiele, Geschichten usw. ermöglichen tiefes und freies Atmen, verbunden mit der Lebendigkeit von Lauten und Bildern, Hören und Lauschen. Der Ton kommt immer aus der **Stille**. Beim Hören und Lauschen ist es deshalb grundlegend, zunächst die Stille wahrzunehmen, aus der der **Klang** entsteht und über **Tönen** in **Liedern** und **Sprechversen** weiterschwingt. Anschließend entschwindet der Ton wieder in die Stille, es entsteht die so wichtige Atempause ... und der Zyklus beginnt von Neuem.
Indem sich das Sprechen und das Erzählen mit dem Rhythmus des Atems verbinden, wird das Gesagte lebendig und bewegend, die Sprache wird ausdrucksvoll. Kreatives Zuhören, Erzählfreude und die Neuentdeckung von Wörtern können sich schöpferisch daraus entwickeln.

„Kreatives Zuhören" bedeutet: Wir sind nicht passiv, sondern folgen dem*der Sprechenden mit intensiver Aufmerksamkeit. Dabei stellen wir einen Raum zur Verfügung, der neue Ideen und Möglichkeiten entstehen lässt, die im Vorfeld weder geplant noch vorhersehbar waren. Wenn wir nicht „besser" wissen oder unsere Meinung unbedingt durchsetzen müssen, können wir aus dem freien Raum Impulse aufgreifen, die keine der beteiligten Personen bisher kannte. Anstelle von Diskussionen und sprachlichen Machtkämpfen kann so ein **gemeinsamer Prozess des Miteinander-Sprechens, Erforschens** und **Weiterentwickelns** entstehen, von dem nicht zuletzt beide Gesprächspartner*innen profitieren. Es reift ein authentischer Dialog heran, bei dem es keine Gewinner*innen und Verlierer*innen gibt; „Synarchie" im Sinne von Verbindung wird möglich. Auf diese Weise kann sich ein Gespräch entwickeln – bildlich gesehen, wie eine sich nach oben öffnende Spirale –, das alle Dialogpartner*innen verbindend und harmonisch weiterbringt: Erwachsene und insbesondere die Kinder, wenn sie früh an diese ganz andere Art des Dialoges herangeführt werden.

THEMA 6: Herzenssprache lernen

Soziale Verbundenheit, inneren Frieden und Werteempfinden stärken

Yoga mit Kindern bringt Sprache, Motorik (Bewegung) und Musikalisches zusammen, so z. B. beim Erzählen und dort insbesondere beim Märchenerzählen. Kinder können Wörter und Buchstaben hören, riechen, schmecken und tasten. „Mit allen Sinnen" erobern sie die Zugänge zur Welt und Wirklichkeit, mit tiefem Gespür, das in hektischer Betriebsamkeit nach und nach verloren zu gehen droht. Diese „angeborenen" Zugänge wollen wir mit Sequenzen des Yoga für Kinder erhalten und weiter ausbauen.

Eine Sprache, die klingt und schwingt, sie verzaubert und berührt in ihrer Feinheit, mich selbst und andere. Und mit dieser Verzauberung entsteht ein verfeinertes Gespür für Sprache in der Musik, für das Singen. Lieder, Kinderlieder, Herzenslieder, Herzenssprache – sie alle schaffen Verbundenheit über die Sprache und den Klang, ein friedliches Miteinander.

Die Sprache des Herzens im Kinderyoga

Herzenssprache im Yoga öffnet den Weg zu einem tiefen Werteempfinden, vertieft mit folgenden Übungen:

- **Aufrichtigkeit und Ehrlichkeit**
  - „Ich stehe aufrecht, meine Wirbelsäule ist gerade aufgerichtet. Ich atme durch meine Wirbelsäule hindurch. Ich richte mich Wirbel für Wirbel auf und wachse in den Himmel."
  - „Mein Gang ist aufrecht. Ich beobachte meine Bewegungen achtsam und mit klarem Blick. Ich schaue beim achtsamen Gehen in die Nähe und in die Ferne."
  - „Ich spüre meine Füße beim Gehen. Ich schreite zunächst langsamer, dann schneller und grüße die Menschen, denen ich auf dem Weg begegne."
- **Empathie und Mitgefühl in der Kommunikation**
  - **zuhören:** „Ich lasse meine eigenen Gedanken fließen. Ich leere meinen Kopf und lenke meine Aufmerksamkeit zum*zur Gesprächspartner*in hin."
  - **ausreden lassen:** „Ich höre achtsam zu und gebe meinem Gegenüber Raum, Gedanken und Gefühle auszudrücken, ohne ihm ins Wort zu fallen, frühzeitige Rückschlüsse zu ziehen und mit unfertigen Antworten zu reagieren."
  - **Kreativität entwickeln:** „Ich gebe dem anderen Raum und erlaube mir und anderen neue Ideen und Gedanken. Ich gehe in den echten Austausch im beteiligenden Dialog."
  - **Ermutigung:** „Anderssein ist normal. Jeder Mensch ist anders in seinem Ausdruck und seinem Sein (Gender, Hautfarbe, Körpermerkmale, Religion, Nationalität, Kultur, Werte, soziale Zugehörigkeit, Familienform, finanzielle Absicherung ...)."
  - **Achtsamkeit:** „Ich ehre und achte die Unterschiede und weiß: In der Menschenwürde sind alle Menschen gleichwürdig."
  - **wertfreie Unterstützung:** „Ich unterstütze andere und beschäme oder lache sie nicht aus."
  - **Grenzen:** „Ich bin bereit, eigene Bedürfnisse zurückzustellen. Ich kenne und beachte Regeln und Grenzen."
- **Kooperation**
  - „Gerne spiele und arbeite ich mit allen Kindern zusammen."
  - „Ich bringe mich eigeninitiativ ein und lade andere zum Mitmachen ein."
  - „Ich führe und lasse mich führen."
  - **„Die goldenen Yoga-Regeln (s. S. 21f.) sind eine Selbstverständlichkeit für mich, ich beachte sie unaufgefordert."**

Die Herzenssprache in Kita und Grundschule zu üben, ist ein kinderleichtes und spannendes Vergnügen. **Quasseln** Sie mit den Kindern doch einfach mal munter nach Herzenslust: Feuer fangen, Begeisterung wecken, aus dem Herzen miteinander sprechen, mit Mut einfach mal drauflosreden – vielleicht wollen Sie einfach mal die Probe aufs Exempel machen. **Einige Vorschläge:**

- **Buchstabensalat:** Wir sprechen „sinnlos" einzelne Buchstaben und Laute „querfeldein", wie uns der Schnabel gewachsen ist: a, c, q, k, m; oder s, l, b, j, g ... einfach laufen lassen und schauen, was kommen will.
- **Wir sprechen Zischlaute:** sch, s, z, ts ... und alle, die uns einfallen, auch aneinandergereiht.
- **Wir kreieren neue Wörter** aus Buchstaben und Lautkombinationen, die es gar nicht gibt: bsa, bsi, bso ... oder ... hmp, hmp ... oder tstsch, tstsch, tstsch ... oder plitsch, platsch, plitsch ... oder ... raro, ralo, raso ...

THEMA 6: Herzenssprache lernen

Soziale Verbundenheit, inneren Frieden und Werteempfinden stärken

- **Wir sprechen „Kauderwelsch"**, wie bei „Familie, Kita und Schule in einem Boot" auf Seite 86 beschrieben – man kann die Sprache auch „Lollerisch" oder „Katakisch" nennen oder wie immer man sie taufen will ...

Vielleicht lassen Sie sich von den Kindern anspornen und tüfteln an weiteren Ideen. Kosten Sie gerne aus, was man mit Sprache und Körper so alles machen kann. Es lohnt sich. Vielleicht möchten Sie auch einfache **yogische Sprechanlässe bewusst** schaffen, die mimisch und **pantomimisch** ganz impulsiv ohne Vorgaben von den Kindern mit großer Freude umgesetzt werden können. Hierbei ist alles richtig, nichts ist falsch. Selbstausdruck und Zuversicht des Kindes werden in seinem Wesen genährt. Alle Kinder und insbesondere Kinder mit nicht deutscher Muttersprache profitieren von den Anregungen:

- **„Abc":** Es werden Collagen zu einzelnen Buchstaben gemacht, Buchstaben werden gehüpft, getanzt, als menschliche Figuren allein oder mit mehreren Kindern achtsam aufgestellt, geknetet und gemalt. Buchstabenspiele werden gespielt und in Yoga-Formen übertragen. Symbolarbeit mit Bildern regt an und ist kreativ.
- **„Der-die-das-Ratespiel":** Zum jeweiligen Artikel „der", „die" oder „das" werden Gegenstände gesucht und zugeordnet, die in yogischer Manier anschließend dargestellt bzw. nachgeahmt und zum Raten anderen Kindern vorgeführt werden.
- **„Fragezeichen, Ausrufezeichen, Komma, Punkt und Strich":** Satzzeichen werden kreativ von den Kindern ohne Anleitung in Yoga-Übungen umgesetzt, sprachlich begleitet und in kleine Geschichten verpackt, in Sätze formuliert und dramaturgisch dargestellt.
- **„Einzahl – Mehrzahl":** Artikelzugehörigkeit und Pluralendungen lernen sich leicht über yogische Sortier-, Sammel-, Würfel- und Parcoursspiele.
- **„Lieblingswörter":** Sie werden „yogisch als Stille Post zugeflüstert", zu Flüstergeschichten entwickelt und szenisch umgesetzt.
- **Sprache ist mehr als das Wort:** Kinder spiegeln einander mit Mimik und Gestik die Bewegungen der anderen. Über achtsames Beobachten und im Team lernt es sich gut.
- **„Mein eigenes Kinderyoga-(Tage-)Buch":** Die Kinder gestalten es sprachlich kreativ und individuell mit erlernten und frei erfundenen, bunten Yoga-Elementen, ein unvergessliches Abenteuer auf der Entdeckungsreise der Buch- und Schriftkultur (Literacy).
- **Stöbern in „alten" Yogabüchern** gehört mit sprachlichen, sinnlichen und potenzialfördernden Meilensteinen ebenso dazu wie das **„Geschichtenerzählen auf yogische Art"**. Wie? Na, einfach so, verspricht **„das japanische Erzähltheater Kamishibai"**: Geheimnisvoll werden die Türen des Theaters geöffnet, Erzählatmosphäre entsteht. Die Kinder erzählen die Geschichte zunächst mit Bildkarten, im zweiten Schritt wird das Erzählen mit Asanas oder anderen Yoga-Elementen begleitet und vielleicht auch weiterentwickelt. Alle machen mit. Fantasie ist gefragt. Gestärkt werden Sprachkompetenz, Selbstbewusstsein und Persönlichkeit. Viel Spaß mit dem Erzählen, Zuhören und Bewegen mit dem Kamishibai!
- Oder Sie nehmen Impulse des **„Kita-Kinder-Quasselkastens"** auf (Spengler 2013): Dieser bringt Bewegung und Herzenssprache vielseitig miteinander in Verbindung und lädt sowohl Kita- als auch Grundschulkinder ein, mitzumachen.

Freude am Sprechen ist alles. **Herzenssprache macht fröhlich und glücklich**, insbesondere dann, wenn alle dabei sind und an einem Strang ziehen. Wir wünschen viel Spaß beim kreativen Gestalten eigener Impulse, auch gerne mal ohne Vorlage und Anleitung, aber immer mit Sprache, Klang, Atem, Musik und Lied.
Denn Sprache hat mit Musik und Rhythmus zu tun, nicht mit Grammatikregeln oder Vokabeln. Es geht beim Erlernen einer Sprache um die Beherrschung einer Artikulationskultur, die es ermöglicht, aus einem sehr begrenzten Lautinventar unendlich viele Wörter zu bilden. Mit sehr einfachen Liedern und einer direkten Entsprechung von Bewegung und Sprache lernen Kinder passende Vokabeln und grammatische Strukturen. Zuerst kommt immer die reine Bewegung, erst danach kommen Worte und Geschichten dazu (in Anlehnung an Fredrik Vahle, Haus der kleinen Forscher). Vor diesem Hintergrund eignen sich **die Yoga-Elemente aller Kapitel dieses Buches auch zur Förderung der Sprachkompetenz** von Kindern, einige yogische Sprachspiele sind im Folgenden gesondert herausgegriffen:

Yoga-Elemente zur alltagsintegrierten Sprachbildung

IM DIALOG MIT DER HANDPUPPE POLLY

Übungsschwerpunkte und Lernziele:
Erweiterung des Sprachschatzes, Abbau von Sprachbarrieren, Förderung von Dialog, Resilienz und Empowerment

Material:
Handpuppen

Ausführung:
Die Handpuppe Polly spricht in Kita und Grundschule mit den Kindern liebevoll über dies und das. Es geht um ihre Sorgen und Probleme, Wünsche und Bedürfnisse, Empfindungen und Gefühle, aber auch um Themen aus der täglichen Lebenswelt, wie Freundschaft, Tiere, Hausaufgaben, Streit und Konflikt, Ferien, Miteinander in der Familie, Glück, Schulstress, Noten und was gerade so ansteht ... Der Fantasie sind keine Grenzen gesetzt. Alle Kinder, insbesondere schüchterne, schweigende und zurückgezogene Kinder, können sich der Sprachpuppe vor allem in schwierigen Situationen offener und rascher anvertrauen als den Pädagog*innen und Eltern. Dies geschieht umso mehr, wenn Polly sie liebevoll in den Arm nimmt oder berührt. Polly und ihre Puppenfreundinnen und -freunde helfen immer: Als therapeutische Unterstützung, bei der alltagsintegrierten und logopädischen Sprachförderung, als Konfliktschlichter*innen und zu vielen aktuellen Sprachanlässen sind die Sprachpuppen immer gerne dabei.

BEWEGUNGSGESCHICHTE: „DAS KROKODIL UND DER FROSCH"

Übungsschwerpunkte und Lernziele:
Hören und Zuhören, Anregungen zur Kommunikation, Förderung des Sozialverhaltens

Material:
Handpuppen Frosch und Krokodil

Übungen:
Frosch, Sonne, Krokodil

Ausführung:
Der Pädagoge bzw. die Pädagogin erzählt mit den Handpuppen Frosch und Krokodil eine Geschichte.

Bewegung Krokodil:
Strecke die Arme auf Brusthöhe nach vorn, lasse die Handflächen sich berühren. Die rechte Handfläche zeigt nach unten, die linke nach oben. Bewege dann die Arme voneinander weg und wieder aufeinander zu – die Arme bewegen sich wie ein Krokodilmaul, das sich schließt und öffnet.

Text zur Ausführung:
*Ein **Krokodil** liegt faul herum.*
*Da kommt der **Frosch** herangehüpft und setzt sich auf den Rücken des Krokodils.*
*Frosch: „Quak, quak, steh auf, Krokodil! Die **Sonne** scheint schon lange."*
Krokodil: „Lass mich in Ruhe, ich bin noch müde."
Frosch: „Aber schau doch! Hier sitzen viele Kinder und alle haben heute Morgen schon etwas erlebt. Nur du liegst hier faul herum."
Krokodil schaut auf: „Tatsächlich!"

[zu den Kindern:]
„Wo kommt ihr denn alle her?"

Der Reihe nach fragt das Krokodil die Kinder, was sie an diesem Morgen schon erlebt haben, wie der Kita- oder Schulweg war, wen sie in Kita oder Schule gern treffen, was ihnen in der Kita oder Schule gefällt. Die Kinder erzählen dem Krokodil ihre Erlebnisse. Zum Schluss ist das Krokodil wieder müde und verabschiedet sich. Auch der Frosch hüpft davon. Er verspricht aber, bald mal wieder vorbeizuschauen.

KERZENRITUAL: „GUTE WÜNSCHE FÜR DIE WELT"

Übungsschwerpunkte und Lernziele:
Wünsche verbalisieren und symbolisch in die Welt schicken, Mitgefühl, Hilfsbereitschaft, Mut und Tatkraft

Material:
LED-Licht, Glassteine in der Zahl der Kinder, Klangschale

Ausführung:
Die Kinder erhalten je einen Wunschstein und überlegen, wer jetzt einen guten Wunsch gebrauchen könnte. Sie schauen dabei auf das LED-Licht in der Kreismitte oder auf dem Tisch. Mit dem Erklingen der Klangschale wird es still, alle lauschen dem Ton. Ist der zweite Ton der Klangschale verklungen, legen die Kinder nacheinander ihren Wunschstein um das Licht herum und artikulieren

laut ihren Wunsch, z. B. „Ich wünsche meiner Oma, dass sie bald wieder gesund ist" oder „Ich wünsche mir, dass alle Menschen genug zu essen haben ...".
Liegen alle Wunschsteine auf dem Tuch, sprechen alle gemeinsam: „Wir nehmen das Licht und schicken es in die Welt. Wir nehmen das Licht und schicken es überallhin, wo es gebraucht wird. Wir nehmen das Licht und schicken es in die Welt."

SPRACHANLASS: „WAS SOLL ICH TUN?"

Übungsschwerpunkte und Lernziele:
Orientierung im Raum, Bildung von Frage- und Antwortsätzen, Festigung von Begriffen, Beschreibung und Ausführung von Handlungen

Material:
Schaumstoffball und unterschiedliche Gegenstände, deren Bezeichnungen gefestigt werden sollen

Ausführung:
Bei dieser Übung bringen die Kinder Materialien und Yoga-Übungen in Verbindung. Sie überlegen sich kreative Übungsausführungen. Die Kinder stehen dazu im Kreis. Ein Kind wirft einem anderen den Ball zu. Dabei spricht es etwa: „Ich werfe den Ball zu Paul."
Paul fragt: „Was soll ich tun?"
Das Kind antwortet: „Hole einen Bleistift, lege ihn auf deinen Kopf und stehe in der Übung Sonne."
Paul führt die Anweisung aus und wirft dann einem anderen Kind den Ball zu. Für dieses Kind überlegt sich Paul nun eine Übungsausführung.

MEHRZAHL: „ICH BIN – WIR SIND"

Übungsschwerpunkte und Lernziele:
Bewusstsein für Einzahl und Mehrzahl

Material:
Yoga-Karten (s. S. 24 ff.)

Ausführung:
Zur Einführung bzw. Vertiefung der Übungen werden Abbildungen von den Übungen verteilt. Jedes Kind stellt seine gezogene Yoga-Übung einzeln der Gruppe vor, es sagt: „Ich bin eine Sonne." Dann führt es die Übung Sonne aus. Die anderen Kinder formulieren in der Mehrzahl: „Wir sind viele Sonnen", und führen die Übung Sonne aus. So werden alle Übungen nach und nach sprachförderlich eingebracht. Es können sich daran Dialoge, aber auch die Einführung von neuem oder ungewohntem Wortschatz und Syntaxstrukturen anknüpfen.

ANLAUTE HÖREN – GESCHICHTEN ERFINDEN

Übungsschwerpunkte und Lernziele:
Heraushören von Anlauten, Erfinden von Yoga-Geschichten

Material:
Yoga-Karten (s. S. 24 ff.)

Ausführung:
Nacheinander deckt jedes Kind eine Yoga-Karte auf, benennt die Übung, den Anfangsbuchstaben und führt die Übung aus. Dazu spricht es z. B.: „Ich bin die Sonne. ‚Sonne' fängt mit ‚S' an: ‚Sssssss.'" Beim Üben der Asanas werden so die jeweiligen Anlaute immer noch einmal benannt: Bei der Biene das B: „Bbbbbbb", beim Kranich das K: „Kkkkkkk" etc.

Erweiterung:
Die Kinder bilden Paare. Jedes Paar überlegt sich aus dem Repertoire der Asanas eine kleine Übungsreihe mit Yoga-Übungen, die alle den gleichen Anlaut haben, z. B. Baum, Blume, Biene oder Stern, Storch, Sternschnuppe oder Katze, Kranich. Zu mehreren denken sich die Paare eine kleine **Yoga-Geschichte** aus. Anschließend stellt jedes Paar die kleine Yoga-Geschichte vor und alle Kinder üben mit.

ECHOSPIEL: VERBEN AUSDRÜCKEN

Übungsschwerpunkte und Lernziele:
Beschreibung von Handlungen, Erwerb der Flexion der Verben

Ausführung:
Der Pädagoge bzw. die Pädagogin ruft Wörter in den Kreis, die er*sie mit der entsprechenden Handlung begleitet. Die Wörter und Handlungen werden von den Kindern wiederholt. In diesem Fall sind es Verben: nicken, klatschen, stampfen, sich drehen, sich beugen, tanzen, hüpfen ... Viele spontane Einfälle kommen hinzu.

ECHOSPIEL: FRAGEN UND ANTWORTSÄTZE BILDEN

Übungsschwerpunkte und Lernziele:
Training des Erinnerungsvermögens, Verbalisierung von Wünschen und Erlebnissen, Schulung des Zuhörens und der Flexion der Verben

Material:
Ball

Ausführung:
Zunächst beginnt der Pädagoge bzw. die Pädagogin das Spiel. Nach einigen Spieldurchgängen übernimmt ein Kind den Anfang der Spielrunde: Es wirft einem anderen Kind den Ball zu, nennt den Namen des Kindes und stellt die Frage: „Hallo, Lotta, was spielst du gerne?" Lotta fängt den Ball und antwortet z. B.: „Ich spiele gerne Memo-Spiele." Danach formuliert sie selbst einen Fragesatz und wirft den Ball: „Hallo, Ali, was spielst du gerne?" Die Fragestellungen können variiert werden, z. B.: „Was isst du gerne?", „Wohin fährst du gerne?", „Welche Kleidung trägst du gerne?".
Ein kleines „Gedächtnistraining" kann die Spielrunde erweitern. Ein Kind wirft den Ball und fragt: „Was spiele (esse) ich gerne?" Das Kind, dem der Ball zugeworfen wurde, erinnert sich oder bittet ein anderes Kind um Hilfe. Mögliche Antworten: „Du spielst gerne mit Karten", „Du isst gerne Spaghetti".
Eine weitere Frageweise im Spiel kann darin bestehen, andere Kinder in der Frage zu nennen: „Was spielt Lotta gerne?" oder „Was isst Linus gern?". Antwort: „Lotta spielt gerne Memo-Spiele" ...

Sprachspiele für Schulkinder

PRÄPOSITIONSBILDERRÄTSEL

Übungsschwerpunkte und Lernziele:
Festigung der Präpositionen, Schärfung der Wahrnehmung
Ausführung:
Die Kinder bilden Paare und jedes Paar überlegt sich ein „Bild", das aus zusammengesetzten Asanas besteht. Dabei müssen die beiden Yoga-Übungen so verbunden werden, dass Präpositionen eine Rolle spielen.

- Ein Baum steht **vor** einem Haus. Ein Kind zeigt die Übung Baum, das Partnerkind macht die Übung Haus und stellt sich hinter das Kind, das in der Übung Baum steht.
- Eine Katze miaut **unter** der Sonne.
- Ein Hund streckt sich **neben** einer Blume.
- Ein Bär tanzt **um** einen tanzenden Affen **herum** ...

SPRACHDOMINO MIT ADJEKTIVEN

Übungsschwerpunkte und Lernziele:
Sprechen vollständiger Sätze

Ausführung:
Ein Kind beginnt und stellt eine Yoga-Übung vor. Dem Namen der Yoga-Übung fügt es ein Adjektiv hinzu und formuliert damit einen ganzen Satz, z. B.: „Ich bin **ein dicker** Bär." Das im Uhrzeigersinn folgende Kind wählt dann z. B. die Yoga-Übung Vogel und spricht: „Ich bin ein **fröhlicher Vogel."** Das folgende Kind zeigt eine neue Übung und sagt z. B.: „Ich bin ein **starker Baum**" ... Die Sätze und Ideen können beliebig erweitert werden.

YOGA-QUIZ

Übungsschwerpunkte und Lernziele:
Wahrnehmung, Beobachten, Fragen, Zuhören und Verstehen

Material:
Yoga-Karten (s. S. 24 ff.)

Ausführung:
Die Kinder werden in zwei Gruppen geteilt. Ein Kind aus der ersten Gruppe zieht verdeckt eine Yoga-Karte (z. B. Stern). Die Kinder aus der zweiten Gruppe stellen Fragen, um zu erraten, welche Yoga-Übung auf der Karte verborgen ist. Dabei dürfen sie so lange fragen, bis die Übung erraten ist. Ist das Rätsel aufgelöst, führen alle zusammen die Übung aus. Dann darf die zweite Gruppe eine Karte nehmen und die Kinder der ersten Gruppe fragen, bis sie die Übung erraten können. Dies geht immer so weiter, bis alle Übungen dran gewesen sind.

EIN KLEINER TIPP
Besonders in interkulturell und sozial heterogenen Gruppen sollte die unterschiedliche Sprachentwicklung berücksichtigt werden. So werden Motivation und Ermutigung gefördert, Kritik und Auslachen sind No-Gos. Das Ziel ist: Kinder, deren Sprachschatz nicht ganz ausreicht, werden von befreundeten Kindern unterstützt – Hilfe von Peers zu Peers. Davon profitieren alle. Freundschaft ist der Gewinn.

3. In allen Regenbogenfarben: Schätze aus verschiedenen Kulturen und Kontinenten der Erde

Glückliche Kinder – eine überlieferte Weisheit

© ESB Professional – Shutterstc

Eine Überlieferung der wissenden Alten und weisen Ahnen vieler Kulturen besagt:
Kinder sind Überbringer von Licht, Liebe und Freude. Sie strahlen einen Zauber aus, der dich im Herzen ganz sanft berührt und staunen lässt über das Wunder des Lebens.
Blickst du den Kleinen in ihre tiefen, leuchtenden Augen, kann es sein, dass du einen Himmelsgruß aus der Ferne empfängst – welch kostbares Geschenk.
Alle Kinder bringen einzigartige Gaben mit auf die Erde und können an Familie und Gesellschaft neue Ideen und Weisheiten schenken, die für die Zukunft tragen.
Was sie zu ihrer glücklichen Entfaltung benötigen, ist die lebendige Präsenz der Eltern und Pädagog*innen, unbeschwerte und frohe Liebe, Schutz, das Wissen, behütet zu sein, und die Annahme ihres Seins mit ihren Meinungen, Anliegen und Mitwirkungssimpulsen in der Gesellschaft.
Öffnen wir den Kindern diesen Raum, begleiten wir sie auf dem Weg und lassen uns beim Lernen ganz auf sie ein, können wir viel von ihnen lernen.
Die Kinder stark und strahlend werden zu lassen, ist unsere Aufgabe – mit Mut, Kraft, Freude, Liebe und Schutz.

Yoga für Kinder aus verschiedenen Kulturen

Kinder spielen und lernen gerne mit Herz, Kopf und Hand. Sie sind von Natur aus neugierig und wissbegierig und möchten ihre Begabungen selbst entdecken und sich mit ihrer Persönlichkeit ganz einbringen. Yoga für Kinder aus unterschiedlichen Kulturen greift dieses Bedürfnis auf und hilft, diese Fähigkeiten zu entdecken, wieder zu wecken und zu vertiefen.
Unabhängig von ihrer Herkunft und Zukunft lieben alle Kinder den kreativ-spielerischen, sanften, aber auch den powervollen Umgang mit den Yoga-Übungselementen mit ihrem ganzen Wesen in allen Facetten. Im Gegensatz zu uns Erwachsenen geht es ihnen nicht darum, etwas zu erreichen, besser zu werden oder sich verändern zu müssen. „Ich mache die Baum-Übung, ich werde zum Baum, ich bin der Baum" – **Kinder leben yogisch in ihrem Sein**, sie versetzen sich in jede Situation hinein, tauchen ein in den Moment und Augenblick. Eben hier und jetzt erfahren sie sich selbst im Tun, mit viel Freude, Spaß und Kreativität.
Mit Elementen des Yoga aus verschiedenen Kulturen schaffen wir natürliche Lernräume, die noch unbekannte

Kreativität freilegen, eigene Stärken (wieder)erkennen lassen und insbesondere auch Lernerfahrungen des „Nicht-Intellekts" bewusst machen.
Auch wenn nicht unbedingt unter der Begrifflichkeit „Yoga" bekannt, ist dieses Wissen universell in den Traditionen unterschiedlicher Kulturen auf unterschiedlichen Kontinenten tief verankert und mündlich überliefert, lange bevor es nach Europa kam. Als **„lebendiges Wissen"** wird es dort im Alltag und Bildungsalltag gepflegt und entwickelt sich ständig weiter. Kennen Sie die Bildungs- und Lerngeschichten Neuseelands, die in Deutschland in der frühkindlichen Bildung sehr gerne zur Beobachtung und Dokumentation eingesetzt werden? Sie sind in kultureller Tradition verfasst und enthalten unter anderem yogische Elemente der Wahrnehmung, Bewegungs- und Sprachförderung, der sozialen Kompetenz und Potenzialstärkung. Auch heute noch werden viele yogische Elemente nicht niedergeschrieben. Sie werden erzählt und als altes bzw. uraltes Wissen in die Neuzeit gebracht. Sie werden über das „Tun" erworben und über ständiges Wiederholen mit dem Herzen tief verinnerlicht. Im Anschluss werden sie im Dialog reflektiert – integrales Lernen findet statt. Die in diesem Kapitel enthaltenen interkulturellen Impulse basieren auf dieser Tradition. Seit 2006 werden sie von der Autorin aufgegriffen, mit den Kindern weiterentwickelt und intensiv im Schul- und Kita-Alltag mit wunderbaren Wirkungen eingesetzt. Liebevoll nennen die Kinder ihre Übungssequenzen **„mein Herzensyoga"**.

Integrales Lernen, Verbundenheit und Unterschiede leben

Das „Yoga des integralen Lernens" (Shiñ) **verbindet Menschen und Kulturen** und unterstützt eine ausgewogene **Entfaltung der Kinder in ihrem ganzen Wesen** und Sein. Besonders betont wird all dasjenige, was dem jungen und später erwachsenen Menschen Lebenskraft, Lebensfreude, Lebenskunst und Sinn des Lebens eröffnet – und dies immer in Verbindung mit der Natur und im Zusammenspiel mit dem Universum.
Im Folgenden sind nun viele der interkulturellen Elemente im Bildungsbereich zum ersten Mal ausführlicher niedergeschrieben und mit Elementen des Hatha-Yoga für Kinder nach indisch-europäischer Tradition verknüpft. Denn wahres Yoga für Kinder ist Verbindung und schafft Verbindung in der Harmonie – weltweit. Ähnlichkeiten werden sichtbar in den wichtigen Grundregeln (vgl. die goldenen Yoga-Regeln im „Methodenkoffer für die Praxis", Seite 21f.), aber auch in Ziel und Wirkung spürbar. Unterschiede der Traditionen sind berechtigt und dürfen gelebt werden. Denn **Anderssein ist normal**, Verschiedenheit ist Leben und differenzsensibles Lernen ist ausdrücklich erwünscht. Dass dies funktionieren kann, zeigt dieses Buch mit unterschiedlichen Autorinnen, deren Wissen, Erfahrungen und Können in der Praxis.
Und ist es nicht so? Letztendlich schreiben die Kinder ihr „Übungsbuch" doch selbst. Denn sie sind und bleiben die Autor*innen ihres Lebens. Oder?

Ziele, Arbeitsweise, Wirkung – „Herzensyoga" aus verschiedenen Kulturen

- spricht alle Kinder an, holt sie ab, wo sie stehen, und fördert ihre Potenziale, die sie mitbringen,
- arbeitet mit viel Empathie und Sanftheit, aber auch mit Auspowern und Krafttanken,
- öffnet Räume über Körper, Rhythmus und Bewegungsübungen, über Trommel, Klang und Tanz, über Stimme, Sprache und Farbenreichtum,
- verbindet mit der Natur, den Elementen Luft, Wasser, Feuer, Erde,
- unterstützt:
  - → Körpergefühl, Bewegungsablauf, Körperwahrnehmung,
  - → die Harmonisierung der Gehirnhälften, von Intuition und logisch abstraktem Denken,
  - → Konzentration, Wahrnehmung, Standfestigkeit und Bodenhaftung,
  - → Ausgeglichenheit, Entspannung, Ausdauer,
  - → Achtsamkeit, Stille, Leichtigkeit
- und stärkt:
  - → Vertrauen, Selbstsicherheit, Selbstbewusstsein und natürliche Widerstandskräfte,
  - → Lern- und Lebensfreude,
  - → Herzensbildung, Mitgefühl und Miteinander,
  - → Kreativität und Begabungen sowie
  - → die Überwindung von Ängsten und Lernblockaden.

Im Yoga Samenkörner zum Erblühen bringen

© Romolo Tavani – Shutterstock

Die Übungen können weich und fließend sein wie das Wasser eines Baches, bewegt und stürmisch wie der Wind und die Ozeane oder feurig wie die Glut der Vulkane und fest wie die Erde angelegt sein.
Die Pädagog*innen pflanzen kleine „Samenkörner“, die von den Kindern aufgenommen und, ihrem Wesen und Bedürfnis entsprechend (nie gleichförmig), zum Erblühen gebracht werden. Oftmals zeigen Kinder in der Bewegung, was ihr Körper und Geist gerade benötigen, und reagieren mit harmonisierendem Schwingen aus sich selbst heraus. Sind wir achtsam, können wir Herzensübungen daraus ablesen und daran anknüpfen. Wie kann dies sein? Es ist möglich, da **viele yogische Rhythmen** in den Kindern in **natürlicher Bewegung und im Spiel** angelegt sind und im Yoga wieder wachgerufen werden. Oder sie ereignen sich einfach ohne vertieftes Üben.
Ein Beispiel: Kennen Sie die Bewegungen eines Kindes, das sich scheinbar langweilt und abwesend schaut? Es schaukelt mit dem Körper von links nach rechts oder rechts nach links und nimmt dabei die Arme seitlich baumelnd mit, als wenn es auf dem Boden einen Kreis zeichnen möchte. Der Blick ist meist auf einen Punkt des Bodens gesenkt. „Kannst du nicht mal still stehen?“ oder „Jetzt komm doch!“ oder „Mach! Vorwärts!“ – dies ist nicht selten die Reaktion der Erwachsenen darauf. Erinnern Sie sich an Ihre persönlichen Erfahrungen dazu, als Pädagoge bzw. Pädagogin, Eltern oder gar „ehemaliges“ Kind?
Was geschieht wirklich? Das Kind nimmt sich über die Bewegung Raum, ist ganz bei sich selbst, fokussiert und konzentriert, und erinnert sich vielleicht unbewusst der Körperstruktur des Menschen, der diese entspannende Bewegung guttut. „Abschalten“, „zur Ruhe kommen“, „sich eine Auszeit nehmen“ wäre der Begriff der Erwachsenen dafür. Kinder tragen dies noch in sich und erinnern sich daran. Eine ganz normale Entwicklung.
Bewusstes Beobachten lässt uns nach und nach erkennen, **was die Kinder, ihr Körper und ihr Geist im Augenblick brauchen**, nicht nur, aber gerade auch, wenn es schwierig ist oder sich typische Herausforderungen bemerkbar machen. Dabei schauen wir nach den **Stärken** und **Begabungen, die jedes Kind mitbringt**. Wir schauen nicht nach den Erwartungen, die Pädagog*innen oder Eltern an die Kleinen haben, wie folgende Beobachtungen aus Eltern-Kind-Workshops verdeutlichen: Zu Beginn sind die Kinder immer Feuer und Flamme dafür, mit ihrer Mama gemeinsam kleine Übungen, Geschichten, Fantasiereisen o. Ä. zu erleben. Oftmals haben sie schon zu Hause geübt und einiges aus dem Erwachsenenyoga von Mama abgeschaut. Mama ist stolz auf ihr Kind und beginnt, auf der Grundlage des Erwachsenenyoga auch im Eltern-Kind-Workshop Vorgaben zu machen und zu korrigieren. Was meinen Sie: Was passiert? Genau …
Oder um in umgekehrter Weise an das Thema heranzugehen: Wie können wir das „Feuer“, die intrinsische Motivation, Begeisterung und Ausdauer der Kinder erhalten? Die Antwort ist einfach: Die Herzensübungen sind ansteckend und nehmen alle Kinder mit. Je offener wir sind für die Impulse der Kinder, je mehr wir ihre Ideen und Wünsche integrieren und sie sanft und stark begleiten, desto größer ist der „Gewinn“ im Schenken und beschenkt werden. **Im Mittelpunkt** stehen immer die **Erfahrungen und Schritte des Kindes**, nie das vermeintliche Ziel, das erreicht werden sollte (wie z. B. Konzentration, Stille). Gerade die Kleinen lieben sehr schnelle und fließende Übungsabfolgen in kurzen Sequenzen und wechseln sehr rasch in den Übungen ab, mit neuer Konzentration auf neue Impulse. Trotzdem ist es möglich, Strukturen, Formen und Inhalte der Herzensübungen einzuhalten, die in ihrer Präzision der Ausführung wichtig sind für deren Wirksamkeit: spielerisch, leicht, stabil und potenzialfördernd.
Auf die Kinderperspektive kommt es an: Sich in jedes Kind hineinzuversetzen, selbst zum Kind zu werden und die Übungen „als Kind anzuleiten und zu gestalten“, dies ist der Weg und eine inspirierende Kunst.

Nun geht's los – zu den Übungen

Im Folgenden wird eine kleine Auswahl an Übungen, Bewegungen, Geschichten und meditativen Elementen vorgestellt, die durch Impulse aus verschiedenen Kulturen inspiriert, weiterentwickelt oder neu erfunden wurden: Es finden sich Spuren aus Kanada, den USA und Mexiko, Neuseeland und Australien, Indien und Japan, Südafrika und Ägypten, Syrien und Georgien und aus dem deutschsprachigen Raum Europas.
Einige Hinweise dazu: Auch hier benötigen Sie **keine Vorkenntnisse**. Lassen Sie sich einfach von den Wirkungen ergebnisoffen überraschen. Sobald Sie die Elemente bei sich selbst ausprobiert haben und sich damit wohlfühlen, können Sie die Impulse kreativ an die Kinder weitergeben. Mit der Zeit werden Sie vielleicht auch eigene Ideen einbringen, mit den Kleinen und Größeren Neues erfinden, deren Ideen hören und integrieren.
Sicher fallen Ihnen zu allen Übungen auch ergänzende Möglichkeiten ein, die mit inhaltlichen Themen und anderen kreativen Ausdrucksformern (wie Theater, Malen, Pantomime ...) im Kita-Alltag und Unterricht inhaltsbezogen verknüpft werden können.
Den unterschiedlichen Kulturen entsprechend, sind die Yoga-Elemente ausführlicher oder weniger ausführlich gestaltet. Sie werden in Leichtigkeit und zügiger Abfolge angeboten, oft sind die Kinder schneller beim nächsten Schritt als die Erwachsenen. Und bevor wir uns versehen, leitet der Körper den Schritt bereits selbstständig ein.
Auch hier ist es empfehlenswert, die Kinder gut zu beobachten und die Bedürfnisse der Körper wahrzunehmen. Es fängt an, „zu knistern und zu sprühen", wenn nach einiger Zeit des gemeinsamen Übens und Erfahrens einige **Kinder beginnen, kleine Übungssequenzen selbst anleiten** zu wollen – zunächst im Co-Teaching mit dem Pädagogen bzw. der Pädagogin. Dann werden die Kinder immer mutiger und möchten auch allein oder zu zweit im Tandem mit einem anderen Kind die Übungen vormachen ... Eins, zwei, drei ... und schließlich geht's ganz schnell und fast alle Kinder wollen Übungsleiter*in sein. Peer-Lernen und Partizipation können entstehen und wachsen, eben ganz einfach.
Meist warten die Kinder auch nicht, bis „ihr" Pädagoge oder „ihre" Pädagogin die Übung vorgemacht und erläutert hat, sondern machen gleich mit und finden sich so nach und nach in den Übungen ein. Dies bedarf in der Praxis mehrerer Anläufe und Wiederholungen, ist aber viel spannender, lustiger und macht den Kleinen und Großen unglaublich mehr Spaß.
Es ist ein wunderbarer Weg, die Kinder nach allen Übungen zum freiwilligen Erfahrungsaustausch einzuladen. „Was spürt ihr? Welche Erfahrungen habt ihr gemacht? Was hast du wahrgenommen? Fühl mal in dich hinein!" ... Die Antworten sprudeln geradezu frisch und frei wie aus der Quelle – authentisch, fantasiereich und bereichernd für alle. Wahrnehmung, Selbstbewusstsein, sprachlicher Ausdruck von Empfindungen, Gedanken und Erleben werden gefördert: Ich kann, ich weiß, ich will. Ich bin gut so, wie ich bin. Einfach stark.
Die Sequenzen, die Sie in diesem Kapitel finden, sind **besonders geeignet für Grundschulkinder**. Der **„Kindersprache" angepasst** und in ganz **verkürzten Zyklen** eingesetzt, sind sie mit **Variationen** auch schon für die ganz Kleinen **ab vier Jahren** möglich und hilfreich einsetzbar beim Übergang von der Kita zur Grundschule. Da die Yoga-Elemente bisher mündlich weitergegeben wurden, wird dieser Erzählstil auch hier aufgegriffen: Die Herzensübungen werden von der Autorin für die Pädagog*innen, Eltern und andere Anleitenden „erzählt" und können von diesen jederzeit für die Kinder sprachlich angepasst werden. „Erzählen" bedeutet auch, dass die Anleitenden die beschriebenen Übungen nicht eins zu eins ablesen, sondern möglichst frei sprechen. Sie begleiten die Ausführung der Yoga-Angebote altersgemäß in eigenen Worten und Bildern und sie lassen auch die Kinder zu Wort kommen und erfinderisch sein. Und nicht zuletzt lädt das Erzählen die Anleitenden selbst dazu ein, die Ideen „dahinter" aufzugreifen, einfallsreich zu ergänzen und die eigene Fantasie spielen zu lassen. Grundlegend ist, die Yoga-Strukturen und Wirksamkeiten zu erkennen und zu berücksichtigen.
Das Wort „Pädagoge" bzw. „Pädagogin" steht in diesem Kapitel für alle Professionen, die mit Kindern arbeiten, und schließt Eltern, Großeltern und andere Anleitende mit ein.

© Travelvolo – Shutterstock.com

DREI GOLDENE REGELN ZUM HERZENSYOGA

Übungsschwerpunkte und Lernziele:
lauschendes Zuhören, weises Sprechen, erkennendes Schweigen

Ausführung:
Die goldenen Regeln zum Herzensyoga sind eine Einladung, weder Gebot noch Verbot. „Stille einkehren lassen" hat einen anderen Klang als „nicht sprechen dürfen". Auf die Bildsprache kommt es an – wir lauschen den Bildern, die in uns entstehen. Die goldenen Regeln sind yogisch anspruchsvoll, jedoch leicht ausführbar und einfach zu verstehen. Goldfarben sind sie, weil die Kinder sie so besonders lieben. Kleine Wurzeln finden wir hierzu weltweit. Ein kleiner Tipp zum Nachforschen: Schauen Sie doch mal im indischen und asiatischen Raum, was Sie dort noch alles dazu entdecken können.

Die goldenen Regeln zum Herzensyoga heißen:
- mit offenen Ohren zuhören (Raum geben und verstehen),
- mit offenen Augen schauen (einen achtsamen und klaren Weitblick entwickeln, klar sehen),
- mit geschlossenem Mund Stille einkehren lassen (schweigen).

Text zur Ausführung:
[Die Kinder sitzen mit aufrechtem Rücken, ansonsten bequem. Der Atem fließt natürlich.]

Meine Ohren lauschen
Du berührst zunächst das rechte Ohr mit der rechten und das linke Ohr mit der linken Hand. Du berührst ganz sanft und spürst zunächst die Außenränder der Ohren, dann die Ohrmuschel und ihre Verzweigungen sowie zuletzt die Rückseite des Ohres. Dann legst du zwei oder drei Finger an die Stelle, an der das Ohr angewachsen ist, meist sind es Ring-, Mittel- und Zeigefinger. Von diesem Punkt aus beginnst du, dir eigene „Elefantenohren" wachsen zu lassen.
Weißt du denn, wie groß die Elefantenohren indischer Elefanten sind und wie viel größer die der afrikanischen Elefanten? Probier's einfach mal aus und führe deine Hände und Arme in einem großen Bogen nach oben vorn, soweit du sie strecken kannst. Dann führst du deine Arme von dort in weitem Bogen hinter den Kopf, bis du mit den Fingerspitzen den Nacken fast berührst. Dort bleibst du aber nicht stehen, sondern wanderst mit deinen Armen weiter, vom Kopf/Nacken hinten wieder nach vorn bis zum Ansatzpunkt der Ohren. So landest du wieder an der Ausgangsposition und beginnst von Neuem – 3-mal, ganz langsam und bedächtig.

EIN KLEINER TIPP
Elefantenohren erinnern an Lord Ganesha, über den es in Indien viele Geschichten gibt. Weise und intelligent, so wird es überliefert, unterstützt und schützt er die Kinder und Familien, ihren Weg und ihr Haus. Im Rahmen dieser Geschichte können sich die Kinder auf die Spuren von Lord Ganesha begeben. „Forscht einmal nach, welche schönen Geschichten ihr zu Elefanten findet. Ihr könnt dazu Bilder malen, Pappmaschee-Skulpturen gestalten oder auch einen Blick in das Heimatland von Lord Ganesha, Indien, wagen."

Glückliche Kinder – eine überlieferte Weisheit

Meine Augen fokussieren
Du formst eine runde Brille vor den Augen mit Zeige- oder Mittelfinger und Daumen beider Hände. Von dort aus wanderst du mit beiden Armen von deinem Kopf weg und streckst die Arme, so weit wie möglich, nach vorn links und nach vorn rechts oben, bis es weiter nicht mehr geht. Du öffnest die Handteller und spreizt deine Finger: Zwei kleine Sonnen oder zwei kleine Sterne werden geboren und sie blinken und blitzen – blink, blink, blink – weit in den Himmel hinein. Du folgst diesem Blinken mit deinen Augen, zuerst eine kleine Weile nach links und dann eine weitere Weile nach rechts. Deine Augen werden größer und größer und du schaust weit und immer weiter in die Ferne hinein. Und so blickst du zunächst in den Raum, wo du gerade sitzt; von dort aus weiter zu dem Ort oder der Stadt, in der du lebst; und dann weit über diese Orte hinaus ins Land, in den Himmel, zu der Sonne und von dort aus zur ganzen Erde hin. Welch eine Abenteuerreise.
„Warum mache ich das?", wirst du fragen. Große Augen stehen für Weitblick, Erkenntnis, Achtsamkeit und Einsicht. Dir und anderen Kindern helfen sie, genauer hinzuschauen, besser zu erkennen und dann erst zu reden oder zu handeln, aber auch ehrlich zu sein und sich zu trauen, die Wahrheit auszusprechen.

EIN KLEINER TIPP
Mit Bezug auf die Geschichte können sich Kinder ab vier Jahren Gedanken über ihre Augen machen: „Überlegt mal alles rund ums Auge – was Augen so alles können und wie die Augen das tun, was ihr euren Augen Gutes tun könnt und was sie brauchen."

Mein Mund ruht
Du schließt deinen Mund, die Lippen liegen sanft aufeinander und werden nicht gepresst. Mit der rechten Hand, als Linkshänder*in mit der linken Hand, formst du mit Daumen und Zeigefinger ein großes L. Dann legst du den Zeigefinger an den Mund. Die Kuppe des Zeigefingers berührt die Nasenspitze, der abgespreizte Daumen den Kehlkopf.

Was hörst du? Vielleicht lauschst du den Geräuschen der Natur, hörst die Vögel, das Rauschen der Bäume, das Pfeifen des Windes oder Prasseln des Regens? Was nimmst du wahr? Autos auf der Straße, Gespräche auf dem Flur, ein rufendes Kind oder das, was sonst noch so dröhnt und brummt in der Umgebung?

Was passiert? Diese Mundübungen ermöglichen dir wirkliches Zuhören, Erkennen über Schweigen und weises Sprechen. Sie stärken deine Kraft der Beobachtung und Wahrnehmung und lehren dich, im richtigen Moment zu sprechen oder zu schweigen.

[Auch schon die Kleinen sind in dieser Übung begeistert beim Ausprobieren mit dabei. Und ganz nebenbei entsteht in Kombination der Übungen eine wunderschöne Atmosphäre der Ruhe und Gelassenheit im Raum, die kreatives Lernen und Spielen möglich macht. Es ist auch spannend, im Inneren zu forschen.]

EIN KLEINER TIPP
An diese Geschichte lässt sich auch gut kreatives Gestalten anschließen: „Wenn ihr wollt, könnt ihr eure Wahrnehmungen und eure inneren Bilder malen, zeichnen, aufschreiben. Vielleicht macht ihr euch ein eigenes ‚Yoga-Heft', Portfolio oder ‚Tagebuch'. Viele bunte Bilder und Geschichten, die euch einfallen, finden darin Platz. Bei den Kleinen helfen die Pädagog*innen etwas mit und auch die Eltern haben Spaß daran." Dieser Tipp gilt übrigens für alle Übungen in diesem Kapitel.

Variante (für Kinder von vier bis fünf Jahren):
Die Bewegungen werden vereinfacht ausgeführt, auch in einfachen Worten kann erzählt werden. Die Kinder ahmen die Bewegungen nach bzw. machen sie einfach mit: Bei den Ohren des indischen Elefanten machen sie große Kreise um die Ohren. Dann legen sie beide Hände auf die Augen und strecken von dort aus ihre Arme so weit wie nur möglich nach vorn in den Himmel hinein. Dort funkeln ihre Hände wie kleine Sterne: blink, blink, blink. Der Mund ist geschlossen und die Augen schauen groß.

© Nazzu – Shutterstock.com

ANKOMMEN UND WILLKOMMEN SEIN – KLEINE MEDITATION FÜR KINDER

Kennen wir nicht alle das Gefühl, nicht begrüßt, erkannt oder wahrgenommen zu werden, sich verloren zu fühlen unter vielen Menschen, ausgegrenzt oder gar missachtet zu werden? Kitas und Schulen sind Orte der Sicherheit, Geborgenheit, der Zuverlässigkeit, Anerkennung und Wertschätzung. Mit den folgenden Meditationen entsteht Bewusstsein dafür, wie es sich anfühlt, in der Welt angekommen und geborgen zu sein. Die folgenden Grundlagenübungen aus der Schweiz sind ein Weg für alle, nicht nur für Kinder. Die Erfahrungen sind individuell unterschiedlich und regen zum Austausch an.

Übungsschwerpunkte und Lernziele:
ruhig werden und ankommen, die Kräfte bündeln und lenken lernen, Stärke und Selbstsicherheit entwickeln

Material:
Klangschale

Einführung für Pädagog*innen:
Bei den Meditationen sitzt man mit gerader Wirbelsäule auf einem Stuhl und, wenn möglich, nicht oder nur leicht angelehnt an die Stuhllehne. Die Füße stehen auf dem Boden. Über genaue **Beobachtung** erfahren die Anleitenden, welches ruhige, angenehme Tempo für die Kinder sinnvoll ist. Sie „kennen die Übung in- und auswendig", haben sie mehrfach erprobt und ihre Wirkung erfahren.

Sie wissen: Jeder Impuls braucht Zeit und Raum zur Umsetzung und wird in ruhigem Tempo und möglichst sanft und frei gesprochen. Je mehr Sie als Pädagoge oder Pädagogin selbst **„in der Übung wohnen"** und sich dort „zu Hause fühlen" (also diese beherrschen), desto besser können Sie den Bedarf des Kindes ablesen und den Zeitpunkt zum nächsten Schritt erspüren. Sie können so manchmal länger oder auch weniger abwarten, bis Sie den nächsten Impuls geben. Sprachliche Variationen sind jederzeit möglich.

Die ersten Male machen Sie als Pädagoge oder Pädagogin immer selbst mit, sodass die Kinder sich die Ausführung der Meditationen an- und abschauen können. Fühlen sich die Kinder sicher, kann jedes Kind der Anleitung zunächst mit offenen, dann mit geschlossenen Augen folgen – immer in seiner Geschwindigkeit. Der Atem fließt natürlich und frei. Manche Kinder lieben es, die Augen zu schließen, andere fürchten sich und können stattdessen ihren Blick auf einen Punkt am Boden oder im Raum richten. Die Kinder dürfen wählen.

Die Meditationen können meist von allen Kindern durchgeführt werden, die **älter als vier Jahre** sind. Wo dies nicht der Fall ist, sind Altersangaben gesondert gekennzeichnet. Alle Kinder durchwandern die Meditationen recht schnell. Ältere Kinder können meist mehrere Meditationen hintereinander erleben. Jüngere im Alter von vier bis sechs Jahren nehmen gerne immer mal wieder an einzelnen Meditationen teil.

Nach jeder Meditation ist für Sie nach dem **„Warum?"** kurz zusammengefasst, worin eine „kleine Lernaufgabe" für die Kinder besteht. Nach allen Impulsen wird den Kindern jeweils Raum gegeben – keine Sorge, dies spielt sich mit der Zeit ein. Sie als Pädagoge bzw. Pädagogin spüren mit und wissen, wann der richtige Zeitpunkt zum Weitergehen ist.

Die Textmarkierungen *„[Impuls]"* sind als anfängliche Hilfen gedacht, mit der Zeit setzen Sie den nächsten Impuls so, wie sich die Gruppe anfühlt, und nicht nur, weil es im Text steht.

Glückliche Kinder – eine überlieferte Weisheit

Ankommen mit Klängen

Du sitzt gelassen auf deinem Stuhl, der Rücken ist gerade und nicht angelehnt, deine Beine sind leicht geöffnet, die Füße stehen fest auf dem Boden, die Hände liegen bequem auf den Oberschenkeln, dein Atem fließt frei.

[Impuls, warten]

Nun schließt du die Augen und lauschst dem Klang der Klangschale.

[2 Minuten]

Wenn die kleine Glocke erklingt, öffnest du langsam, ganz langsam deine Augen, in deinem Tempo. Wenn du sie nicht geschlossen hattest, schaust du ganz weit nach vorn.

[Impuls, warten]

Dann dehnst und streckst du dich, du machst deine Arme und Beine ganz lang, trampelst ein wenig mit den Füßen auf dem Boden und vielleicht gähnen wir alle auch ein wenig. Alles ist erlaubt. Wie geht es dir? Wer mag erzählen?

Warum?
Die Kinder lassen los und lernen, sich zu entspannen.

Kleine Baummeditation

Du bist wie ein Baum. Stark und stabil sitzt du auf deinem Stuhl.

[Impuls, kurz warten]

Dein Stamm, deine Wirbelsäule, ist gerade und aufgerichtet.

[Impuls, kurz warten]

Deine Arme und Hände, die Äste, ruhen aus und liegen auf den Beinen.

[Impuls, kurz warten]

Deine Füße stehen fest auf der Erde. Aus den Füßen wachsen dir Wurzeln.

[Impuls, warten]

Sie wachsen immer tiefer und tiefer, bis zum Erdmittelpunkt und geben dir einen festen Stand auf der Erde.

[Impuls, warten]

Da kommt ein feiner, leiser Wind daher und sagt dir „Guten Tag". Er beginnt, dein Baumkleid zu umwehen. Ein ganz klein wenig kitzelt er deinen Kopf und tanzt auf deiner Nase, ups.

[Impuls, warten]

Nun pustet er fest auf deinen Rücken und Bauch.

[Impuls, warten]

Und schon ist er wieder weg. Er wandert zu deinen Armen und Beinen und berührt sie ganz sanft.

[Impuls, warten]

Dann weht er weiter und streichelt ein ganz klein wenig deine Hände und Füße.

[Impuls, warten]

Noch ein kleiner Kuss auf dein Herz und der Wind verschwindet so schnell, wie er kam.

[länger warten, Zeit zum Beobachten und Spüren geben]

Warum?
Die Kinder lernen, den Körper differenziert in seinen Teilen spielerisch zu spüren, sich auf die Bilder zu konzentrieren und ihren Fokus beim Wind zu halten. Ankommen in der Stabilität wird möglich.

Meine goldene Kugel

Du bist ein Baum. Plötzlich geht die Sonne auf und begegnet dem Mond beim Untergehen. Ein wunderschöner goldener Sonnenstrahl und ein silberner Mondstrahl fallen herunter und landen mitten auf deinem Kopf, auf deiner Baumkrone.

[Impuls, warten]

Und kaum hast du es bemerkt, schon fließt das Sonnen- und Mondlicht über deinen ganzen Körper und wandert um dich herum.

[Impuls, warten]

Ganz schnell hüllt es dich ein und eins, zwei, drei, erstrahlt dein Baum in einer golden-silbernen Kugel. Ja, es ist wahr, du sitzt nun in einer goldenen Kugel.

[Impuls, etwas länger warten]

Du fühlst dich leicht, wunderbar geborgen und behütet und weißt: Ich bin willkommen auf der Erde.

[länger warten, Zeit zum Beobachten und Nachspüren lassen]

Nach einer Weile legst du deine Arme auf die Knie, lässt den Kopf dabei frei hängen

[Impuls]

und wartest ein wenig in dieser Stellung, gerade so wie ein Fischer, der geduldig und leise auf einen Fisch wartet.

[Impuls, länger warten]

Dann bewegst du Arme und Beine, Füße und Hände und alles, was du bewegen willst. Du bedankst dich für dieses Geschenk, das du immer wieder hervorzaubern kannst, auch allein oder mit Freundinnen und Freunden.

Warum?
Die Kinder spüren und konzentrieren sich auf Geborgenheit, Sicherheit und Schutz.

Im Sonnenstrahl

Schau, da fällt ein schöner, starker Sonnenstrahl auf deinen Kopf herunter. Er strömt mitten durch deinen Baum, durch dich ganz hindurch

[Impuls, warten]

und flugs fließt er immer deinen Baumstamm entlang. Dort bildet der Sonnenstrahl eine ganz, ganz starke Achse. Sie verläuft von der Sonne zu deinem Kopf, durch deinen Körper, in deine Wurzeln und von dort bis zum Mittelpunkt der Erde.

[langsam sprechen und etwas länger warten]

Diese Achse hält dich, trägt dich, macht dich stabil und stark. Kannst du sie schon fühlen?

[Impuls, etwas länger warten]

Und immer wenn du daran denkst, kommt dieses schöne Gefühl der Stärke und des Getragen-Werdens wieder.

[länger warten, Zeit zum Beobachten und Nachspüren lassen]

Warum?
Die Kinder lernen, Stabilität zu fühlen und sich darauf zu konzentrieren, besonders in schwierigen Situationen.

EIN KLEINER TIPP
Für die jüngeren Kinder können weitere Elemente fantasiereich ergänzt werden – ein Beispiel: Im Wald erwachen die Tiere, auf dem Baum zwitschern die Vögel am frühen Morgen voller Freude über den neuen Tag. Sie laden den Sonnenstrahl ein. Das Eichhörnchen wollte gerade frühstücken, als der Sonnenstrahl an ihm vorbeihuscht. Mit großen Augen schaut es ihm nach. Am Boden angekommen, wartet der Maulwurf schon sehnsüchtig auf den ersten Sonnenstrahl, denn er hat sich in der kalten Nacht erkältet und freut sich auf die erste Wärme. Alle im Wald fühlen sich von der Sonne gestärkt, erwärmt und glücklich. Und wenn sie mal in Schwierigkeiten sind, traurig, entmutigt oder sonst wie nicht gut drauf, dann denken sie an den Sonnenstrahl, denn der ist immer für sie da. Und eins, zwei, drei sind alle wieder stark und stabil. Und wie könnte die Geschichte weitergehen …?

Kinderwiege

Die Sonne steht hoch am Himmel, sie scheint warm und hüllt dich ganz sanft mit ihren Strahlen ein. Wie in einer Kugel sitzt du ein wenig träumend da und fühlst dich darin geborgen. Ein kleiner, frecher Sonnenstrahl kitzelt dich an deiner Nase, ein anderer am Kopf und am Herzen. Bleib nun ein wenig sitzen in der Sonne und lausche den Worten: Gleich beginnst du, zu wiegen wie in einer Kinderwiege oder in den Armen deiner Mama. Du schaukelst ein wenig nach links und nach rechts, nicht zu viel und nicht zu wenig. Beim Wiegen achtest du immer gut auf deine Körpermitte, dabei stellst du dir vor, wie ein Sonnenstrahl mitten durch dich hindurchfließt. Er gibt dir Stabilität, Kraft und Konzentration. Achte auch gut auf deine Grenzen, die dir helfen, nicht vom Sitz zu fallen. Deine Bewegungen sind leise und sanft, nicht ruckartig und laut. Fühle, wie schnell oder langsam dein Körper sich wiegen will, und folge deinem Gespür.

[länger warten, Zeit geben, eventuell Nachfragen beantworten und nochmals erklären]

Und schon geht's los: Erst sind deine Wiegebewegungen klein, dann werden sie langsam größer und immer größer, bis deine äußeren Grenzen erreicht sind.

[Impuls, länger warten]

Dort angekommen, werden die Bewegungen wieder kleiner, feiner und noch feiner, bis du wieder in deiner Mitte angelangt bist.

[Impuls, länger warten]

Vielleicht spürst du die Bewegungen innerlich noch weiter schwingen, obwohl dein Körper schon still steht. Und das besonders Schöne daran ist: Beim Wiegen verschwinden alle trüben Gedanken und schwierigen Gefühle nach und nach.

[Impuls, länger warten]

Dann kommst du wieder langsam in der Mitte an, denkst an deinen Sonnenstrahl, dankst ihm von Herzen, wartest ein wenig und spürst in dich hinein.

[Impuls, länger warten, beobachten, fühlen]

Warum?
Die Kinder lernen Grenzen kennen, bleiben auch in emotional schwierigen Situationen „geachst" und stabil, fühlen Sicherheit und sind handlungsfähig.

Auftanken
Du wiegst im Sonnenstrahl nach vorn und hinten.

[Die Impulsgebung erfolgt wie bei der Kinderwiege erst kleiner, dann größer, wieder kleiner und noch kleiner.]

Bei diesem Wiegen tankst du Kraft, Freude und alle schönen Gedanken und Gefühle, die dir so einfallen. In der Mitte angekommen, wartest du wieder und spürst nach.

[Impuls, länger warten, beobachten, fühlen]

Warum?
Die Kinder erleben positive Gefühle und Gedanken und tanken Kraft.

Kleine Klopfmassage
Lange genug gesessen auf dem Stuhl: Nun steh auf. Rüttle dich und schüttle dich – wie ein Baum im Sturm.

[Impuls]

Da kommt der Wind ganz besonders stark und hilft dir. Du beginnst, dich zu entstauben und neuen Wind reinzulassen. Klopfend mit den Fingern oder der ganzen Hand, wandern wir alle gemeinsam über unseren Körper und klopfen uns gegenseitig von oben bis unten ab: Arme und Beine, Vorderkörper und den Rücken.

[Impuls, länger warten, beobachten, fühlen]

Fragen zum Erfahrungsaustausch:
Und wir fragen: Wie geht es euch? Wer möchte von seinen Erfahrungen berichten?

Vom kleinen wachsenden Ich zum großen starken Wir

© New Africa – Shutterstock.com

„ICH MACHE HAUSPUTZ" – DIE SCHEIBENWISCHER-ÜBUNG

Übungsschwerpunkte und Lernziele:
Harmonisierung der Gehirnhälften, Abbau von Körperspannung, Konzentration, Achtsamkeit, Zur-Ruhe-Kommen

Ausführung:
Los geht es mit der Geschichte vom Hausputz „Mein Haus soll frei und sauber sein ...". So eingestimmt, kommen die Kinder in Bewegung und folgen den von Ihnen vorgelesenen Anweisungen.

Text zur Ausführung:
Mein Haus soll frei und sauber sein, da lass ich keinen Dreck herein. Fenster reinigen und neuen Wind einladen, Zimmer entrümpeln und Räume klären, Müll entsorgen nicht erst morgen, Boden staubsaugen mit wachen Augen, Teppiche klopfen, ohne zu motzen, Möbel polieren, ohne zu zieren – all das soll jetzt meine Aufgabe sein. Mein neues Körper-Haus ist klein und fein. Frisch und zisch.
Du stehst fest auf dem Boden, aufrecht wie ein gesunder Baum. Deine Füße haben tiefe Wurzeln, dein Körper ist entspannt und dein Kopf aufrecht und schaut nach vorn. Dein Atem fließt immer natürlich und frei.

[Impulse, etwas länger warten, beobachten, fühlen]

Du hebst den rechten Arm, angewinkelt bis zur Herzmitte. Die Hand ist geöffnet, die Finger sind geschlossen, der Handteller weist nach vorn.

[Impuls, warten]

Langsam und zunächst ganz klein beginnt nun deine rechte Hand – auf Herzhöhe und im Abstand von ca. 20–30 cm vor dem Herzen –, kleine Kreise zu zeichnen. Dabei achtest du darauf, immer auf der rechten Seite zu bleiben und dabei ganz ruhige und kreisende Bewegungen zu machen. Und du achtest auch darauf, deine Körpermitte, deine Achse, wenn möglich, nicht zu überschreiten.

[Impuls, warten]

Mit diesem fantastischen Scheibenwischer beginnst du, nach und nach alle trüben Stellen in deinem Haus zu reinigen. Du arbeitest ganz sorgfältig, denn keine Ecke deines Körpers soll ausgespart oder vergessen sein. So werden die Kreise nach und nach immer größer, weiten sich vom Herzensraum auf den Bauchraum aus, vom Bauchraum auf den ganzen Körper und gehen schließlich so weit in den Himmel hinaus, wie deine Arme lang sind.

[Impulse, nach Gespür warten]

Du fühlst, wann es genug ist, und beginnst dann, den umgekehrten Weg einzuschlagen: wieder zurück zum Herzen. Hei, wie sauber doch deine rechte Körperhälfte schon glänzt.

[Impulse, warten, beobachten, fühlen]

Wieder vor dem Herzensraum angekommen, lässt du den rechten Arm sinken. Dein rechter Scheibenwischer hat dort doch genug gearbeitet, der Gute. So beginnst du mit dem linken Arm und der linken Hand vor dem Herzen und lässt deinen linken Scheibenwischer zur linken Seite wandern. Die Bewegungen der linken Hand laufen nun wie vormals beim rechten Scheibenwischer in kleineren, dann größeren Kreisen bis zum weitestmöglichen Punkt der Armspitze und wieder zurück, nur: diesmal entgegen dem Uhrzeigersinn. Oho, Schluss mit der Unklarheit, schau mal, wie sauber nun auch deine linke Seite ist. Körper und Kopf werden es dir danken.

[Impulse nach obigem Schema]

Doch nicht genug: Haben wir zunächst getrennt geputzt, so soll es doch jetzt noch schön, harmonisch und rund im kleinen Haus werden. Nun ist dies nur möglich, wenn beide Scheibenwischer zusammenarbeiten, wie im richtigen Leben eben.

Glückliche Kinder – eine überlieferte Weisheit

Du hebst nun beide Arme an und du öffnest beide Hände vor dem Herzensraum. Die Handflächen weisen nach außen vorn. Nun beginnst du, gleichzeitig mit der rechten Hand nach rechts und der linken Hand nach links zu kreisen: von der Herzmitte in kleinen und immer größer werdenden Kreisen bis zum höchstmöglichen Punkt in ganz großen Kreisen ... und von dort wieder zurück zur Herzmitte. Nein, gar nicht schwierig, das Gegenteil ist der Fall. Über die Gegenbewegung der Handflächen kommt dein Kopf in Harmonie. Alles arbeitet nun harmonisch zusammen und das macht das Leben wirklich leichter; übrigens nicht nur beim Putzen, sondern auch beim Lernen. Großes Ehrenwort.

[Impulse nach obigem Schema, dabei ggf. etwas länger warten, damit beide Arme zusammen fühlbar werden]

Bei der Herzmitte angekommen mit beiden Händen? Jaaa. Eins, zwei, drei, keine Hexerei. Und „aus die Maus", fertig ist dein Haus.

EIN KLEINER TIPP

Wenn die kleineren Kinder (4- bis 6-Jährige) bei der Übung nicht mitkommen, so können diese zumindest die ersten zwei Phasen der Übung spielerisch integrieren. Sie können einfach nach ihren Fähigkeiten Scheibenwischer sein, die Geschichte zum Hausputz hören und viele eigene Ideen dazu entwickeln. Die Erfahrung zeigt, dass manche Kleinen die Bewegungen tatsächlich aber präziser und konzentrierter ausführen, als die älteren Kinder das tun. Je fröhlicher und freier dies geschieht, desto wirksamer.

„MEIN APFEL UND ICH – HEUTE BIN ICH EIN APFEL, HURRA!"

Fast alle Kinder lieben Äpfel, ihre Farbe, Form und vor allem den Geschmack. Wie sieht ein Apfel aus? Er hat ein Kerngehäuse mit Kernen, eine Achse mit Stiel in der Mitte, die von zwei fast halbkreisförmigen Apfelhälften umgeben ist. Geschützt ist er von seiner Schale, sie leuchtet in Farben mit vielen Schattierungen, gelb, gelbrot, rosa, rot und grün. Der Apfel hat unterschiedliche Geschmäcker und viele Eigenschaften. Folgende Übung ähnelt der eines Apfels und wird begeistert von den Kindern aufgenommen.

Übungsschwerpunkte und Lernziele:
Selbstbewusstsein, Standfestigkeit, Geborgenheit, Schutz, Dialog

Vorbereitung:
Gehen Sie mit den Kindern in den Dialog: Was wisst ihr über den Apfel? Wo und wie wird er angebaut? Was braucht er zum Wachstum? Was kann man aus Äpfeln alles machen? Welche Nahrungsmittel werden mit Äpfeln zubereitet? Viele Fragen, viele Ideen, viele Antworten sind möglich. Die Übung wird im Stehen ausgeführt.

Text zur Ausführung:
Ich bin ein Apfel. In meinem Apfelhaus fühle ich mich zu Hause und geborgen, ich bin gut genährt und mir fehlt es an nichts. Viele kennen mich und lieben mich, ich bin bunt, ich strahle in allen Facetten. Ich bin wichtig, du findest mich an vielen Orten. Ohne mich wäre das Leben weniger schön.

Du stehst fest und stabil auf dem Boden, spürst deinen Körper und die Kraft der Erde. Dein Atem fließt immer natürlich und frei.

[Impuls, warten]

Du spürst beide Hände und reibst sie aneinander, bis sie ganz warm werden und die Wärme wie Funken sprüht.

[Impuls, warten]

Nun führst du beide Arme gleichzeitig in einer Halbkreisbewegung von unten nach oben über den Kopf, so hoch, wie du deine Arme nur strecken kannst.

[Impuls]

Oben angekommen, legst du deine Hände aneinander. Deine Fingerspitzen sind zur Decke gerichtet wie eine Kerze. Und du spürst, dass dein Kerzenlicht ganz stark mit der Sonne verbunden ist und deinen Apfel zum Wachsen bringt.

[mehrere Impulse, länger warten, beobachten, fühlen]

Nun wartest du ein wenig und führst deine Hände, voll mit der Kraft der Sonne, in einem Halbkreis wieder nach unten, diesmal bis zu den Füßen. Dabei gehst du in die Hocke, berührst deine Füße. Deine Sonnenstrahlen fließen weiter, imaginär unter deinen Füßen durch. Dein Apfel ist gut geerdet. Dann richtest du dich langsam wieder auf und führst die Arme seitlich im Halbkreis nach oben zum Herzen und dann wieder über den Kopf …

[Impuls, länger warten, beobachten, fühlen]

Diese Bewegung wird 3-mal ausgeführt. Bei jeder Wiederholung stellst du dir eine andere Farbe vor, die dich und deinen Apfel umhüllt: Diesmal ist es leuchtend blau, dann rosa und golden.

Fragen zum Erfahrungsaustausch:
Nun bist du ein Apfel, hurra. Wie fühlst du dich? Wie geht es dir jetzt in deinem Apfelhaus? Was machen die Farben mit dir? Erinnerst du noch weitere Farben? Was ist deine Lieblingsfarbe … Viele kreative Einfälle sind möglich.

Kurzvariante zur Apfelübung für die Kleinen:

„Ich bin rund und bunt – wer bin ich?"
Die Kinder sitzen auf dem Boden. Der Pädagoge bzw. die Pädagogin setzt Impulse (spricht den Text in der Ich-Form) und nimmt die Kinder gleich in die Übung mit hinein.

Text zur Ausführung:
Ich bin ein Apfel, in meinem Apfelhaus fühle ich mich „apfelpudelwohl" und mache mich ganz rund.

[Kinder ziehen die Knie an den Körper und machen einen runden Rücken, der Kopf ist aufrecht, die Arme umfassen die Knie]

Ja, ja, ich bin rund und bunt, ich habe viele Farben und alle lieben mich. Doch bin ich klein und will viel wachsen, drum bitte ich: „Sonne komm herein", und ich sammle alle Sonnenstrahlen mit meinem Stiel und meinen Blättern ein. Dabei gehen die Arme über die Seite nach oben, bewegen sich frei in der Luft und sammeln und sammeln.

[beobachten, länger warten]

Mein Apfel, der hat viele Schichten, da bringe ich nun Sonnenstrahlen rein: erst rosa – eins, zwei, drei –

[Impuls, warten],

dann golden – vier, fünf, sechs –

[Impuls, warten],

dann blau – sieben, acht, neun –

[Impuls, warten].

Dabei bilden die Arme größer werdende Kreise um den Körper herum, es entstehen die Apfelschichten, die mit den Farben angefüllt werden.

[Impuls, beobachten, länger warten]

Und ich wachse, wachse, stark und groß.

Ihr erhebt euch, macht mit schwingenden Armen einen großen, vielfarbigen Kreis um euch herum und stellt euch in die Farben.

[Impuls, beobachten, länger warten]

Nun bin ich satt, mächtig stark und bunt und kugelrund.

Zum Abschluss erhalten alle Kinder einen Apfel.

Glückliche Kinder – eine überlieferte Weisheit

© Evgeny Karandaev – Shutterstock.com

„ICH BIN EIN STERN – EIN STARKES LICHT IM UNIVERSUM"

Diese Übung ist besonders geeignet für Kinder ab sieben Jahren.

Text zur Ausführung:
Du bist ein Stern und wirst zum kleinen Stern in deinem Herzen.
Mit tiefen Wurzeln zur Erde stehst du mit deinen Füßen ganz fest auf der Erde, stabil wie ein Baum. Beine und Füße stehen geschlossen nebeneinander. Dein Körper ist gerade aufgerichtet, die Wirbelsäule gestreckt, dein Kopf erhoben. Du erinnerst dich deines Sonnenstrahls, der dir Stabilität und Kraft schenkt.

[Impuls, warten]

Konzentriere dich nun auf dein Herz und strecke deine Arme in V-Form nach oben dem Himmel zu, also bis zu dem Punkt, an dem sie ein gleichschenkliges Dreieck zu deinem Herzen bilden. Vom Herzen ausgehend, strahlen deine Fingerspitzen bei geöffneten Händen aus. Es leuchtet dein Sternenlicht ganz stark und hell nach oben in den Abendhimmel hinein. Wunderschön!

[mehrere Impulse, länger warten, beobachten, fühlen]

Dann hebst du deine Arme weiter an, bis sie die Senkrechte erreichen und mit den Beinen in einer Linie stehen. In Gedanken bei den Fingerspitzen, wanderst du immer weiter nach oben in den Sternenhimmel hinein. Mit den Händen beginnst du, Sternenstaub und Sternenlicht von vielen Sternen und Sonnen einzusammeln. Und du spürst, dass du mit allen Sternen und dem Weltall weit verbunden bist.

[mehrere Impulse, länger warten, beobachten, fühlen]

Im nächsten Schritt grätschst du deine Beine, die Füße sind etwas nach außen gedreht. Erst wenn du wieder fest im Stand bist, führst du deine Arme nach unten, bis sie parallel zur Grätsche der Beine stehen bleiben können. Und du strahlst mit deinen Händen und Fingerspitzen dein Licht in den Boden. Du spürst die Tiefe und Herzenswärme, mit der du mit der Erde und allen ihren Wesen, den Tieren und Pflanzen, verbunden bist. Du bist reich beschenkt.

[mehrere Impulse, länger warten, beobachten, fühlen]

Zum Abschluss löst du Arme und Beine, schüttelst sie aus, rekelst und streckst dich und spürst nach, was dir diese Übung gegeben hat.

Frage zum Erfahrungsaustausch:
Möchtest du über deine Erfahrungen berichten, malen, zeichnen oder schreiben?

EIN KLEINER TIPP
Auch hier gibt es viele Möglichkeiten, die Übung zu Unterrichtsthemen in verschiedenen Fächern oder auch alltagsintegriert in der Kita aufzugreifen. Begriffe wie „gleichschenkliges Dreieck", „Senkrechte", „Strahl" oder „Parallele" finden Platz in Mathematik, Deutsch und Bildender Kunst. Weltall und Sterne erinnern an die Schöpfungsgeschichte im Fach Ethik und gehen darüber hinaus. Überlegen Sie mal: Wo finden Sie Formen des Sterns in der Natur oder auch in der Architektur, Kunst und Musik, bei Festen und Feiern oder gar in der Backkunst zu Hause, auch interkulturell? Vielleicht schauen Sie nach den Weisheiten des alten Orients und Arabiens, nach uralten ägyptischen und sumerisch-syrischen Traditionen, die sich sehr früh mit der Sternenkunde beschäftigten und die unser heutiges Wissen zu Astronomie, Astrologie und Kulturgeschichte grundlegend beeinflussten.

© Svitlana Bezuhlova – Shutterstock.com

WIR SIND FREUNDE, ICH UND DU

Diese Übung knüpft an **südafrikanische Kinderspiele** an mit einer klaren Botschaft: Jeder Mensch, jedes Kind trägt eine **Würde** in seinem **inneren Wesenskern. Die Menschenwürde ist unantastbar.** Sie zu ehren und zu achten, sie zu entwickeln und zum Erblühen zu bringen, ist unser aller Ziel, Recht und Aufgabe. „Anders zu sein" in der persönlichen Erscheinung ist Normalität: Dies gilt für die Haut und Augenfarbe, Gender, die kulturelle, nationale, soziale und religiöse Zugehörigkeit und vieles mehr. Frieden und Freiheit für alle Menschen sind ein hohes Gut, viele Menschen müssen noch heute darum kämpfen.

Übungsschwerpunkte und Lernziele:
Wahrnehmung und Achtsamkeit, In-Beziehung-Sein (Miteinander, Füreinander-da-Sein, Konfliktlösung), Entwicklung von Differenzsensibilität, Vertrauen, Selbstwert und Mut

EIN KLEINER TIPP
Es gibt viele Kinderbücher, Lieder, Geschichten und Malbücher, die dieses Thema des differenzsensiblen Lernens und Sich-Verstehens thematisieren, für ganz kleine ebenso wie ältere Kinder. Die Übung „Wir sind Freunde, ich und du" knüpft daran an. Wir empfehlen, diese Materialien mit einzubeziehen.

Vorbereitung:
Überlegen Sie gemeinsam mit den Kindern: Einander Freund oder Freundin sein – was heißt das? Was bedeutet Freundschaft eigentlich für dich? Wie willst du als Freund oder Freundin sein? Magst du von deinem Freund oder deiner Freundin erzählen? Von euren gemeinsamen Abenteuern berichten? Was ist eigentlich ein bester Freund oder eine beste Freundin? Wie kann ich neue Freunde und Freundinnen finden? Was mache ich, wenn ich ausgegrenzt werde? Grenze ich aus? Und wenn's mal Streit gibt, was dann? Muss ich alles gut finden, was mein Freund oder meine Freundin macht? Wie gehe ich mit Enttäuschungen um? ...
Freundschaft ist eine zarte Pflanze, die gepflegt und gegossen werden will. Die folgende Übung hat schon Wunder bewirkt.

Ausführung:
Es fällt leichter, einzusteigen, wenn der Pädagoge bzw. die Pädagogin zunächst die Übung mit einem oder mehreren Kindern nach und nach vormacht und zusammen gestaltet. Die Erfahrung zeigt generell, dass sich oft zeitgleich automatisch 2er-Gruppen bilden und die Kamerad*innen gerne schon sofort einsteigen, einfach mit ausprobieren. Bei mehrfachem Wiederholen der Übung sollten die Partner*innen wechseln, sodass mehrere vertraute Begegnungen möglich werden. Nicht jeder und jede kann mit jedem und jeder, auch hier ist die freie Wahlmöglichkeit wichtig, manchmal auch ein Pausieren, wenn kein*e Partner*in gefunden wird. Die Kinder bestimmen gemeinsam das Tempo und den Rhythmus. „Gefühlt miteinander simultan" zu werden, ist das Ziel und stellt sich mit mehrmaligem Üben ein. Freiwilligkeit ist bei dieser Übung ein hohes Gut. Ich höre Gedanken einiger erfahrener Kolleg*innen: „Wer sich rasch meldet, sind sicherlich die stärksten, mutigsten, offensten, beliebtesten, empathischen Kinder und solche, die viele Freunde und Freundinnen haben."
Und genau darum geht's: Gerade diese Übung stiftet Gemeinschaft, Freundschaft, Vertrauen und lässt Grenzen überwinden. Wer nicht mitmachen möchte, weil er Sorge hat, keine*n Partner*in zu finden; wer sich selbst gerne in der Klasse ausgrenzt, Mobbingerfahrung hat, schüchtern ist, Kontakte meidet ... erhält eine ganz wichtige Aufgabe: Das Kind kann die Rolle des stillen Beobachters oder der stillen Beobachterin übernehmen, Co-Teacher werden oder Tipp-Geber*in sein ... oder ...

oder ... oder. So wird niemand ausgeschlossen oder beschämt, jede*r findet seinen*ihren Platz. Außenseiter*innen der Klassengemeinschaft lernen, sich nach und nach von ihrer Rolle zu lösen. Es entwickeln sich, auch bei schweigenden Kindern, Dialoge, die nicht vorhersehbar sind. Viele kleine Wunder können geschehen. Und genau dies ist eine wunderbare Motivation für diese Übung. Über Ausprobieren, Erfahren und Fühlen, dass andere Lösungen möglich sind, finden Veränderungen statt, in kleinen Schritten oder als Neuanfang. Erfahrungsbasiertes Lernen ist das Stichwort und dafür steht dieses Buch Pate.
Die Übung ist deshalb niemals statisch, sie berührt tief und ist immer im Fluss, kleine „Stolperer" laden zur Freude, zum Lachen ein und dürfen sein. Sehr berührend ist die Übung auch für Eltern mit ihren Kindern oder Geschwistern untereinander. Es entsteht mit der Zeit eine ganz andere Tiefe der Beziehung, Harmonie und ein Verständnis füreinander, einfach Liebe. Kleine Kinder machen die Übung sehr schnell und manchmal etwas „abgekürzt", für ältere ist sie einfach nachahmbar und immer auch variierbar. Lassen Sie auch hier Ihre Fantasie dabei spielen.

Text zur Ausführung:
Ihr seid eingeladen, euch eine*n Übungspartner*in zu suchen. Nun findet ihr einen gemeinsamen Platz im Raum, an dem ihr euch wohlfühlt. Ihr stellt euch zu zweit gegenüber im Abstand von ca. 1 m *(größen- und altersabhängig)*.
Ihr spürt eure eigenen Hände, eure Arme, euren Körper und steht ganz fest verwurzelt auf dem Boden.

[Impuls, warten]

Eure Augen treffen sich, ihr schaut euch lange und länger an, so tief in die Augen, wie es gerade geht; vielleicht ein wenig blinzelnd, vielleicht direkt. Mit den Augen spürt ihr euch und nehmt euch wahr.

[Impuls, warten]

Nun gebt ihr euch die Hände, haltet sie. Während der ganzen Übung haltet ihr den Augenkontakt so lange wie möglich. Geht er mal verloren, könnt ihr ihn immer wieder finden und aufnehmen.

EIN KLEINER TIPP
Ihr macht die Bewegungen spiegelverkehrt miteinander und gleichzeitig, im gleichen Tempo. Achtsamkeit, ein feines Gespür für euch selbst und den anderen oder die andere sind hier gefordert. Eine Person trägt die andere, mal führt die eine, mal die andere. Und wenn's mal holprig wird, nicht aufgeben. Mit Mut und Vertrauen fangt ihr von vorn an oder ihr findet einen anderen gemeinsamen Startpunkt. Ihr habt Zeit, hier und zu Hause, jetzt, heute, morgen und immer mal später.

Auf geht's:
Hand aufs Herz: Ihr löst eure Hände voneinander, hebt in kleinem Halbkreis eure Arme nach vorn und führt sie in einer Rundung zur Herzmitte. Angekommen, legt ihr beide Hände übereinander auf das Herz.
Gemeinsam Schwingen: Vom Herzen aus weitet ihr gemeinsam die Arme im Bogen nach außen, so weit es geht *(zügig)*
und von dort wieder halbkreisförmig zum Herzen zurück. Ihr achtet darauf, dass ihr miteinander seid, und nehmt euch wahr.
Begegnung im Flug: Im nächsten Schritt streckt ihr beide Arme ganz weit nach links und rechts oben. Die Handflächen sind wie kleine Teller geöffnet, die Finger liegen aneinander und sind nicht gespreizt *(zügig)*.
Für euch: Nun sammelt ihr in euren Händen aus der Luft bunte Sonnenstrahlen und gute Gedanken und bringt sie zurück zu euren Herzen.

[Impuls, länger warten].

Diese schenkt ihr nun eurer*eurem Partner*in. Dazu hebt ihr die Arme und führt eure Handflächen mit angewinkelten Armen zusammen. Eure Handflächen berühren sich.

[Impuls, länger warten, beobachten, fühlen]

Von Herz zu Herz: Eure guten Kräfte und Wünsche fließen bei dieser Berührung über die Hände von Herz zu Herz. Ihr schaut euch an und vielleicht huscht ein Lächeln über euer Gesicht. Dann löst ihr eure Hände und legt sie auf den Bauch.

[Impuls]

Zum Abschluss könnt ihr euch umarmen und fest drücken oder ihr bedankt euch und verbeugt euch voreinander. Es gibt verschiedene spontane Variationen.

[Impuls, länger warten, beobachten, fühlen]

© apichon_tee – Shutterstock.com

KLEINE FREUNDE AM HIMMEL

Übungsschwerpunkte und Lernziele:
Wahrnehmung und Achtsamkeit, In-Beziehung-Sein (Miteinander, Füreinander-da-Sein, Konfliktlösung), Entwicklung von Differenzsensibilität, Vertrauen, Selbstwert und Mut

Text zur Ausführung:
Ihr steht euch gegenüber, fest wie ein Baum auf der Erde mit tiefen Wurzeln. Dabei schaut ihr euch an und haltet eure Hände. In dem Baum sitzt ein Vögelchen, ganz ruhig. Das Vögelchen bist du.

[mehrere Impulse, in kurzer zeitlicher Abfolge möglich, warten, beobachten, fühlen]

Nachdem das Vögelchen sich ausgeruht hat, will es wegfliegen und flattert und flattert mit seinen Flügeln, so stark es kann.

[rasche Impulse]

Endlich gelingt der Start in die Luft, juchhuh! Oben im Himmel angekommen, genießt es das Sonnenlicht, die frische Luft und den herrlichen Ausblick.

[Impuls, warten]

Ach, könnte ich dies nur mit zu meinem Freund oder meiner Freundin bringen, denkt das Vögelchen und sammelt von allem etwas ein: Sonnenstrahlen, „Lufttropfen" und ganz gute Gedanken und Wünsche.

[mehrere Impulse]

Alle diese schönen Dinge nimmt es in seinem Herzen auf.

[Impuls, warten]

Und alle diese Gaben will es nun zur Erde runterbringen, zu seiner Vogelfreundin oder seinem Vogelfreund, um ihr oder ihm ein schönes Geschenk zur machen.

[Impuls]

Dort unten im Baum wieder angekommen, ist die Wiedersehensfreude groß. Beide Vögelchen nehmen sich in die Arme und drücken sich ganz fest. Dabei fließen die wunderschönen Gaben von Herzelein zu Herzelein. Und es wird ganz warm im Herzen.

[Impulse, warten]

Nach einer kleinen Weile verabschieden sich die beiden Vögelchen voneinander, reich beschenkt und in großer Freude. Und jedes fliegt seinen eigenen Weg, bis zum nächsten Mal, wenn sie sich wieder begegnen.

Fragen zum Erfahrungsaustausch:
Was habt ihr erlebt? Wie geht es euch?
Erzählt doch mal.

Unter dem Regenbogen – Geschenke des Lebens

GP – Shutterstock.com

IM REGENBOGENLAND

Übungsschwerpunkte und Lernziele:
Bewusstsein für die Geschenke des Lebens, Schönheit, Wahrheit, Liebe

Material:
Dieser Übungsschatz wird von warmherzigen Melodien für Kinder sanft und leise begleitet. Schauen Sie mal bei georgischen Kinderliedern nach, die diese Übung inspiriert haben.

Ausführung:
Die Kinder stehen im Kreis, hinter den Stühlen oder im freien Raum, im aufrechten Stand und in leichter Grätsche. Die Impulse werden von dem Pädagogen bzw. der Pädagogin gegeben.

Text zur Ausführung:

Sequenz 1:
Mit festen Füßen und tiefen Wurzeln stehst du auf dem Boden. Du denkst an einen wunderschönen Sonnenstrahl, der dich durchflutet, und spürst deine Körperachse. Du hebst die Arme in einem runden Bogen nach oben über den Kopf und streckst deine Arme und Fingerspitzen, so hoch du nur kannst, dem Himmel entgegen. So wächst du höher und höher, ohne mit den Füßen vom Boden abzuheben. Beine, Körper und Arme bilden eine Linie. Nach mehrmaligem Dehnen nach oben führst du deine Arme über den Kopf mit zur Kerze geschlossenen Händen. Über dem Kopf angekommen, bildest du mit deinen Händen eine wunderschöne Blume, deine Lieblingsblume. Du öffnest deine Hände zu einem Kelch. Ihre Blütenblätter öffnen sich und strahlen.

Sequenz 2:
In der geöffneten Blüte sammelst du nun alle Sonnenstrahlen in allen Regenbogenfarben, die zu dir kommen möchten.

[Impuls, länger warten]

Dann schließt du die Blüte und bringst mit geschlossenen Händen diese wunderschönen Farben und Strahlen zu deinem Herzen.

[Impuls, warten]

Du legst die Hände auf dein Herz und lässt diese Gaben dort hineinfließen. Dabei denkst und fühlst du:

[mehrere Impulse, zu allen Sätzen länger warten, beobachten, fühlen]

- Ich fühle die Sonne – ich fühle die Regenbogenfarben.
- Ich grüße die Sonne – ich grüße den Regenbogen.

Die folgende Übung wird 3-mal durchgeführt.

- Beim ersten Mal nimmst du die Schätze in der Schale deiner Hände auf und gibst sie weiter an dein Herz,
- nun lässt du die Farben und Strahlen weiterfließen an deinen Bauch,
- dann an die Knie und an alle Orte in deinem Körper, die es brauchen.
- Ich fühle die Sonne – ich fühle die Regenbogenfarben.
- Ich grüße die Sonne – ich grüße den Regenbogen.

Wer so viele Geschenke im Regenbogenland erhalten hat, der gibt sie auch sehr gerne weiter, deshalb wiederholst du die Übung 2-mal.

- Beim zweiten Mal gibst du alles Schöne und Gute an alle deine Lieben in der Familie, an Freundinnen und Freunde, an deine Tiere und alle, die dir am Herzen liegen.
- Beim dritten Mal schenkst du die Gaben an die Erde und alle ihre guten Wesen, als kleines, feines Dankeschön, auf der Erde leben und wachsen zu dürfen.

Beide Male hebst du deine Arme angewinkelt an, Handflächen und Finger senkrecht nach oben gerichtet, und sendest mit den Händen einen Friedensgruß an die Erde.

Mit einem persönlichen inneren Dankeschön schließt du die Übung ab, fühlst in dich hinein und lässt, ohne zu sprechen, die Übung noch eine Weile in dir klingen.

[Diese Übung ist sehr berührend und tief. Manchmal ist ein Erfahrungsaustausch wichtig, manchmal aber auch nur die Stille.]

EIN KLEINER TIPP

Diese Übungen bieten sich als Hinführung zu einem neuen Thema in der Grundschule oder zu einem Projekt in der Kita an, sie sind „so zwischendurch" zu integrieren. Die Übung „Im Regenbogenland" passt z. B. gut im Sachunterricht zum Thema „Wetter" oder auch zum Thema „Farbenkreise" in der bildenden Kunst.

Vertiefungsmöglichkeit für „Im Regenbogenland": Gute Wünsche

Übungsschwerpunkte und Lernziele:
soziale Kompetenz

Ausführung:
Gute Wünsche werden mit einer Wasserschale von Kind zu Kind weitergegeben. Jedes Kind schickt lautlos seine guten Wünsche ins Wasser. Dann wird die Schale mit allen guten Gedanken in der Kita oder Schule aufbewahrt und am Ende des Tages den Pflanzen geschenkt. Zu Beginn oder Abschluss jedes Tages ist es immer schön, miteinander in Augenkontakt zu gehen, sich die Hände zu reichen, aufeinander zuzugehen und sich einen Herzenswunsch zu senden. Egal was passiert ist, ob gut oder weniger gut – dies verbindet, schafft und erhält Freundschaft, Klassengemeinschaft und vieles mehr.

© Triff – Shutterstock

STERNENSTAUB AM ABENDHIMMEL

Diese Übung ist besonders geeignet für Kinder von vier bis sechs Jahren.

Übungsschwerpunkte und Lernziele:
Stabilität, Verbundenheit, Offenheit für Neues, Verankerung im Leben, interkulturelle Kompetenz

Text zur Ausführung:
Ich bin ein kleiner Stern. Ich funkele und glitzere am Abendhimmel und sage allen Kindern der Erde Gute Nacht. Wenn es dunkel wird, sende ich meine vielen **Lichtfunken** in den Himmel

[die Arme nach oben strecken, Finger öffnen und strahlen]

und ich begrüße den Mond und meine Sternenfreunde.

[Impuls, warten]

Dann schau ich runter zur Erde zu und **blitze meine Sternenküsse** zu den Wäldern und Feldern, Wiesen und Blumen, den Flüssen und dem Meer.

[die Arme wandern von oben nach links und rechts bis zur Waagerechten]

[Impuls, warten]

Ei, wie fein, heute ist eine besonders klare Sternennacht. Und vor lauter Freude drehe ich mich im Kreis und beginne, **zu tanzen**

[die Arme bleiben bei den Drehungen möglichst waagerecht gehalten].

Glückliche Kinder – eine überlieferte Weisheit

Mein **Sternenstaub** fällt auf die Erde und hüllt alle Kinder in eine schöne Wolke ein.

[Die Arme bewegen sich langsam nach unten, bis die Hände zur Erde zeigen.]

[Impuls, warten]

Alle Kinder werden ganz, ganz müde und **ihre Äuglein fallen zu**. Sie liegen in ihren Bettchen und beginnen, zu träumen. Und ein letztes Mal funkle ich ihnen fröhlich zu und wache über sie, bis der Morgen beginnt. Dann gehe ich in mein Kita-Bettchen und beginne meinen eigenen Traum.

„MIT DELFINEN UNTERWEGS" EINE WAHRE GESCHICHTE

Die Geschichte ist authentisch und gibt Impulse zur Reflexion und Diskussion. Außerdem regt sie zum Nachforschen über das Leben und Wirken der Delfine in der Tiefe an – im Unterricht, in der Peer-Arbeit und ebenfalls zu Hause. Bei der Erzählung geht es um erfahrungsbasiertes Lernen, sie ermutigt und empowert. Mit schärfendem Blick für außergewöhnliche Herausforderungen und Erfahrungen macht sie wach: für Werteempfinden, Engagement und Verantwortung – für sich selbst, die Erde und alle ihre Bewohner*innen.

Information:
Delfine sind bekannt als die Freunde und Begleiter des Menschen und insbesondere der Kinder. Sie sind das sagenumwobene Symbol für höheres Bewusstsein, **Herzenskraft und Hilfsbereitschaft** – dies beweisen zahlreiche Erfahrungen und Geschichten. Therapeutisch haben sie schon vielen Kindern „heilend" geholfen. Von namhaften Wissenschaftler*innen, angesehenen Persönlichkeiten und engagierten Menschen ist der Erfolg der delfingestützten Intensivtherapie in ihrer Wirksamkeit für Kinder (!) und Erwachsene bestätigt. Dass Delfine auch Menschenleben retten können und wollen, erzählt die folgende Geschichte einer Weltenreisenden. **Es ist eine wahre Geschichte mit mehreren Delfinfamilien in Hawaii**, von der Autorin selbst erlebt.

Geschichte:

Die Delfine retteten mir auf Hawaii das Leben. Angeleitet von Menschen, die in täglich inniglichem Kontakt mit den Delfinen sind, ja, fast frei mit ihnen leben, war ich eingeladen, mit ihnen in freier Wildbahn zu tauchen und zu schwimmen. In Ehrfurcht und Achtung ihrer Wesen paddelten der Expeditionsleiter und ich im Kanu, nicht im Motorboot oder Touristenschiff. Wir fuhren zur Mitte der Bucht, wo das Wasser am tiefsten war. Delfine jagen und fressen nachts auf offenem Meer und kommen dann in einer Art meditativem Zustand in der Bucht zur Ruhe bzw. zum Schlaf (immer mit einem halb geöffneten Auge). Wir warteten im Boot oder schwammen fast täglich ab Mittag teilweise zwei Stunden im Wasser in der Erwartung ihres Erscheinens, wohl wissend, dass dies immer freiwillig geschieht.
Nach einem kleinen Streit schwammen der Expeditionsleiter und ich eines Tages in verschiedene Richtungen und plötzlich war für mich das Boot nicht mehr zu sehen. Es war einfach verschwunden, weit und breit nur Wasser, das Ufer war kilometerweit entfernt. Nach einiger Zeit, die ich bereits im Wasser verbracht hatte, war für mich kräftemäßig einfach zu keiner Seite mehr das Land zu erreichen. Ganz allein auf mich gestellt, gingen mir sehr viele Gedanken über mein bisheriges Leben durch den Kopf ... recht müde legte ich mich aufs Wasser und schaute schließlich mit der Taucherbrille in die Tiefe. Und da waren sie: ein Teppich mit Delfinen, hundert oder mehr? Nicht zählbar. Ich schaute und schaute, voller Neugier, Freude und Begeisterung. Vergessen war meine eigentliche Not, ich fühlte mich kräftig und regelrecht aufgetankt. Dann verschwanden sie, wie sie gekommen waren, der Teppich war weg ... Ich nahm den Kopf aus dem Wasser ... und konnte es nicht fassen: Das Boot war wieder da inklusive des Leiters meiner kleinen Expedition. Er behauptete, nie weg gewesen zu sein und mich auch nicht im Stich gelassen zu haben. Wo war ich also gewesen? Alles nur ein Traum? Eine wahre Begebenheit? Die wissenden Hawaiianer zwinkerten mit den Augen, lächelten und wiegten ihren Kopf.

Eine weitere Begebenheit:
Der Weltenbummler Piedro war in Australien unterwegs. In Australien berichteten ihm Fischer, wie ihr Boot in einem Sturm, der so heftig war, dass das alte Holzboot zu versinken drohte, von Delfinen ganz eng begleitet und so stark gestützt wurde, dass sie den Hafen erreichen konnten. Sie waren im Schock, aber auch in großer Dankbarkeit gegenüber den Säugern. Dort geht die Sage um, dass zwei Jahrzehnte zuvor ein alter Fischer viele Delfine aus dem Netz eines Großfischers befreit habe. Die Rettung im Sturm, die vielen Fischerfamilien ihre Männer zurückgab, sei nun der Dank für die gute Tat zuvor, als ganze Delfinfamilien ihre Freiheit wieder geschenkt bekamen. Davon waren viele überzeugt.
„Am Ende meiner Reise in Australien kamen Delfine ganz nah, fast bis zum Strand, es kam mir wie ein kleiner Abschiedsgruß vor", erzählte Piedro und war immer noch tief berührt.

TRAUMREISE: „MIT DELFINEN SCHWIMMEN"

Übungsschwerpunkte und Lernziele:
Vertrauen, Geborgenheit, Schutz, Entdeckung eigener Potenziale, Stärkung von Lebenskompetenzen, Wecken von Neugier, Entdeckerfreude und Wissbegierde, Vertiefung der Wahrnehmung mit allen Sinnen

Material:
Matte, Stuhl, Wolldecke, Literatur oder Gegenstände zum Thema Delfine. (CD-Player und Delfinklänge oder Meeresklänge nach Wahl sind hilfreich, aber nicht unbedingt erforderlich.)

Einführung und Vorbereitung der Traumreise:
Sicherlich kennen Sie und die Kinder weitere Delfin-Begebenheiten, wahre Erzählungen, vielleicht eigene Erfahrungen, Filme oder andere Geschichten, beispielsweise vielleicht auch das Buch „Der träumende Delphin" von Sergio Bambaren, in dem es viele Lebensweisheiten gibt. Zu erforschen, wie Delfine mit ihren Familien leben, welches Sozialverhalten sie haben, Wissen zu Ernährung, Bewegung und vielem mehr zu sammeln – das ist spannend und lehrreich für die Kinder. Es wird sehr gerne angenommen. Wussten Sie schon, dass Delfine immer in einer Gruppe schwimmen – Kinder und Babys in der Mitte innen, drum herum die Eltern und die erfahrenen Großeltern im Schwarm ganz außen?

Ausführung:
Die Reise kann in der Gruppe auf Matten am Boden oder in der Klasse auf Stühlen und mit dem Kopf auf dem Tisch durchgeführt werden.
Folgende Anleitungen können **modifiziert, verkürzt**

oder erweitert werden. Für kleine Kinder (vier bis sechs Jahre) sind kürzere Sequenzen von ca. fünf bis zehn Minuten annehmbarer. Für die Umsetzung bedeutet dies, dass die Reise, in mehrere Sequenzen aufgeteilt und zeitlich gestreckt, immer mal wieder flexibel fortgeführt werden kann. **Ältere Kinder können sich auf 15 Minuten und mehr einlassen.** Gelegentlich schläft ein Kind auch ein und kann dann ganz sanft am Ende der Reise geweckt werden. Letztendlich kommt es auf die Gruppenzusammensetzung an. Sie entscheiden nach Beobachtung, Gefühl und Bedarf. Mütter oder Väter und Kinder als Duo lieben dieses Yoga-Element und kuscheln gerne zu zweit, „eingemummelt" in eine Decke. Optimal ist es, die Reise nach einer gewissen Einübung nicht mehr vorzulesen, sondern frei zu sprechen, Variationen einzuführen und kreativ weiterzuentwickeln.
Alle Kinder liegen zu Beginn auf der Matte oder sitzen entspannt auf dem Stuhl. Die Schnelligkeit des Ablaufs ist abhängig vom Alter der Kinder.

Text zur Ausführung:
Sequenz 1. Das Abenteuer beginnt
Wir fühlen die Füße, Beine, das Gesäß, den Bauch und Rücken, die Arme, Hände und Finger, den Hals und den Kopf. Der Kopf wird ganz leicht, der Körper ganz schwer. Unsere Gedanken lösen sich auf und wir fühlen unser Herz und unseren frei fließenden Atem.

[mehrere Impulse, länger warten, beobachten, fühlen]

Und eins, zwei, drei sind wir nicht mehr in der Kita oder Schule. Wir liegen oder sitzen an einem warmen, weißen Sandstrand mit großen Palmen. **Die Wärme von Sand und Sonne durchströmt uns und wir hören das Rauschen des Meeres unter blauem Himmel.** Da, plötzlich ... ganz in der Ferne, dann stärker hören wir Töne. Und tatsächlich, es sind die **Töne der Delfine**.

[nachahmen oder digital vorspielen]

Sie kommen immer näher und näher zum Strand, eine kleine Familie – Vater, Mutter und Kind. „Komm und reise ein wenig mit uns", sagt der Vater. „Wir zeigen euch ein bisschen vom Leben, vom Leben unter Wasser", meint die Mutter und der Kleine fügt hinzu: **„Ich will dein Freund sein, dein ganzes Leben lang, komm mit mir auf Abenteuer** ... und damit du mich nie mehr vergisst, flüstere ich dir meinen Namen ins Ohr ... Und wenn du mich brauchst, wenn es dir gut geht und du die **Freude mit mir teilen** willst, aber auch wenn du **Angst hast, nicht einschlafen kannst oder schlecht geträumt hast, vor Prüfungen und bei Ärgernissen** ... kannst du mich rufen und dran denken, dass ich da bin für dich, an einem sicheren Ort."

EIN KLEINER TIPP
Während der Geschichte hört oder erhält jedes Kind intuitiv und persönlich den Namen des Delfin-Freundes. Die meisten Kinder sehen den Delfin oder gar mehrere Delfine im Schwarm – so die Erfahrungen der Autorin. Sie haben oftmals ein Bild vor dem inneren Auge oder sie spüren oder riechen ihn (salzig, Meerwasser). Einfach unerklärlich „magic" ... oder logisch ausgedrückt: Ganz einfach den Mut zu haben und auszuprobieren, abwarten zu können, was kommen will, zaubert Schätze hervor – Schätze, die man vorher nicht kennt, nicht vorhersagen oder gar als Lernziel vorgeben kann. Kinder haben es da leichter als Erwachsene.

Sequenz 2: Im tiefen, weiten Meer unterwegs
Und hast du's nicht gesehen, so sitzt du schon auf seinem Rücken und ... plitsch, platsch, flutsch ... schon geht es mit schnellen Bewegungen und kleinen Sprüngen raus aufs Meer. Hui, hui, hui, noch ein paar Sprünge, ein- oder 2-mal Luft holen und schon geht es runter, immer tiefer ins Meereswasser hinein. Du spürst, wie das goldene Sonnenlicht durch die Wasserströmung glitzert und glänzt, du siehst das klare **hellbau-türkis leuchtende Wasser, du riechst den Geruch des Meeres und spürst seine Strömungen**. Je weiter und tiefer ihr kommt, desto blauer und dunkelblauer wird das Wasser. Und leuchtende Fische in allen Farben schwimmen an euch vorbei. *Hui, hui, hui ... ist das schnell und tief,* denkst du gerade noch, als der kleine Delfin mit dir an einer Grotte, fast am Meeresgrund, anhält. „Dies ist mein Versteck, mein Geheimnis, auch Papa und Mama kennen das nicht, sie passen immer sehr gut auf mich auf und behüten mich. Aber hier ist mein Reich. Und schau mal, was du da alles findest." *Na ja,* denkst du noch, *Steine, Schlamm, Meeresgras vielleicht, ein paar Fische und eine Krabbe zudem?*
Doch oh, oh, oh, welch eine Überraschung. Ohhh! Es kommt ganz anders. **Die Grotte funkelt und glitzert in allen Regenbogenfarben, mit Kristallen** darin, einer schöner und tiefer in der Farbe als der andere. Da sagt der kleine Delfin: **„Dieses Geheimnis vertraue ich nur**

dir an, das weißt nur du. Und ich vertraue dir, dass du es niemandem erzählst."

Sequenz 3: Von Delfinen lernen

„Wir Delfine und Wale sind gute Freunde von dir und der Erde. **Zusammen mit unseren großen Brüdern, den Walen, schützen wir das Meer, den Himmel und die Natur.** Und dies nicht nur in Neuseeland, wohin wir gerade gereist sind. Deshalb muss hier in den Weltmeeren alles erhalten werden, wie es ist: frei von Müll, Plastik, Öl und den vielen, auch gedanklichen „Abgasen" der Menschen. Verstehst du das? Dies will ich dich lehren. Und damit du es nicht mehr vergisst, darfst du dir einen **klitzekleinen Kristall** aus der Welt meiner Grotte in deiner Erinnerung mit nach Hause nehmen. Komm und such dir einen aus."
„So weit gereist bin ich in so kurzer Zeit," staunst du, „sooo schön." Und du nimmst einen Kristall in deiner Lieblingsfarbe.
Kia Ora, guten Tag, wie die Maoris in Neuseeland sagen.

[Kind wählt aus]: Dein Kristall, **dein Geheimnis**.

Und gerade wolltest du dich bedanken, da rufen Papa und Mama Delfin: „So, nun ist es genug, wir brauchen Luft und müssen nach Hause. Und du schwimmst schnell zurück zum weißen Strand und zu deinem guten Platz in der Schule/Kita. **Der Adler wird dich nach Hause begleiten. Er kam von Mexiko hierher** und besucht den Vogel Tui, den kleinen Wächter Neuseelands, um mit seinen Adleraugen zu schauen, ob alles in Ordnung ist. Beide Vögel sagen, es gibt Veränderungen in der Welt und wir müssen auch nach Hause, um in der Delfinschule mit Lebensweisheiten zu helfen."

Sequenz 4: Freundschaft trägt
„Bitte vergiss uns und unsere Aufgabe nicht", spricht der kleine Delfin. „Wir bleiben deine Freunde und werden dich immer in Erinnerung behalten. Danke, dass du uns besucht hast."
„**Danke, danke, danke, für die vielen Geschenke, den Mut und das Selbstvertrauen**, das Wissen über die Schönheit der Meere", verabschiedest du dich. „Jetzt gibt's noch schnell einen kleinen Nasenstüber auf neuseeländische Art für meinen Freund, den Delfin", und dann kullern ein paar kleine Tränen bei allen.

Und flugs, eins, zwei, drei, sitzt du auf dem Rücken des Adlers, der dich nach Hause fliegt. Abschied tut weh, **aber dein Herz ist voller Glück**. Und du weißt ja, dein Freund ist immer da für dich – wie Freunde halt so sind.

Sequenz 5: Mit einem Dankeschön im Herzen nach Hause zurück

Du erhebst dich mit dem Adler zur Sonne, unten schimmert das Meer. Der Wind pfeift dir um die Ohren, die Wolken ziehen an dir vorbei und im Nu landest du mit dem Adler auf dem weißen Sandstrand. Noch ganz benommen von den vielen Eindrücken, sagst du auch ihm ein **Dankeschön und ein Ade**.
Du beginnst, dich zu rekeln, zu strecken, Arme und Beine zu bewegen, die Finger zu Fäusten zu machen, die Zehen zu bewegen ... **In deinem Tempo öffnest du die Augen** und kommst ganz langsam, wirklich ganz langsam, wieder hier in der Kita und Schule, auf Matte oder Stuhl an. Dort kannst du noch ruhen, solange du willst, dann öffnest du die Augen und setzt dich auf.

[mehrere Impulse, länger warten, beobachten, fühlen]

Sequenz 6: Wir tauschen unsere Erfahrungen aus

Nach einer Zeit des Ankommens – spürbar durch Beobachtung der Kinder – schließt sich ein freiwilliger Erfahrungsaustausch in der Runde an. Die Kinder sind meist begeistert, erinnern und erzählen gerne: Was war wichtig? Was war das Geschenk? Was habe ich gelernt? Was bedeutet Vertrauen? – Diese und andere unterstützende Fragen helfen, sich zu erinnern, in den Dialog zu gehen, Werte und Stärken zu verinnerlichen und in den Alltag zu integrieren. Auch die Kleinsten können und wollen dies mit leuchtenden Augen.

EIN KLEINER TIPP
Den Kindern zum Schluss kleine, bunte Steine oder Kristalle mitzugeben, hält die innere Erinnerung an den Freund der Kinder, den Delfin, sicherlich auch im Außen wach.

Empowerment und Ermutigung

am Bradberry – Shutterstock.com

MIT DELFINEN ÜBER DIE MEERE STÜRMEN

Übungsschwerpunkte und Lernziele:
Ermöglichung von freiem Spiel, Beweglichkeit und Geschicklichkeit, Wachheit, Einfühlungsvermögen, Imitation und Kreativität, Kooperation und Koordination, Mut, Förderung von Begegnung und sozialem Verhalten

Ausführung:
Die Kinder versetzen sich in die Geschichte „Mit Delfinen schwimmen", die eben vorgestellt wurde, und stürmen mit den Delfinen durch die Weltenmeere. Sie erfinden eigene Geschichten und erleben sich selbst als Delfin: Sie formieren Gruppen und werden zur Delfinfamilie. Papa schwimmt vorn, Mama hinten und immer dran denken: Die Delfinkinder sind geschützt in der Mitte. Die Kinder imitieren die Töne der Delfine und ihre Bewegungen. Mal schwärmt die Gruppe zusammen aus, dann geht ein Delfinkind verloren und muss gesucht und integriert werden.
Mal gibt es einen Hai-Angriff und Vater und Mutter schützen ihre Familie. Mal spielen die kleinen Delfine in Gruppen zu dritt oder viert, tanzen kreativ frei durch den Raum, bilden Kreise und Spiralen, begleitet von tanzenden Armen und runden Bewegungen. Mal springen sie aus dem Wasser und imitieren die Fontäne oder reiten auf einer Welle.

Das Besondere: Alle Kinder sind gefordert, Ideen zu entwickeln, ihrer Fantasie zu folgen, sich die Übungen selbst auszudenken und gemeinsam in der Gruppe umzusetzen – eine Herausforderung auch für Fortgeschrittene.

Anwendung in Kita und Schule:
Auch bei dieser Übung können die Erlebnisse gemalt, geschrieben und ins Tagebuch integriert werden. So kann jedes Kind seine Ideen dokumentieren und bei Bedarf anderen mitteilen.

© GoodFocused – Shutterstock.com

TIERE DER WELT: KINDERYOGA IN KANADA

Übungsschwerpunkte und Lernziele:
Wahrnehmung, differenzierte Beobachtung, Nachahmung der Tierbewegungen, Förderung der Achtsamkeit und Geschicklichkeit, soziale Kompetenz

Text zur Ausführung:
Marian aus Kanada hat Streit mit ihren Freundinnen. *Das muss sich ändern,* denkt sie, Frieden ist ihr besonders wichtig. Sie überlegt, mit welcher Überraschung sie ihre Freundinnen wieder versöhnen könnte. Da hat sie eine wunderbare Idee für ihre Freundinnen: Sie will sie gemeinsam mit einigen Tieren dieser Erde zu ihrem Geburtstag einladen. Marians Mutter ist eingeweiht und schlägt ein Quiz vor, in dem die Gäste bei jedem eingeladenen Tier mindestens drei Merkmale – Eigenschaften oder Fähigkeiten – erraten sollen. Gesagt, getan:
„Hättet ihr's gewusst, ihr Kinder, was … kann?"

- **Hund:** kann bellen, springen, treu sein und wachen
- **Leopard:** kann gewandt und schnell auf Bäume klettern, gut hören, ist aufmerksam
- **Kuh:** kann muhen, langsam dahertrotten, Gras malmen, Milch geben
- **Huhn:** kann gackern, Eier legen und daherstolzieren
- **Katze:** kann mit geschmeidigen Tatzen lautlos schleichen, sich recken und strecken, den Buckel machen
- **Känguru:** kann hüpfen und springen, seine Kinder im Beutel herumtragen, boxen
- **Ente:** kann watscheln, gackern, tauchen und schwimmen
- **Hase:** kann mit langen Ohren mümmeln, hoppeln und rennen
- **Flamingo:** kann auf einem Bein stehen und schlafen, träumen und stolz das rosa Gefieder pflegen
- **Hahn:** kann mit stolzem Kikeriki den Morgen einschreien, aufrecht und stolz die Hennen hüten, sich aufplustern
- **Elefant:** kann mit langem Rüssel die Blätter von den Bäumen rütteln, stampfen, trompeten, bei Trockenheit die Wasserlöcher finden
- **Bär:** kann mit großen Pranken durch die Wälder stapfen, Bienenhonig sammeln und ganz ungemütlich werden
- **Floh:** kann beißen, hüpfen, springen, als unsichtbarer Parasit das Leben verbringen
- **Adler:** kann mit stechenden Augen und weiten Schwingen in die Lüfte steigen, Berge und Meer bezwingen, ist König der Vögel und Schreck der Mäuse
- **Eule:** kann mit weisen Augen jagen, sehen in der Nacht, ist lautlos und wachsam und gibt den Tieren Rat
- **Frosch:** kann hüpfen, in Gewässern schwimmen, mit langer Zunge Herr der Fliegen sein

Kinder lieben Tiere, wissen aber oft wenig über ihre spezifische Lebensart und ihre Körperbewegungen. Nicht selten sieht die Nachahmung eines Hundes ähnlich der einer Katze oder eines Löwen oder Pferdes aus. In dieser in Kanada entdeckten Übung ahmen die Kinder Tiere nach, versetzen sich in ihre Bewegungen, Laute und ihr Verhalten hinein, forschen und lernen über sie und von ihnen. Es gibt **keine fixierten yogischen Stellungen wie im Hatha-Yoga**, sondern **kreative und freie Bewegungsformen**, die möglichst genau Laute, Bewegung und Tagesablauf des Tieres wiedergeben. Die folgenden Anleitungen richten sich an den Pädagogen bzw. die Pädagogin und werden in Sprache, Ausdruck und Tempo den unterschiedlichen Altersgruppen der Kinder angepasst.

Ausführung:
Zunächst suchen sich die Kinder ihr Tier aus, das sie vorstellen möchten, verraten aber nicht, welches es sein wird. Das Tier soll von der Gruppe auf der Basis der Darstellung erraten werden. Die Kinder werden gebeten, **sich in das Tier einzufühlen und einzugewöhnen**, und heben die Hand, wenn sie damit fertig sind. Dann werden sie zu ihrem Lieblingstier und stellen es einzeln der Gruppe vor. Die Gruppe rät. Wer richtig geraten hat, erhält einen Punkt. Nach und nach können **alle Kinder**

in ihr Lieblingstier schlüpfen, so sie es freiwillig wollen. Es ist erstaunlich, welche Tiere aus der ganzen Welt da erscheinen dürfen und imitiert werden. Wer die meisten Punkte hat, hat gewonnen und darf die Übung beim nächsten Mal moderieren.
Alle Kinder können die Übung mitmachen. Sie profitieren vom Zuschauen bei den anderen und ahmen nach. Wenn die Ausführung mal nicht immer so stimmig oder etwas „eigen" ist, so **stehen Freude, Spaß und Lachen, neue Erfahrungen in der Bewegung und sich selbst ausdrücken zu können** im Vordergrund. Der Unterschied zum Hatha-Yoga ist, dass alle Kinder die Übungen im Ausdruck frei gestalten und keine festen Bewegungsabläufe vorgesehen sind. Dies erfordert **Mut, Einfallsreichtum und Selbstführung und steigert die Bewegungsfreude**.
Die langjährige Erfahrung Praktizierender zeigt: Diese Übung lädt gerade dazu ein, dass Kinder, nachdem sie die Tierbewegungen so gut imitieren können, diese auch versprachlichen und verschriften (vor allem ältere Kinder). Es könnten Unterschiede in den Bewegungsabläufen beobachtet und besprochen werden. Der Bezug zu Vielfalt und Diversität liegt nahe.

„IM LAND DER WEISSEN WOLKE"

Übungsschwerpunkte und Lernziele:
Entwicklung von Kraft und Feuer, Mut, Achtsamkeit im Augenblick, Stärkung von Selbstbewusstsein, Empowerment und Standfestigkeit

Material:
„Redestab" (oder anderes Utensil zum Weitergeben)

Ausführung:
Wir tauchen ein in die Weisheit der **Waitaha und Waiomu**, der Indigenen Neuseelands oder, wie sie selbst sagen, aus **„Ao Tea Roa"**, dem Land der langen, weißen Wolke. Die Kraftübung des Feuers hat ihren Ursprung in der Maori-Kultur Neuseelands und wird in der Tradition des **„Grandmothers Healing Haka"** an Kinder und Jugendliche weitergegeben: ausdrucksstark und feurig. Auch diese Übung ist traditionell mündlich überliefert und nicht aufgeschrieben. **Das Erleben des Moments und der eigenen Kraft und Selbstwirksamkeit** steht im Vordergrund. Die folgende Schriftversion lehnt sich daran an.
Die Kinder nehmen die **Haltung eines stolzen und selbstbewussten Maori-Häuptlings** ein. Was bedeutet es, Häuptling zu sein? Welche Kräfte und Stärken begeistern uns? Was möchten wir nachahmen, was aus uns selbst entwickeln? Was ist die besondere Aufgabe des Häuptlings und wann ist er erfolgreich? Diese und andere Fragen helfen bei Einleitung und Vorbereitung durch den Pädagogen bzw. die Pädagogin.
In der folgenden Übung wird der Text vorgetragen wie mündlich überliefert. Die Impulse werden in der Zeitabfolge den Kindern angepasst. Wiederholungen einer

Sequenz sind möglich und zur Verinnerlichung sinnvoll, bevor es zur nächsten Sequenz weitergeht. Die Übung ist erst dann abgeschlossen, wenn alle Sequenzen durchlaufen sind.

Text zur Ausführung:

Sequenz 1: Verankerung

Deine Füße stehen fest verankert auf dem Boden, deine Beine sind angenehm gegrätscht, die Knie sind angewinkelt und sichern dir einen bequemen Stand. Dein Körper ist gerade aufgerichtet, der Blick geht stolz nach vorn. Deine Arme sind auf Brusthöhe und im rechten Winkel vor dem Körper verschränkt (d.h. nicht am Oberkörper angelehnt oder abgelegt). Dabei greift dein rechter Arm mit der Hand an den Ellenbogen des linken Arms und dein linker Arm macht dasselbe und greift an den rechten Ellenbogen. Du bist ein sehr stolzer Maori und fühlst dich auch so.

Sequenz 2: Gruß der Maori

Ihr grätscht die Beine, streckt die Arme seitlich in Hüftbreite gen Himmel und grüßt die Sonne: „Ki-a O-ra, Ki-a O-ra." Dann senkt ihr die Arme und bringt sie angewinkelt zu den Hüften (Hüftstand). Nun beginnt ihr, mit dem rechten Fuß ganz kräftig auf den Boden zu stampfen (8-mal), und ruft mit lauter Stimme: „HI, HA, HI, HA!" Dann stampft ihr ebenso stark mit dem linken Fuß (8-mal). Je öfter ihr dies wiederholt, desto stärker werden euer Ruf, eure Stimme, euer Ausdruck und eure Kraft. Die Augen und die Stimmung in der Gruppe werden feuriger und feuriger.

Sequenz 3: ICH BIN

Auf geht's zum nächsten Schritt: Ihr steht stark wie ein Maorihäuptling und ruft in die Mitte des Raumes. Euer Blick ist dabei Richtung Decke gerichtet und ihr versucht, auch Richtung Decke zu sprechen. Das gibt euch Volumen und Raum. Los geht's. Wir rufen alle zusammen, jeder und jede seinen oder ihren Namen:

- *„ICH bin Robin." [entsprechend Clara, Levi, Tamara ...]*
- *„Ich BIN Robin." [entsprechend Clara, Levi, Tamara ...]*
- *„Ich bin ROBIN." [entsprechend Clara, Levi, Tamara ...]*

[gemeinsame Kraft wird spürbar]

Sequenz 4: Klarheit und Mut

Jetzt wird es herausfordernd für euch. Alle rufen ihren Namen in ihrer Kraft einzeln in den Raum, mit lauter, klarer Stimme, stärker und stärker.

Sei mutig und trau dich. Wer will es wagen und mit dem Redestab anfangen? Spürst du, wie deine Stimme klangvoller und kräftiger wird? Spürst du deine Stärke? Was würdest du anders machen, um noch stärker zu werden? Was willst du einfach mal ausprobieren? Versuche es mehrmals hintereinander. Geh in deine Kraft. Dann gib den Redestab an ein anderes Kind ab und unterstütze in der ganzen Gruppe das nun folgende Kind mit Aufmerksamkeit und Wohlwollen. HI! HA!

Sequenz 5: Kraft und Stärke

Oh, es wird heißer und immer heißer hier, die Temperatur des Feuers steigt. Nun gehst du leicht in die Knie mit festem Stand und patschst kraftvoll auf deine Oberschenkel zu dem Ruf: „HI, HA!" (10-mal.) Abschließend rufen wir nun noch mal alle gemeinsam:

- *„ICH bin ich,*
- *hier bin ich und hier stehe ich,*
- *ICH, HI, HA!"*

Der Ruf wird vom Stampfen des rechten Fußes begleitet und dann wiederholt mit dem linken Fuß. Der Ausruf „HI, HA!" ist im Maori eine Bestätigung der Handlung und Kraft. Ein Feuerwerk an Kraft und Stärke wird das Ergebnis sein. HI, HA!

Glückliche Kinder – eine überlieferte Weisheit

ika – Shutterstock.com

MEINE ZAUBERHÄNDE HELFEN

Übungsschwerpunkte und Lernziele:
Förderung von Körpergefühl und Wahrnehmung, Entspannung, Harmonisierung im Körper

Ausführung:
Jetzt wird's ein wenig mexikanisch, denn zaubern konnten schon die Maya, sagt man von dem indigenen Volk in Mittelamerika bzw. Mexiko. Alle Kinder sitzen mit gerader Wirbelsäule auf einem Stuhl und, wenn möglich, nicht oder nur leicht angelehnt an die Stuhllehne, aber im freien Sitz und mit den Füßen auf dem Boden.

Text zur Ausführung:
Wir fühlen mit dem guten Wind die Füße, Beine, das Gesäß, den Bauch und Rücken, die Arme, Hände und Finger, den Hals und den Kopf. Der Kopf wird ganz leicht, der Körper ganz schwer, unsere Gedanken lösen sich auf und wir fühlen unser Herz und unseren frei fließenden Atem. Die Füße wurzeln tief und fest in der Erde. Die Sonne sendet golden-silberne Strahlen auf die Erde, ein Strahl fließt durch uns hindurch und gibt Halt und Sicherheit. Weitere Sonnenstrahlen hüllen dich ein in einer goldenen, warmen Kugel.

Nun beginnst du, zu zaubern: Du nimmst beide Hände nach vorn vor deinen Körper und beginnst, beide Handflächen aneinanderzureiben – zuerst zart, dann immer stärker. Dies machst du 3-mal hintereinander. Hui, hui, es wird es ganz warm und kribbelnd in deinen Händen, geradezu elektrisch und magnetisch. Kleine Feuerfunken beginnen, zu sprühen und zu funkeln, zauberhaft. Nun bringst du deine Hände zusammen und legst dabei die linke Hand in die rechte Hand.

Dann gehst du den ersten Zauberschritt: Langsam, ganz langsam ziehst (bewegst) du deine Hände auseinander, so langsam, dass der magnetische Zauberstrom zwischen ihnen nicht zusammenfällt und du ihn noch spüren kannst. Dabei sind die Hände leicht gerundet, die Finger etwas gespreizt, die Hände liegen übereinander wie ein „Burger“: die rechte Hand mit Handoberfläche nach oben – dann kommt ein hohler Zwischenraum – oben ist die linke Hand mit der Handoberfläche nach unten. Immer den Spannungsstrom haltend, kannst du die beiden Hände nach rechts oder links, nach oben oder unten ziehen und dehnen. Gehst du mal zu weit und bricht der Zauberstrom auseinander, fängst du einfach noch mal von vorn an, auch kein Problem. Du spürst es, wenn der Zauberstrom verloren geht, weil plötzlich keine Spannung mehr zwischen den Händen und nur noch ein Luftraum zu fühlen ist.

Der zweite Zauberschritt: Mit dem Zauberstrom zwischen deinen Zauberhänden formst du eine kleine magnetische Zauberkugel. Vorsichtig, ja, wirklich ganz vorsichtig legst du diese auf ein Körperteil, um diesem gutzutun: auf den Kopf, in den Nacken, aufs Knie, auf den Bauch, auf dein Herz oder wo es dir gerade gefällt. Dort verweilst du mit den Händen/der magnetischen Kugel ein wenig und spürst nach, was passiert. Danach wiederholst du die Zauberübung 3-mal, mit verschiedenen oder denselben Körperteilen, das entscheidest du.

[Größere Kinder denken beim Hinlegen der Zauberkugel: Ich fühle die Sonne und ihr goldenes Licht. Ich grüße die Sonne, ich nehme sie auf, schenke sie in mein Herz, in meinen Bauch, auf mein Knie ... und gebe sie weiter.*]*

Und nun schau du einmal: Was passiert bei dir? Neugierig? Dann probier's einfach mal aus. Und wenn du dir sicher bist, kannst du diesen wunderbaren Zauber an deine Geschwister, Freunde, Freundinnen und Eltern weitergeben. Viel Spaß dabei.

Was geschieht? Manche Kinder berichten, dass sie mit der Zauberkugel ihr Bauchweh und die Kopfschmerzen wegzaubern, neue Ideen haben und ganz wach werden. Andere fühlen sich ruhiger, müde, entspannter. Andere wiederum sind konzentrierter. Und einige nehmen sie mit ins Bett, um besser einschlafen und ruhiger schlafen zu können.

EIN KLEINER TIPP

Kinder schauen oder hören ausführlichen Beschreibungen nicht lange zu. Sie lieben es, gleich mitzumachen, und ahmen die Kugel nach, wie von dem Pädagogen oder der Pädagogin vorgemacht. Spaß macht's, wenn's zügig geht. Bleibt noch die Frage, und dies nicht nur für Sachunterricht, Mathe, Deutsch und Kunst: Wer kann was zu Mexiko berichten? Eine kleine Hausaufgabe für die Kinder und hier auch für Mama und Papa, nicht wahr?

© Mihai_Andritoiu – Shutterstc

ZU ALLEN JAHRESZEITEN IM NATURPARADIES

Übungsschwerpunkte und Lernziele:
Erspüren und Erfahren der Natur, erspüren mit allen Sinnen, Ruhe und Stille, Achtsamkeit

Ausführung – Teil 1:
Heute sind wir in der Natur: auf der Wiese, im Wald, auf dem Feld oder im Garten. Überall duften Kräuter, Blumen, Gräser und Bäume. Alle Kinder sind eingeladen, **achtsam spazieren zu gehen**, und werden gebeten, auf ihrem Weg ganz sorgsam die Pflanzen und Bäume anzuschauen, denen sie begegnen, und schließlich fünf verschiedene Dinge aus der Natur zu sammeln und zurückzubringen: herabgefallene Blätter, Kräuter, kleine Zweige, Früchte, Knollen, Steine usw.

Text zur Ausführung:
Achtsam zu sein, heißt: Wir nähern uns langsam, ganz behutsam und still den Pflanzen. Wir konzentrieren uns auf das eigene Gehen, die Füße und unsere Schritte. Wir plaudern nicht munter drauflos, sondern richten unsere Aufmerksamkeit ganz darauf, was wir in der Natur sehen und erspüren können. Da krabbelt ein kleiner Käfer, da fliegt ein Schmetterling vor uns her, da rauscht ein Baum, da schlängelt eine Blindschleiche am Wegesrand, da ruft eine Ente, da summt eine Biene, da fällt ein Blatt ...
Nur für Fortgeschrittene? Nein, aber eine wirkliche Herausforderung, die auch Erwachsenen nicht immer sofort gelingt. Sei deshalb mutig und bleibe dabei. Mit einem kleinen Ziel zu beginnen, reicht aus und verändert schon deine Stimmung. Du könntest dich z.B. beim Gehen achtsam auf deine Schritte konzentrieren. „Wenn ich

gehe, dann gehe ich." Oder du könntest dir vornehmen, einfach nur mal still zu sein und der Stille zuzuhören. „Wenn ich höre, dann lausche ich. Wenn ich rieche, dann rieche ich." Wie lautet das Sprichwort: Früh übt sich, wer ein Meister werden will. Viel Freude dabei.

Ausführung – Teil 2:
Nach ihrer Rückkehr vom Spaziergang gehen die Kinder paarweise oder zu dritt zusammen und beginnen, mit ihren Zauberhänden die mitgebrachten Naturelemente mit allen Sinnen zu erforschen: zu riechen, zu schmecken, zu fühlen und zu tasten, aber auch anzuschauen und zu hören. Zur Vorbereitung der Zauberhände wird die Übung **„Meine Zauberhände helfen …"** (Seite 129) erinnert und wiederholt.
Mit den Zauberhänden und allen Sinnen erforschen die Kinder unterschiedliche Blätter, Samen, Steine und alle Mitbringsel auf ihre Beschaffenheit: hart, weich, kratzend, prickelnd oder … (Oberfläche); duftend, stinkend, neutral oder … (Geruch); gezackt, rund, glänzend, behaart, geschliffen, rau, kantig oder … (Form); bunt, einfarbig, schattiert oder … (Farbgebung und Farbnuancen); salzig, süß, bitter, neutral oder … (Geschmack). Vorsicht beim Schmecken: Dies darf nur unter Aufsicht der pädagogischen Fachkraft geschehen, denn nicht alles darf probiert werden.
Dann tauschen die Kinder die gesammelten Naturelemente miteinander aus: „Wie fühlen sich das Blatt, die Blüte, der Ast … an deiner Wange an? Wie spürst du sie auf der Hand, am Bein? Was hast du gerochen oder gespürt? Hast du dieselbe Wahrnehmung wie ich? Oder gibt es andere Meinungen?" Dies und viel mehr erfahren die Kinder im Dialog untereinander und im anschließenden Austausch in der Gruppe. Je spielerischer, freier und leichter die Wahrnehmungsübung erlebt wird, desto begeisterter wird sie von den Kindern immer wieder aufgegriffen und eingefordert.
Die Übung lässt sich in Kita und Grundschule mit einer Vielfalt von Sachthemen und Projekten verbinden, die auf erfahrungsbasiertem Lernen beruhen.

„MEIN FREUND, DER KOPF"

Übungsschwerpunkte und Lernziele:
Entspannung und Zur-Ruhe-Kommen, Konzentration und Achtsamkeit, einfach sein

Material:
Stuhl, Tisch, kleine Glocke oder anderes Klanginstrument

Ausführung:
Die Kinder sitzen auf Stühlen vor einem Tisch/der Schulbank.

Text zur Ausführung:
Viel gelernt, der Kopf raucht, die Sinne tanzen unkontrolliert und vor den Augen flimmert es? Höchste Zeit für deinen Freund, den Kopf, sich eine Auszeit nehmen zu dürfen. Raus aus dem Denkkarussell:
Du sitzt auf dem Stuhl aufrecht und dein Rücken ist leicht angelehnt. Zunächst stützt du deine Ellenbogen auf den Tisch, deine Arme sind angewinkelt und du schaust in deine geöffneten Hände. Schau mal, wie schön deine Hände sind, wie sie sich anfühlen, wie sie aussehen, die feinen Glieder, Linien und Furchen. Deine Hände sind täglich für dich da. Nun legst du beide Hände zusammen, dabei berühren sich die Außenkanten der Handflächen. Deine Finger sind gelockert, die Daumen stehen seitlich ab. Schau, es entsteht eine kleine, runde Schale.
In diese Schale legst du jetzt deinen Kopf: Du kannst ihn einfach loslassen, deine Hände tragen ihn. Deine Daumen wandern zu deinen Ohren und geben dem Kopf in der Schale Halt. Ganz wichtig: Damit du wirklich entspannen kannst, bewegt sich dein Kopf zu der Schale,

es bewegen sich nicht die Hände zum Kopf. Nun verweile ein wenig mit offenen oder geschlossenen Augen in deinen Händen, bis die kleine Glocke erklingt.

[nach ca. 3 Minuten]

Dann verabschiedet sich dein Kopf von deinen Händen, du legst Arme und Kopf locker auf den Tisch. Dein Oberkörper ist nach vorn gebeugt und du ruhst dich ein wenig aus.

Wenn die kleine Glocke wieder erklingt,

[nach ca. 2 Minuten]

kommst du zur Ausgangshaltung auf dem Stuhl zurück, dehnst und streckst dich, gähnst vielleicht ein wenig und startest frisch in den weiteren Tag, wo immer du auch bist: In der Schule, zu Hause, in den Ferien ... es ist ein Lächeln auf deinem Gesicht.

Vertiefungsoption:
Sei stürmisch und frech: Schneide kleine Grimassen, kaue ein imaginäres Riesenkaugummi, lächele in den Spiegel deiner Hände, strecke die Zunge raus, rolle mit den Augen, klopfe mit den Fingerkuppen auf Stirn, Wangen, Nase, Kinn, knete und wecke ein wenig deine Ohren auf oder ... werde einfach erfinderisch. Du kannst das.

Glückliche Hände: Jin Shin Jyutsu, die Kunst des Glücklichseins

Nun lernen Sie eine einfache und kraftvolle Harmonisierungskunst kennen, die die Kinder fast in allen Lebenslagen anwenden können, um sich selbst immer wieder zu entspannen und neu zu stärken: **Jin Shin Jyutsu – die Kunst des Schöpfers für den mitfühlenden Menschen.** „Jin Shin Jyutsu" ist japanisch, heißt wörtlich übersetzt „Mensch – Schöpfer – Kunst" und ist eine wunderbare Möglichkeit, die Lebensenergie wieder in Harmonie zu bringen. Man erzählt sich, dass diese **Kunst ursprünglich eine uralte Selbstheilungsmethode** war, die schon vor Hunderten von Jahren überall auf der Welt verbreitet war und mündlich weiterüberliefert wurde, bis sie irgendwann in Vergessenheit geraten ist. Der Japaner Jiro Murai hat dieses Wissen Anfang des 20. Jahrhunderts wiederentdeckt, erforscht, aufgeschrieben und den Menschen über seine beiden Schüler Kato Sensei und Mary Burmeister wieder zugänglich gemacht. Und nun verbreitet es sich wieder neu über die ganze Welt – unter dem Namen „Jin Shin Jyutsu" oder auch **„japanisches Heilströmen"**.

Man sagt aber auch, dass es sogar ein dem Menschen **angeborenes Wissen ist, das jeder Mensch in sich trägt und immer wieder intuitiv anwendet**. Kinder in der Schule z. B. sitzen öfter auf ihren Händen. Dabei berühren sie automatisch Energiezentren an den Sitzhöckern, die bewirken, dass sie sich besser konzentrieren können, und die auch die Merkfähigkeit stärken. Auch legen wir öfter beim Nachdenken die Hand an die Stirn, was das Gedächtnis aktiviert und den Geist wach macht. Babys, die am Daumen nuckeln, nehmen automatisch Einfluss auf ihre Magen-/Milzenergie, die z. B. für die Haut und die Verdauung zuständig ist und die beruhigt und entspannt. Wenn wir die Arme verschränken, berühren wir einen Punkt in der Ellenbeuge oder auch an der Innenseite der Oberarme, der uns hilft, in unserer Mitte zu sein, und der uns Klarheit und Vertrauen gibt. Menschen, die aufgeregt sind, halten sich oft ihr Handgelenk. Wir legen immer wieder ganz unbewusst unsere Hände auf bestimmte Punkte am Körper und harmonisieren uns dadurch selbst.

Jin Shin Jyutsu ist ein **angeborenes Wissen, das in uns schlummert, und wir müssen es einfach wieder neu entdecken**. Umgangssprachlich wird Jin Shin Jyutsu schlicht „Strömen" genannt, weil man beim Auflegen der Hände auf die verschiedenen Energiezentren oder beim einfachen Halten der Finger regelrecht spüren kann, wie die Energie wieder kraftvoller durch den Körper strömt. **Strömen kann man immer und überall und wir brauchen nichts weiter dazu als unsere Hände.**

Mit einfachen **Strömübungen**, die Tina Stümpfig für Sie und euch diesem Buch sehr gerne zur Verfügung gestellt hat, können wir die **Kinder begleiten** und dabei unterstützen, wieder zur Ruhe zu kommen, Spannungen und Stress zu lösen, auch körperliche Beschwerden zu lindern und mit Emotionen wie Wut, Ärger, Traurigkeit und Ängsten gut umzugehen.

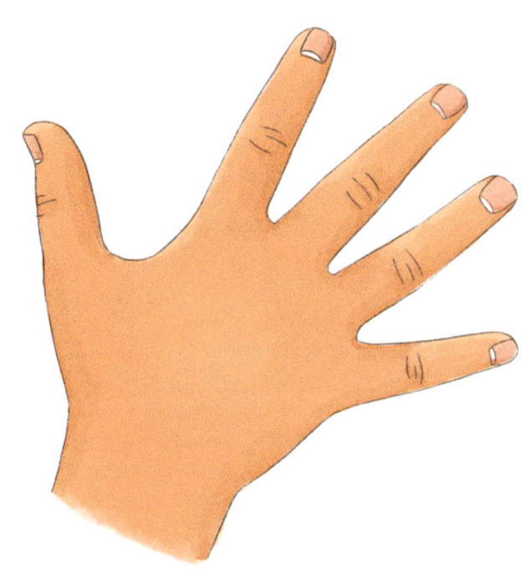

© wk1003mike – Shutterstock.com

FINGER HALTEN

Übungsschwerpunkte und Lernziele:
Zur-Ruhe-Kommen, Stressabbau, Linderung von Beschwerden, Umgang mit schwierigen Gefühlen

Ausführung:
Die Übungen können überall praktiziert werden, im Sitzen, Stehen und Liegen.

Text zur Ausführung:
Die einfachste Strömübung ist das Halten der Finger. In den Fingern verlaufen verschiedene Energieströme, die eine Verbindung haben zu unserem Denken, zu den Gefühlen und auch zu den einzelnen Organen und anderen Körperbereichen. **Jeder Finger ist einem bestimmten Gefühl zugeordnet.**
Der Daumen steht für Sorge. Wenn du dir schnell Sorgen machst, halte immer wieder deinen Daumen, der Zeigefinger harmonisiert Ängste, der Mittelfinger Wut und Ärger, der Ringfinger hilft dir, wenn du traurig bist, und der kleine Finger steht für Anstrengung und Bemühung. Er unterstützt dich, loszulassen und einfach du selbst zu sein.
Halten: Halte jeden Finger (zunächst der einen, dann der anderen Hand) so lange, bis du ein gleichmäßiges Strömen oder Pulsieren spürst – oder einfach so lange, wie es dir guttut.

Meinen Daumen halten hilft mir,
- *wenn ich mir Sorgen mache,*
- *wenn ich Kummer habe,*
- *wenn ich mich allein fühle,*
- *wenn ich schlimme Träume habe,*
- *wenn ich schüchtern bin,*
- *wenn ich Bauchschmerzen habe,*
- *wenn mein Hals wehtut.*

Meinen Zeigefinger halten hilft mir,
- *wenn ich Angst habe,*
- *wenn ich mich unsicher fühle,*
- *wenn ich mutig sein will,*
- *wenn mir etwas wehtut,*
- *wenn ich es öfter nicht rechtzeitig zur Toilette schaffe.*

Meinen Mittelfinger halten hilft mir,
- *wenn ich wütend bin,*
- *wenn ich mich ärgere,*
- *wenn ich alles bestimmen will,*
- *wenn andere gemein zu mir sind,*
- *wenn mein Knie wehtut.*

Meinen Ringfinger halten hilft mir,
- *wenn ich traurig bin,*
- *wenn ich viel weinen muss,*
- *wenn meine Stimme so leise ist, dass die anderen mich nicht verstehen,*
- *wenn ich mit dem Atmen Schwierigkeiten habe,*
- *wenn ich schnell außer Puste bin.*

Meinen kleinen Finger halten hilft mir,
- *mich zu freuen und zu lachen,*
- *wenn ich alles anstrengend finde,*
- *mich besser zu konzentrieren,*
- *wenn ich vergesslich bin,*
- *wenn ich abends nicht gut einschlafen kann,*
- *wenn meine Ohren wehtun.*

Schnelle Hilfe bei …	So wird die Übung ausgeführt
Angst  	• Unser „Angstfinger" ist der Zeigefinger. Du kannst ihn entweder einfach halten oder, wenn du nur eine Hand frei hast (zum Beispiel während einer Klassenarbeit), kannst du auch mit der freien Hand einen Ring zwischen Daumen und Zeigefinger formen. • Oder du hältst zwei Energiezentren, wenn dir etwas Angst macht: Lege einfach eine Hand in den Nacken und die andere Hand auf das Steißbein (setze dich einfach auf die Hand).

Schnelle Hilfe bei …	So wird die Übung ausgeführt
Ärger 	• Wenn du dich ärgerst oder wütend bist, kannst du einfach den Mittelfinger halten. • Oder lege deine Hände überkreuz auf den Bauch unterhalb der letzten Rippen.

Schnelle Hilfe bei ...	So wird die Übung ausgeführt
Albträumen 	• Wenn du nachts nicht gut schlafen kannst und schlimme Träume hast, halte abends im Bett einfach deinen Zeigefinger und dann deinen kleinen Finger. • Oder lege die eine Hand in die Ellenbeuge, die andere Hand auf den Bauch unter den letzten Rippenbogen (egal welche Körperseite).

Schnelle Hilfe bei ...	So wird die Übung ausgeführt
Bauchschmerzen 	• Wenn du Bauchschmerzen hast, halte die Innenseiten deiner Knie überkreuz. • Oder lege beide Hände überkreuz auf den Bauch.

Schnelle Hilfe bei …	So wird die Übung ausgeführt
Kopfschmerzen 	• Wenn dein Kopf wehtut, halte die Innenseite und die Außenseite deiner Fersen. Entweder nimmst du einfach in jede Hand eine Ferse oder du legst eine Hand an die Innenseite einer Ferse und die andere Hand an die Außenseite. Das ist sozusagen der Ström-Schmerzgriff. • Wenn dir das zu anstrengend ist, halte die Innenseite deiner Knie überkreuz (siehe Seite 136).

Schnelle Hilfe bei …	So wird die Übung ausgeführt
Lern- und Konzentrations-schwierigkeiten 	• Wenn es dir schwerfällt, dich zu konzentrieren, oder wenn du dir Sachen nicht gut merken kannst, setze dich immer wieder auf deine Hände. • Oder lege eine Hand auf die Stirn und die andere Hand in den Nacken.

Schnelle Hilfe bei …	So wird die Übung ausgeführt
Neuanfängen 	Neuanfänge (z. B. eine neue Schule, eine neue Klasse) sind meistens sehr aufregend. Um dich zu beruhigen und gelassen zu bleiben, lege einfach eine Hand in den Nacken und die andere Hand vorn auf die Brust (auf die Mitte des Brustbeines).

Schnelle Hilfe bei …	So wird die Übung ausgeführt
Stress 	Wenn du dich gestresst fühlst, halte einfach dein Handgelenk.

Schnelle Hilfe bei …	So wird die Übung ausgeführt
Traurigkeit 	• Wenn du traurig bist, halte deinen Ringfinger. • Oder lege eine Hand unter das Schlüsselbein und die andere Hand in die Leiste auf derselben Körperseite.

Schnelle Hilfe bei …	So wird die Übung ausgeführt
Unruhe 	Wenn du aufgeregt bist, halte dir, um dich wieder zu beruhigen, dein Handgelenk oder halte den Daumenballen.

4. Ausblick: Wunderschöne Yoga-Sequenzen für Kinder im Kita- und Schulalltag

Noch mehr Übungen?!

Huch – noch mehr Angebote?, denken Sie vielleicht. *Wie soll ich dies alles mit den Kindern umsetzen? Mir schwirrt der Kopf, ich weiß nichts oder bisher wenig über Kinderyoga. Reichen die Anleitungen oder muss ich eine Yoga-Ausbildung machen? Was kombiniere ich womit?*
Die Antwort ist einfach und entspannend: Wenn sich die Gelegenheit ergibt, ist der Besuch einer Qualifizierung immer zu empfehlen. Wir trauen und muten Ihnen jedoch gerne zu, je nach Bedarf und beobachteter Situation Ihre eigenen Sequenzen aus der Vielfalt der Angebote zusammenzustellen und langsam – oder schneller – in Ihrem ureigenen Tempo in die Umsetzung hineinzuwachsen. Die Kinder werden Ihnen dabei helfen. Sie entwickeln Übungen aus sich selbst und ihrer Wahrnehmung heraus und handeln immer aus der Kinderperspektive, die uns Erwachsene zum Nachahmen einlädt. Auf diese Kinderperspektive kommt es an. Vertrauen Sie darauf.

Im letzten Kapitel des Buches möchten wir Ihnen nun zeigen, wie Pädagog*innen in der Praxis saarländischer Kindertagesstätten und Schulen Yoga für Kinder im Kita-Alltag und im Unterricht der Schule mit konkreten Sequenzen eingeführt haben. Und natürlich werden Sie ebenso sehen, wie sie diese mit viel Spaß, Leichtigkeit und eigenen Ideen kreativ und strukturiert „ganz neu und frisch" entwickelt haben. Der Zielgruppe angepasst, werden Lernziele, Materialien, Yoga-Elemente und Übungen zusammengeführt. Und schon geht es los mit allen Modulen, die Sie in diesem Buch kennengelernt haben. Körperübungen werden in Kombination mit Begrüßungsritualen, Bewegungs- und Fantasiegeschichten, Traumreisen und Entspannungselementen, Klängen, Massagen und kleinen Sprechversen besonders gerne angenommen.

Die Übungssequenzen verdeutlichen, wie vielfältig und effektiv die Möglichkeiten sind, Kindern wertvolle und wohltuende Impulse und Einsichten spielerisch zu vermitteln. Mit wenigen Asanas gezielt zu beginnen und diese zu verinnerlichen, ist ein wunderbarer Weg, Schritt für Schritt. Haben Sie Mut und fangen Sie an – Ihrer Kreativität und Fantasie sind keine Grenzen gesetzt.

Die Kinder sind begeistert und lernen mit Freude und „so ganz nebenbei". Sie wissen sich in Tiere, Pflanzen und Himmelskörper hineinzuversetzen, sie zu spüren und zu erfahren. Sie werden zum Adler, zur Muschel, zum Mond ... und entwickeln rasch eine große Offenheit für die Vielfalt des Lebens.

Zum guten Schluss ein Wort in eigener Sache: Uns Ausbildnerinnen und Autorinnen wird immer ganz warm ums Herz, wenn wir die unglaublichen und unerwarteten Entwicklungen der Kinder in kurzer Zeit anschauen dürfen. Geht es Ihnen nicht auch so? Wir drücken Ihnen die Daumen.

Kinderyoga-Sequenzen für Kita und Grundschule

© djgis – Shuttersto

Sequenz „Im Wald – was ist denn da?"

von Nicole Wein und Verena Adam

Zielgruppe:
Die Sequenz ist altersentsprechend mehr oder weniger intensiv und zeitlich gedehnt einsetzbar. Besonders spannend ist es für Kinder am Übergang von der Kita zur Grundschule, den Wald gemeinsam zu erleben.

Übungsschwerpunkte und Lernziele:
Heranführung an das Thema „Wald", Sensibilisierung der Sinne, „Sehen, Riechen, Fühlen", Zur-Ruhe-Kommen, Entwicklung von Konzentration und Achtsamkeit, Anregung von Intuition, Sich-Einlassen und Selbstverwirklichung über die Bildkraft

Material:
- Baumrindenmeditation und Waldgeschichte: grüne Chiffontücher, 10 Baumrindenstücke

- Waldmandala: Korb mit Gegenständen aus dem Wald, grüne Chiffontücher, Musik zum Thema Wald

Übungselemente:
- *Übungen:* Sonne, Blume, Biene, Himmel, Baum, kleiner Vogel, Maus, Hase, Schmetterling, großer Vogel
- Geschichte, Mandala

1. Baumrinden-Meditation

Ausführung:
Alle Kinder sitzen im Kreis, in der Mitte liegen die Baumrindenstücke. Nacheinander sucht sich jedes Kind ein Baumrindenstück aus und lauscht der Meditation.

Text zur Ausführung:
Wir sind im Wald, spüren den Wald und die Bäume, riechen die Pflanzen und lassen uns ganz darauf ein. Lege die Baumrinde in deine Hand. Sieh dir das Stück Rinde genau an. Woran musst du denken? Woran erinnert die Rinde dich? Betrachte sie von allen Seiten. Wie sieht die Oberfläche aus? Welches Muster hat sie? Schließe dann deine Augen und lasse deine Hände über das Stück Baumrinde gleiten. Wie fühlt es sich an? Ist es rau? Oder eher glatt? Ist es hart oder kann man die Rinde an manchen Stellen leicht eindrücken? Führe die Rinde an deine Nase und rieche daran. Was riechst du? Woran erinnert dich der Geruch? Führe deine Gedanken wieder zurück in den Raum. Öffne deine Augen.
Lege das Stück Rinde vor dich auf den Boden. Erzähle uns von deinen Gedanken. Woran hat dich das Stück Rinde erinnert? Was ist dir beim genauen Betrachten aufgefallen?

2. Waldgeschichte

Ausführung:
Nachdem die Kinder sich dem Thema Wald angenähert haben, lauschen sie der Waldgeschichte, die mit vielen Yoga-Übungen angereichert ist. Diese Übungen ahmen sie nach der Geschichte nach. Hierzu kann die Geschichte mehrmals vorgelesen und die Übungen zeitgleich ausgeführt werden.

Text zur Ausführung:
Es ist ein heißer Sommertag. Die **Sonne** leuchtet hell. Wir gehen hinaus in den Garten und betrachten die **Blumen**. Sie leuchten in vielen bunten Farben. Da kommt eine **Biene** angeflogen. Sie ist auf der Suche nach dem süßen Nektar und lässt sich ganz in der Nähe auf einem Blütenblatt nieder.
Als am Mittag die **Sonne** ganz hoch am **Himmel** steht und es unerträglich heiß wird, beschließen wir, in den nahe gelegenen Wald zu spazieren. Dort genießen wir die angenehme Kühle. Im Schatten eines großen **Baumes** setzen wir uns hin und lauschen den Geräuschen des Waldes. Einige kleine **Waldvögel** zwitschern in hellen Tönen wild durcheinander. Wir suchen sie in den Wipfeln der **Bäume**.
Auf einmal hören wir ein leises Rascheln und schauen auf den Boden. Eine kleine **Maus** schaut neugierig aus dem Mauseloch heraus. Ein grünes Blatt schwebt langsam zu Boden und landet vor dem Mauseloch. Erschrocken huscht das kleine Tier davon. Wir schlendern leise weiter, in der Hoffnung noch mehrere Bewohner des Waldes zu entdecken. Ein leises Knacken lässt uns aufhorchen. In diesem Moment springt ein **Häschen** vor uns über den Waldweg. Erstaunt stellen wir fest, wie schnell und wendig das Tier sich bewegt. Wir gehen weiter und kommen an eine kleine Lichtung. Sonnenstrahlen fallen durch die Äste. Ein schöner **Schmetterling** ist auf der Suche nach Nektar und flattert im hellen Sonnenlicht. Da bemerken wir einen Schatten am **Himmel** und schauen nach oben. Ein großer **Vogel** lässt sich auf einem Ast hoch oben in der Baumkrone nieder. Wir bewundern sein schönes Federkleid. Als er auffliegt, wollen wir ihm folgen. Wir laufen zwischen den Baumstämmen hindurch, springen über kleine Äste und lassen den Wald hinter uns. Wir gehen nach Hause in unseren Garten und erzählen von den schönen Erlebnissen im Wald.

3. Waldmandala legen

Ausführung:
Die Kinder suchen sich nacheinander einen Gegenstand aus dem Korb aus und legen ihr Mandala, das sie im Anschluss allen Kindern der Gruppe vorstellen. Sie sprechen über ihre Ideen dazu und gehen in den Dialog.

© Praew stock – Shutterstock.com

Sequenz „Der kleine Frosch kommt in die Schule“

von Tatjana König und Karina Greveldinger

Zielgruppe:
Eingeladen sind insbesondere Schulneulinge/Vorschüler*innen am Ende des Kooperationsjahres sowie Erstklässler*innen am ersten Schultag/in der ersten Schulwoche. Motiviert und kraftvoll wird die Transition vom Kindergarten in die Grundschule gestärkt.

Übungsschwerpunkte und Lernziele:
Sprachförderung in Verbindung von Geschichte, Bewegung und Gespräch, Anregung von Motivation, Kraft und Mut, sozialem Miteinander, Stabilisierung von Atmung und Gleichgewicht (Dehnung und Streckung, Aufrichtung der Wirbelsäule und des Beckens, Beruhigung des Nervensystems)

Material:
- Deko-Lotosblume, blaue Tücher, Deko-Schmetterling und kleiner Frosch, kleines „Schulmodell“
- „Zauberstein“ für jedes Kind (z. B. Glassteine), zarte und gleichzeitig belebende Musik, Kerze und Feuerzeug, Klangschale oder Klanginstrument
- CD-Player o. Ä.

Übungselemente:
- Gespräch, Zuhören und Verstehen
- *Übungen:* Frosch, Schule/Haus, Schmetterling, Sonne, Lotosblume, Held
- Massage, Geschichte, Bewegungsreim

1. Geschichte als Bewegungsreim

Ausführung:
Die Kinder sind in einem aufrechten Sitz ihrer Wahl mit geradem Rücken. Sie werden gebeten, Mund und Augen zu schließen und die Ohren bewusst zu öffnen, um genau hinhören zu können und bei sich selbst anzukommen. Sobald der Klang der Klangschale erklingt, öffnen die Kinder die Augen wieder und kommen bewusst wieder im Raum an. „Namaste! Schön, dass ihr da seid“, sagt der Pädagoge bzw. die Pädagogin und beginnt, vom kleinen Frosch in der Schule zu erzählen. Als Bewegungsreim formuliert, werden die Kinder anschließend eingeladen, den Reim in Bewegungsübungen so genau wie möglich umzusetzen.

Text zur Ausführung:

Der kleine Frosch kommt in die Schule
Der kleine **Frosch** ist aufgeregt.
Er weiß nicht, wohin die Reise geht.
Kein Kindergartenfrosch, ein Schulfrosch soll er sein.
Jetzt ist er groß und nicht mehr klein.
Schule! – Das ist ein großes Wort.
Was erwartet ihn wohl an diesem Ort?
Da sieht er einen **Schmetterling**
und fragt:
„Die Schule, was ist das für ein Ding?“
„Die Schule ist ein toller Ort.
Lernen und wachsen kannst du dort.“
Und schwups ... ist er auch schon wieder fort.
Der **Frosch** freut sich sehr, die **Sonne** lacht.
Doch es gibt etwas, das ihm Sorgen macht.

[Kurze Sprechpause: Hier ist kurz Raum für Gedanken der Kinder, die anschließend vertieft werden.]

Das sieht eine **Lotosblume**, die im Wasser vorüberzieht.
Sie fragt: „Warum bist du so betrübt?“
Der **Frosch** erzählt, die **Lotosblume** versteht.
Sie öffnet ihre Blüte und erklärt, wie es geht.
„Diese Steine geben dir Mut, Kraft und Selbstvertrauen.
Wenn du an dir zweifelst, kannst du auf sie bauen.
Wenn du den Stein festhältst und fest an dich glaubst,
dann ist alles möglich, wenn du dich nur traust!
In dir, **Held**, steckt so viel Neugier, Wissen und Kraft.
Denke immer daran, dann ist schon vieles geschafft!
So viele Wunder liegen für dich bereit.
Geh los! Es ist DEINE Zeit!“

2. Massage

Ausführung:
Jedes Kind darf sich (nacheinander, still) einen der „Zaubersteine“ nehmen, die unter der Lotosblüte zum Vorschein kamen. Es soll eine geheimnisvolle, zauberhafte Atmosphäre entstehen. Die Massage wird mithilfe des Zaubersteines angeleitet.

- Die Kinder nehmen eine bequeme Sitzposition ein. Sie nehmen den Zauberstein locker in die Hand.
- Dabei erklingt eine zarte, zauberhafte, belebende Musik und leitet die Kinder an, sich zum Klang der Musik mithilfe des Zaubersteines sanft zu massieren. Die Massage hilft den Kindern, sich selbst zu verwöhnen und Kraft zu sammeln für das vor ihnen liegende Schuljahr. Sie wird mit kurzen Impulsen als Partnermassage, Handmassage oder auch als Massage individueller Punkte angeleitet.

3. Im Gespräch

Ausführung:
Nach der Massage werden die Kinder eingeladen, ihre Gefühle zum Schulanfang im Kreisgespräch zu äußern. Nach den individuellen Bedürfnissen jedes einzelnen Kindes werden Impulsfragen gestellt: Wie fühlt sich dein Körper an? Wie hast du dich am ersten Schultag gefühlt? Wie geht es dir jetzt? – Das wären mögliche Einstiegsfragen. Wichtig ist dabei für die Kinder: Ich kann antworten, aber ich muss nicht. Ich bin als Kind frei in der Entscheidung.
Zum Abschluss erhalten die Kinder den Zauberstein als Geschenk, der ihnen Kraft und Mut geben kann, wenn sie sich ängstlich fühlen, und löschen die Kerze in einem Abschlussritual.

4. Abschlussritual

Text zur Ausführung:
Wir wünschen uns gute Gedanken, nette Wörter, herzwarmes Gefühl, viel Mut und Kraft; „Namaste“. Wir schicken unser Licht in die Welt, wir schicken unser Licht überall dorthin, wo es gebraucht wird.

Ausführung:
Die Kerze wird nun gemeinsam ausgeblasen.

© Asmiana – Shutterstock.com

Sequenz „Das Einhorn macht sich auf die Suche“

von Christine Spaniol und Alexandra Eisemann

Zielgruppe:
Die Sequenz ist besonders geeignet für Kinder der 3. und 4. Grundschulklasse, kann aber auch schon früher eingesetzt werden. Auch als Abschiedssequenz beim Klassenwechsel ist sie bewährt.

Übungsschwerpunkte und Lernziele:
Förderung von sprachlicher und sozialer Kompetenz, Ermutigung, Freundschaft, Durchhaltevermögen, Motivation, Zielerreichung, Anregung von Empowerment und Selbstreflexion

Material:
- Bildkarte mit einem Einhorn, blickdichtes Tuch, Yoga-Karten (s. S. 24 ff.), sanfte Hintergrundmusik
- Perlen für jedes Kind, die als Wunsch-Trost-Mut-Perlen verwendet werden

Übungselemente:
- Übungen: Sonne, Vollmond, Stern, Hund, Katze, Biene, Löwe, Vogel
- Bewegungsgeschichte, Massage-Elemente, Dialog

1. Bewegungsgeschichte

Ausführung:
Eine Einhorn-Bildkarte liegt, von einem Tuch verdeckt, in der Mitte des Kreises. Rundherum kreisförmig angeordnet sind die Yoga-Karten (s. S. 24 ff.) Sonne, Vollmond,

Stern, Hund, Katze, Biene, Löwe und Vogel. Leise Musik spielt im Hintergrund.
„Guten Morgen, Namaste", begrüßt der Pädagoge bzw. die Pädagogin. „Die Übungen aus dem Kreis sind euch gut bekannt. Wer möchte schauen, was sich in der Mitte verbirgt?" Die Kinder schauen, forschen und entdecken tatsächlich ein Einhorn in der Mitte unter dem Tuch. „Kennt ihr die Einhorn-Übung? Mehr über diese erfahren wir heute in einer Bewegungsgeschichte."

Text zur Ausführung:
In einem fernen Land, weit, weit weg, lebte einmal ein Einhorn. Es konnte den ganzen Tag seine Zeit in einem wunderschönen, bunten Wald verbringen, in dem jeden Tag die **Sonne** schien.
Leider war das Einhorn aber nicht zufrieden. Es war ihm oft langweilig, weil im Wald keine anderen Tiere oder Menschen lebten. Das Einhorn war die wunderschönen Waldwege schon Tausende Male entlangspaziert und kannte alles auswendig. Jetzt wusste es überhaupt nichts mehr mit sich anzufangen. Und es wurde immer trauriger und unzufriedener.
Die **Sonne**, der **Mond** und die **Sterne** versuchten, dem Einhorn zu helfen. „Liebes Einhorn, wenn du nicht zufrieden bist, dann musst du etwas ändern!", meinte die **Sonne**. „Vielleicht musst du mal raus hier aus dem Wald und was anderes sehen!", sagte der **Mond**. „Komm, trau dich!", riefen die Sterne, denn das Einhorn war wirklich sehr schüchtern und scheu. „Wenn irgendwas ist, sind wir für dich da."
Also zog das Einhorn los, um viele neue Dinge kennenzulernen und um wieder froh zu werden. Nach einer ganzen Weile traf es einen grauen **Hund**. „Schau mal, ich mach es so: Ich bin der beste Freund der Menschen. Und du? Was machst du? Was kannst du?" – „Keine Ahnung", antwortete das Einhorn traurig. „Das versuche ich gerade herauszufinden." Es lief weiter.
Als Nächstes traf es eine **Katze**, die zufrieden in der Wiese schnurrte. „Ich bin eine großartige Jägerin und die Menschen streicheln gerne mein weiches Fell. Und du?" – „Ich weiß es leider noch nicht, aber hoffentlich bald", sprach das Einhorn und ging weiter. Danach schwirrte ihm eine **Biene** um das goldene Horn. „Oh, du bist aber fleißig und beschäftigt", sagte das Einhorn und war sehr beeindruckt.
„Ja, ja, ja, so viel Arbeit, sooo viel Arbeit ... Wer bist du? Was machst du? Was willst du?", summte die **Biene**.
Dem Einhorn fiel nichts Kluges ein, es antwortete schüchtern: „Ach, nicht so wichtig, ich wünsche dir einen schönen Tag ..."
Nachdem es traurig eine Weile weitergelaufen war, hörte es ein lautes Brüllen von einem mächtigen **Löwen**: „UUUAAAHHH!" Erschrocken wollte das Einhorn sich verstecken, doch der **Löwe** rief: „Das ist doch nur Quatsch, ich mein's nicht böse. Bleib da, das Brüllen macht so viel Spaß! Was macht dir denn Spaß?" Das Einhorn dachte nach und fing dann fast an, zu weinen: „Ich versuche ja, das herauszufinden, aber ich weiß es leider immer noch nicht." Der **Löwe** gab dem Einhorn den Rat, mit einem guten Bekannten zu sprechen, der unglaublich viel in der Welt herumkam, vielleicht hätte der eine Idee, nämlich der **Vogel**. Aber leider, leider war der gerade auf dem Weg nach Afrika und für drei Wochen nicht zu sprechen.
Das Einhorn bereute mittlerweile, dass es seine Reise überhaupt angefangen hatte. Es ging ihm kein bisschen besser als vorher, im Gegenteil. „Alle wissen, was ihre Aufgabe ist, was ihnen Spaß macht, was sie gut können ... und ich, ich weiß, glaube ich, gar nichts. Wie soll das denn jemals besser werden? Ich habe überhaupt gar keine Idee ..." Da schwebte plötzlich etwas sanft und leise dem Einhorn um den Kopf. Was war das? Eine kleine, glitzernde Fee mit bunt schillernden Flügeln. Sie sagte: „Komm, jetzt leg dich mal hin und beruhig dich. Atme ganz tief ein und aus."

[Die Fee berührt anschließend auch alle Kinder und bringt sie in sanfte Entspannung.]

2. Feenmassage

Wichtig bei der Massage:
Jedes Kind gibt die Massage so gut, wie es kann. Die Wirbelsäule ist sehr empfindlich und darf nur gestreichelt werden. Die Massage sollte dem Partnerkind guttun. Wenn das Partnerkind etwas nicht mag, sagt es leise zum massierenden Kind, was dieses ändern sollte.

Ausführung:
Die Kinder werden eingeladen zur Feenmassage.
Dabei arbeiten immer zwei Kinder zusammen:
Ein Kind schenkt, ein Kind empfängt die Massage.
Im Anschluss wird gewechselt.

Text zur Ausführung
Du bist in Ordnung so, wie du bist.
- Schultern und Nacken kneten und massieren

Die Himmelsgestirne haben mir von deinen Zweifeln und deiner Traurigkeit erzählt.
- die Hände auf den Schultern ruhen lassen

Die Sonne schickt dir ihre Strahlen.
- viele „Strahlen" am seitlichen Rücken ausstreichen

Der Mond macht sich für dich ganz rund.
- großen Kreis mit beiden Händen malen

Die Sterne funkeln ganz besonders hell.
- viele kleine Sterne malen

Du kannst schon so viel.
- 3-mal ein großes Herz mit beiden Händen malen

Du kannst zuhören.
- Ohrläppchen und seitliche Ohrmuscheln sanft massieren

Du kannst andere zum Lächeln bringen.
- Rücken mit den Handkanten sanft ausklopfen

Du hast so eine schöne Mähne.
- „Haare waschen", kleine Kopfmassage wie beim Friseur

Du bist hilfsbereit.
- Rücken von oben nach unten 3-mal mit den Händen ausstreichen

Du bist nicht allein.
- Hände 3-mal warm reiben und auf den Rücken auflegen

Das Einhorn wusste jetzt ebenso wie die anderen Tiere seine eigene Übung: das Einhorn-Asana. Und es wusste außerdem, dass es auf seiner weiteren Suche keine Angst mehr haben musste, und empfiehlt dies für alle, die mal ratlos oder durcheinander oder auf der Suche nach etwas sind.

3. Einhorn-Übung

Text zur Ausführung
Ich bin in Ordnung so,
- Nimm die „Pferd"-Haltung ein, indem du aus der aufrechten Haltung heraus die Knie beugst, die Oberschenkel sind leicht angewinkelt, der Oberkörper ist aufgerichtet und die Hüfte tief.

wie ich bin.
- Stelle die Hände auf deine Knie.

Ich weiß, dass ich schon viel weiß.
- Mache einen großen Armkreis, die Hände treffen sich über dem Kopf.

Und ich lerne immer weiter.
- Deine Handflächen berühren sich.

Hilfe gebe und bekomme ich gerne.
- Öffne die Hände wieder, führe die Arme seitlich nach unten, die Handflächen zeigen dabei nach oben.

Ich bin nicht allein.
- Mache einen Armkreis, sodass sich die Hände zum Gruß (Namaste) vor der Brust treffen.

4. Einhorn-Wünsche-Runde

Text zur Ausführung:
Das Einhorn hat uns Wunsch-Trost-Mut-Perlen geschickt. Jedes Kind darf eine Perle aussuchen und mit einem guten Wunsch einem anderen Kind schenken, damit wir immer daran denken, dass wir in Ordnung sind, wie wir sind – auch wenn an einem Tag mal nicht alles rundläuft … Achtsam achtet ihr darauf, dass jedes Kind mit einer Perle beschenkt wird.

Mögliche weiterführende Gespräche und Themen:
Wann sind wir rat- und planlos? Ist dir das schon einmal passiert?
- Nach einem schwierigen Test in der Schule?
- Bei schlechter Note, obwohl man geübt hat?
- Wenn zu Hause niemand da ist oder keiner Zeit hat?
- An Tagen, an denen alles schiefgeht oder komplett anders läuft als geplant?
- Oder, oder …?

Was tröstet und stärkt dich?
- Einhorn-Geschichten erzählen und schreiben?
- Trost-und-Stärkungsbilder zu Musik malen?
- Einen Mandala-Stein zum Festhalten als Handschmeichler für die Jackentasche malen und einem Freund schenken?
- Oder, oder …?

© Duet PandG – Shutterstock.com

Sequenz „Im Spiel mit der Katze“

von Kerstin Schreiner und Anja Klär

Zielgruppe:
Die Sequenz ist besonders geeignet für Kinder von vier bis sechs Jahren und wird sehr gerne als gemeinsame Kooperation von Kita und Grundschule umgesetzt.

Übungsschwerpunkte und Lernziele:
Ruhe und Entspannung, Hören, Lauschen, Lernen, Spaß und Freude am Spiel

Material:
sanfte Hintergrundmusik, wenn gewünscht

Übungselemente:
- Übungen: Katze, Sonne, Vogel, Hund, Frosch, Schmetterling, Baum, Blume
- Bewegungselemente, Massageelemente

1. Bewegungsgeschichte

Ausführung:
Die Kinder hören die Bewegungsgeschichte, die mit vielen Yoga-Übungen angereichert ist. Die Übungen führen die Kinder begleitend zur Geschichte durch.

Text zur Ausführung:
Katze Schnurri war die ganze Nacht unterwegs. Als die Sonne aufgeht, ist sie müde und möchte sich ausruhen. Aber im Garten singen die Vögel so laut. Da kommt ihr bester Freund, der Hund Struppi, angelaufen. „Bist du auch so müde?“, fragt Struppi und Schnurri nickt.
Gemeinsam gehen sie zum See, denn dort ist es meistens ganz ruhig. Aber heute quaken die Frösche so laut. Da haben die beiden eine Idee. Sie steigen in ein Boot und fahren über den See.
Ein paar bunte Schmetterlinge begleiten sie. Schnell gelangen sie ans andere Ufer und laufen zu einem schönen, alten Baum. Die beiden Freunde schnuppern an einer Blume. Nur das Rascheln der Blätter ist zu hören. Ansonsten ist alles ganz still und leise. Endlich können sich die beiden ausruhen.

2. Massage

Wichtig bei der Massage:
Jedes Kind gibt die Massage so gut, wie es kann. Die Wirbelsäule ist sehr empfindlich und darf nur gestreichelt werden. Die Massage sollte dem Partnerkind guttun. Wenn das Partnerkind etwas nicht mag, sagt es leise zum massierenden Kind, was dieses ändern sollte.

Text zur Ausführung:

Der Regen prasselt leicht ans Fenster.
- mit den Fingerkuppen über den Rücken tupfen

Katze Schnurri streckt sich genüsslich vor dem warmen Ofen.
- mit den Händen von innen nach außen streichen

Sie tigert zu ihrem Frauchen.
- mit den Fingerknöcheln über den Rücken abrollen

Schnurri streicht um ihre Beine.
- wellenförmige Bewegungen von oben nach unten über den Rücken

Frauchen massiert ihren Rücken und ihre Schultern.
- Rücken und Schultern massieren

Sie füttert Schnurri auch mit kleinen Leckerchen.
- mit den Fingern kleine Kreise zeichnen

Schnurri springt auf Frauchens Schoß und dehnt sich ausgiebig.
- über die Schultern und Arme streichen

Sie genießt die Wärme und Geborgenheit und schließt die Augen.
- Hände aneinanderreiben und auf den Rücken legen

– Shutterstock.com

Sequenz „Eine Reise ins All"

von Marina Wollscheit und Nicoline Thiele

Zielgruppe:
Die Sequenz kann für alle Kinder eingesetzt werden, eine Abwandlung für die Kleinen in der Kita ist möglich. Der Kreativität sind keine Grenzen gesetzt. Bewusst wird mit dem „Guten-Morgen-Lied" gestartet. Das Lied ist sehr einfach, hat viele Wiederholungen und ist daher gut geeignet für den Anfangsunterricht, zum Kennenlernen und besonders für Kinder, die in der deutschen Sprache Unterstützung brauchen.

Übungsschwerpunkte und Lernziele:
Förderung von sprachlicher und sozialer Kompetenz, Umgang mit Gefühlen, Fantasie und Kreativität, Konzentration und Achtsamkeit, Entspannung, seinen Platz finden und haben

Material:
sanfte Hintergrundmusik (wenn gewünscht), Stuhl oder Matte

Übungselemente:
- Begrüßungslied
- Übungen: Himmel, Erde, Vogel, Sonne, Stern, Vollmond, Halbmond, Affentanz, Held, Katze
- Fantasiereise, Bewegungselemente, Massage

1. Guten-Morgen-Gruß

Ausführung:
Die Sequenz beginnt mit einem einfachen Guten-Morgen-Gruß, der zu jeder Situation, Altersstufe und jedem individuellen Förderbedarf passt. In dem Grußtext sind Yoga-Übungen zu finden, die die Kinder entsprechend durchführen.

Text zur Ausführung:
Guten Morgen, guten Morgen, der Himmel freut uns sehr.
Guten Morgen, guten Morgen, wir strecken uns so gern.
Guten Morgen, guten Morgen, die Erde grüßen wir.
Guten Morgen, guten Morgen, wir beugen uns zu ihr.
Guten Morgen, guten Morgen, die Vögel singen froh.
A-O-A-O
Guten Morgen, guten Morgen, die Sonne steht so hoch.
Guten Morgen, guten Morgen, wir lernen sehr gern.

2. Rückenmassage

Wichtig bei der Massage:
Jedes Kind gibt die Massage so gut, wie es kann. Die Wirbelsäule ist sehr empfindlich und darf nur gestreichelt werden. Die Massage sollte dem Partnerkind guttun. Wenn das Partnerkind etwas nicht mag, sagt es leise zum massierenden Kind, was dieses ändern sollte.

Text zur Ausführung:
Jetzt fühl ich mich so wohl und guten Mutes,
da tue ich dir gerne auch was Gutes.
- die Hände aneinander warm reiben und auflegen

Du musst dich nur ein wenig bücken,
schon reisen meine Hände auf deinem Rücken.
- zu beiden Seiten der Wirbelsäule mit breiten Händen hoch und über die Schultern streichen

Der Zaubervogel macht seine Flügel breit
und fliegt hinaus in den Himmel so weit.
- Fingerkuppen von unten innen nach außen oben ziehen

Die Sonne scheint und schenkt dir Wärme
aus unendlich weiter Ferne.
- mit den Fingerkuppen Strahlen malen

Die Nacht kommt nun und Sterne funkeln hell.
Ich mal dir welche, das geht ganz schnell.
- mit flachen Händen den Rücken hochwandern Sterne mit den Fingern malen

Dick und rund scheint auch der Mond,
der hoch oben am Himmel wohnt.
- große Kreise mit breiten Händen streichen

Sternschnuppen in der Tiefe der Nacht
blitzen vorbei, wer hätt's gedacht.
- Handkanten diagonal von oben nach unten führen

Weiter durch die Nacht gleiten wir auf des Zaubervogels Schwingen,
das wird dir Ruhe und Entspannung bringen.
- mit flachen Händen streichen, dann sanft Schulter und Nacken kneten

Die Himmelsmelodie wiegt dich durch das Reich der Sterne,
dazu träumen wir so gerne.
- Wellenlinien quer mit den Fingern ziehen

Träum noch ein wenig von Sonne, Mond und Sternen,
- mit den Fingern einen Himmelskörper malen

wenn du erwachst, bist du bereit zum Lernen.
- Hände aneinander warm reiben und auf den oberen Rücken auflegen

Und so gut gestärkt, begeben wir uns nun auf die große Reise ins All.

3. Bewegungsgeschichte

Text zur Ausführung:
Immer sitzen, jetzt reicht es mal.
- Beuge aus dem aufrechten Stand die Knie und gehe mit dem Po nach unten, so, als ob du auf einem Stuhl sitzen würdest.

Ich muss mich mal bis zum Himmel strecken
- Strecke dich nach oben in die Position des Himmels.

und beug mich dann zur Erde.
- Dann beugst du den Oberkörper nach unten für die Übung Erde.

Eine Reise durchs All, das könnte mir jetzt gefallen.
- Schwinge deine Arme vor und zurück.

Ich werde zur Sonne
- Jetzt kommt die Übung Sonne dran.

und bin dann ein funkelnder Stern.
- Gehe 2-mal in den Stern.

Ein Halbmond geht auf; so oder so.
- Führe die Übung Halbmond 2-mal durch. Erst beugst du dich nach links, dann nach rechts.

Dann wird er dick und voll und rund.
- Übe den Vollmond.

Einem Zaubervogel gleich durchquer ich das All.
- Gehe in den großen Vogel.

Lande auf dem Planeten der Himmelsbäume.
- Nun ist 2-mal der Baum an der Reihe, einmal mit dem Standbein links, einmal rechts.

Ich reise weiter als Zaubervogel
- Führe den großen Vogel durch.

und lande auf dem Planeten der tanzenden Affen.
- Mache den Affentanz.

Weiter auf den Schwingen gleite ich durchs All.
- Und dann den großen Vogel.

In der Ferne auf ihrem Planeten stehen die Astrohelden.
- Mache die Übung Held mit dem rechten Bein nach vorn ...

Mutig und stark überblicken sie alle Welten.
- ... und dann den Helden mit dem linken Bein vorn.

Und dann lande ich wieder auf meiner schönen Erde.
- Führe die Übung Erde durch.

Am Boden sagt mir ein Kätzchen Hallo: Miau, mio, miau, mio.
- Mach einen runden Rücken mit der Übung Katze.

Das macht meinen Rücken so froh.
- Und wiederhole die Katze noch einmal.

Der Kopf ist wieder frisch und klar, mein Körper gut gedehnt, ich danke dem Universum.
- Zum Abschluss werden die Hände an den Kopf gelegt, wir strecken und dehnen uns und legen die Hände aufs Herz mit Dank im Herzen für das Yoga-Geschenk.

sti Croitoru – Shutterstock.com

Sequenz „Auf die Werte kommt es an: Freundschaft, Mitgefühl, Hilfsbereitschaft"

von Ina Jansen und Nicole Horenburg

Zielgruppe:
Die Sequenz ist besonders geeignet für Kinder von vier bis sechs Jahren in Kindertageseinrichtungen und wird sehr gerne als gemeinsame Kooperation von Kita und Grundschule umgesetzt.

Übungsschwerpunkte und Lernziele:
Wertebewusstsein und Werteempfinden, Ruhe, Entspannung, Konzentration, Achtsamkeit und Kraft, soziale Kompetenz, Spaß und Freude am Spiel

Material:
Herzmuscheln der Nordsee (zusammenpassende Hälften), Yoga-Karten (s. S. 24 ff.)

Übungselemente:

- Übungen: Vogel, Vollmond, Halbmond, Himmel, Erde, Sonne, Blume, Baum, Frosch, Biene, Lotosblume, Frosch, Muschel (siehe Seite 92, ohne Partner ausgeführt)
- Übung Flamingo – Ausführung: Stelle dich gerade hin, hebe das linke Bein an und lege den Fuß an das Knie des anderen Beins. Die linke Hand legst du an die Stirn, so als ob du jemanden grüßt.
- Bewegungsgeschichte, Massageelemente, Selbstreflexion

1. Begrüßungsritual

Ausführung:
Die Sequenz beginnt in Partnerarbeit mit einem Begrüßungsritual, dem „Gruß an die Welt" (in Anlehnung an Petra Proßowsky). Die Kinder führen die Übungen zu zweit aus: Sie stehen nebeneinander und der jeweils äußere Arm stellt die Bewegung dar.

Text zur Ausführung:
Gruß an die Welt
Wir grüßen den Himmel. Wir grüßen die Erde. Wir grüßen die Sonne, den Mond, den Halbmond und die Sterne. Wir grüßen die Blume, den Baum und das Gras. Wir grüßen alle Tiere. Wir grüßen alle Menschen. Wir begrüßen die ganze Welt, denn das macht uns Spaß.

2. Bewegungsgeschichte

Ausführung:
Die Kinder hören die Bewegungsgeschichte und führen die passenden Yoga-Übungen dazu durch.

Text zur Ausführung:
Die Sonne schickt ihre Strahlen zum warmen Sand. Sie weckt die kleine Muschel. Die Muschel planscht ein wenig im Meer und wird von einer Welle erfasst. Diese spült sie zu einem Frosch. Die Muschel begrüßt ihn freundlich. Doch dieser sagt: „Was bist du für eine komische Muschel. Du bist ja gar nicht komplett. Dir fehlt deine andere Hälfte."
Ein kleiner Vogel flattert vorbei, der schaut nur ganz verdutzt. Die Muschel erschrickt. Sie wusste nicht, dass sie eigentlich aus zwei Hälften besteht. Sie fühlt sich plötzlich ganz einsam. Verzweifelt wendet sie sich an den Flamingo, der gerade im Meer nach Krebsen und kleinen Fischen sucht: „Lieber Flamingo, du kommst im Meer doch weit umher. Hast du meine passende Hälfte gesehen?" Doch dieser schüttelt nur mitleidig den Kopf. Er erwidert: „Bei meinem Flug habe ich nichts entdeckt. Frag doch mal die Blumen am Ufersaum. Sie können viel besser ins Wasser schauen."
Und so lässt sich die Muschel von einem Seestern bis zum Ufer tragen. Sie bedankt sich beim Seestern und spricht die Lotosblume an: „Liebe Lotosblume, hast du

meine passende Hälfte gesehen?" – „Leider nein", erwidert diese. „Bist du dir sicher, dass du sie brauchst? Du erfreust uns so, wie du bist."
Die Muschel sucht immer weiter nach ihrer passenden Hälfte. Auch die Biene, die zu den Blumen fliegt, hat sie nicht gesehen. Als der Mond aufgeht, verkriechen sich alle Tiere. Die Blumen schließen ihre Blüten. Als sich die Muschel im Sand vergraben will, hört sie plötzlich ein leises Wimmern. Sie horcht auf und entdeckt im Sand ihre Muschel, ihre zweite Hälfte. Die beiden umarmen sich glücklich. Sie sind sich so ähnlich. Sie freuen sich sehr.

Reflektierende Fragen:
* Hast du dich schon einmal einsam gefühlt?
* Was hast du gemacht, damit es dir besser ging?
* Hat dir jemand geholfen?
* Warst du schon für jemanden da, der einsam war?

3. Partnermassage

Wichtig bei der Massage:
Jedes Kind gibt die Massage so gut, wie es kann. Die Wirbelsäule ist sehr empfindlich und darf nur gestreichelt werden. Die Massage sollte dem Partnerkind guttun. Wenn das Partnerkind etwas nicht mag, sagt es leise zum massierenden Kind, was dieses ändern sollte.

Ausführung:
Jedes Kind erhält eine Muschelhälfte. Es sucht das Kind, das die passende andere Hälfte zu seiner Muschel hat. Die Paare massieren sich gegenseitig den Rücken.
Ein Tipp: Markieren Sie bei einer großen Gruppe die Muschelpaare.

Text zur Ausführung:
Eine Muschel treibt traurig umher.
Sie wünscht sich ihre Freundin so sehr.
- den Rücken mit den Handflächen streichen, wellenförmig ein Herz zeichnen

Frosch und Vogel schauen ganz stumm,
schauen sich nach der fehlenden Muschel um.
- mit der Handkante diagonal über den Rücken gehen, dabei mit Druck die Hände auflegen

Ein kleiner Seestern ist hilfsbereit,
der rosa Flamingo sehr gescheit.
- Sterne zeichnen, den Rücken nach außen ausstreichen

Die Biene zur bunten Blume fliegt.
Die Vermisste dort im Sande liegt.
- die Schultern massieren und die Schultern ausstreichen

Mit den Muscheln freut sich leise der Mond.
So viel Freundschaft und Hilfe wird immer belohnt.
- die Handflächen aneinanderreiben, die warmen Hände auflegen

Die Kinder bedanken sich bei ihren Partnerkindern und der Gruppe.

que Vision – Shutterstock.com

Sequenz „Fabelwesen"

von Carolin Eifler und Karin Wagner

Zielgruppe:
Die Sequenz eignet sich für alle Grundschulkinder und kann vereinfacht auch in der Kita eingesetzt werden. Sprachliche und inhaltliche Differenzierungen, angepasst an den Kenntnisstand, die Bedürfnisse und Potenziale der Kinder, sind jederzeit möglich.

Übungsschwerpunkte und Lernziele:
Traumgeschichte und Fantasiereise, bildnerisches und künstlerisches Gestalten der Wahrnehmung, fließende Massage, stärkende Affirmationen, Erfahrungsaustausch und Selbstreflexion, Differenzierungsmöglichkeiten: Yoga-Verse, Yoga-Spiel

Material:
weiche Matten (alternativ Stühle), Farben (Malutensilien), Papier oder Leinwand, Schmuckschachtel

Übungselemente:
Imagination: Fee, Elfe, Baumwesen, Drache, Pegasos, Himmel, Erde

1. Traumgeschichte

Ausführung:
Die Kinder liegen bei angenehmer Raumtemperatur auf Matten oder sitzen bequem auf Stühlen.

Text zur Ausführung:
Zuerst wollen wir gemeinsam zur Ruhe kommen und entspannen. Mache es dir gemütlich, lege deinen Kopf und deine Arme bequem hin und schließe die Augen. Gleich erzähle ich dir eine Geschichte und du kannst dem Gehörten nachspüren. Prüfe noch einmal, ob du bequem liegst. Spüre deine Atmung, wie du ein- und ausatmest. Alles, was du heute schon erlebt hast, atmest du aus.
Ich erzähle dir jetzt eine Traumgeschichte. Verweile in der Geschichte und entspanne dich einfach nur. Genieße den Zustand. Es ist ein wunderbarer Tag, die Sonne scheint und die Vögel zwitschern. Du läufst barfuß über eine Wiese und spürst das weiche Gras. Du läufst ohne Ziel und beobachtest die Natur um dich herum.
Nachdem du eine Zeit gewandert bist, lässt du dich an einem schattigen Plätzchen nieder und lehnst dich gegen einen Baumstamm. Du lauschst den Geräuschen um dich herum. Ein leises Flüstern dringt zu deinen Ohren durch: „Hallo, wie geht es dir?" Du schaust dich verwundert um, kannst aber niemanden entdecken. Erneut hörst du das angenehme Flüstern: „Hallo, ich bin es, ich lebe einsam im Baum. Wenn du genau hinschaust, kannst du mich auch erkennen. Ich freue mich immer, wenn sich jemand an mir niederlässt, um sich ein wenig auszuruhen. Denn dann habe ich wunderbare Gesellschaft."
Ein bisschen verwundert bist du schon, aber bei genauem Hinsehen erkennst du zarte Gesichtszüge und den knochigen Körper. Du freust dich auch über die Gesellschaft. Du lässt dir von dem Baum erzählen, welche Wesen es sonst noch so gibt.
Du bist überrascht, denn von den kleinen Wesen, die scheinbar unter der Erde leben, hast du noch nie gehört. Du legst deinen Kopf mit deinem Ohr an die Wiese, um besser erlauschen zu können, was da unten vor sich geht. Und bei genauem Hinhören hörst du ganz viele fleißige Wesen, die scheinbar eine unterirdische Stadt bauen. Wow, denkst du, wie diese Wesen wohl aussehen?
Auch erzählt dir der Baum von bunten Wesen, die den Schmetterlingen ähnlich sind. Bei Anbruch der Dunkelheit kreisen diese umher. Ein wunderschönes Farbenspiel, das du hoffst, irgendwann einmal zu erblicken.
Du bedankst dich bei dem Baum, dass er dir diese Dinge erzählt hat, denn normalerweise bleiben sie den Menschen verborgen. Ganz sicher bist du dir, dass dir der Baum noch viel mehr zu berichten hat. Du beschließt, schon morgen diesen wunderbaren Platz erneut zu besuchen.

Genieße den Zustand, aus dem du langsam wieder zurückkommst, so wie aus einem schönen Traum. Fühle, wie dein Körper und Geist wacher werden. Öffne deine Augen und nimm Blickkontakt zu den anderen auf. Es ist, als ob du von einem Ferienerlebnis zurückgekehrt bist, ausgeruht und voller neuer Eindrücke. Strecke und dehne dich und gähne einmal tief und laut.
Nimm noch mal deine Sitzposition ein und schau aufmerksam nach vorn.

2. Aus der Kinderperspektive

Ausführung:
Mit großer Freude halten die Kinder ihre Erfahrungen der Traumreise in gemalten Bildern fest. Viele Kinder erzählen sehr gerne von ihren Erlebnissen mit den „unsichtbaren Wesen". Sie berichten über die Natur, von den Farben, ihrem inneren Dialog mit den Fabeltieren, kleinen „Freundschaftsgeschenken", ihren Wünschen und Verabredungen. Manche Kinder genießen hingegen viel lieber ihr neu gewonnenes Wissen in der Stille, schweigend und in Ruhe. Wir lassen beides in Ruhe und Gelassenheit frei geschehen.

3. Massage

Wichtig bei der Massage:
Jedes Kind gibt die Massage so gut, wie es kann. Die Wirbelsäule ist sehr empfindlich und darf nur gestreichelt werden. Die Massage sollte dem Partnerkind guttun. Wenn das Partnerkind etwas nicht mag, sagt es leise zum massierenden Kind, was dieses ändern sollte.

Text zur Ausführung:
In einer weit entfernten Welt
- mit beiden Handflächen Kreisbewegungen auf dem Rücken machen

leben Fabelwesen in Frieden miteinander.
- den Rücken ausstreichen

Fabelwesen existieren nur in unserer Fantasie
- mit Fingerspitzen tupfen und ...

und haben besondere Eigenschaften.
- ... Sterne zeichnen

Pegasos ist ein geflügeltes Pferd aus der griechischen Mythologie.
- Flügel mit beiden Händen nachahmen, indem zur Seite ausgestrichen wird

Du kannst es hoch am Himmel bewundern.
- Rücken von unten nach oben ausstreichen

Der Drache kann Feuer speien
- Finger zusammen- und auseinanderführen

und durch die Lüfte segeln.
- mit beiden Händen ein Hin- und Hersegeln nachahmen

Werwölfe
- mit Krallen (zart) über den Rücken gehen

sind Menschen, die sich in einen Wolf verwandeln können.
- so tun, als ob Tatzen den Rücken überqueren

Geister sind oft unsichtbar
- Fäuste auf dem Rücken drehen

und ähneln den Menschen.
- erst ein Gesicht zeichnen ...

Elfen sind Naturgeister und ähnlich wie
- ... dann spitze Ohren zeichnen

Feen, sie sind wunderschön.
- den Rücken kneten

Auch Undine ist ein Naturgeist,
- lange Haare zeichnen

der im Wasser lebt.
- Wellenbewegungen nachahmen

Es gibt noch viel mehr Fabelwesen,
- die Hände aneinanderreiben

die du auf unserer Reise durch ihre Welt kennenlernen wirst.
- die warmen Handflächen auflegen

Differenzierungsmöglichkeiten
Als Differenzierung können die Kinder einen eigenen Yoga-Vers oder eine Yoga-Geschichte verfassen. Die Differenzierungsaufgaben finden sich in einer Schmuckschachtel, die zu jedem Thema die Aufschrift trägt „Wenn du fertig bist, kannst du ..."

Und was sagen die Übenden und Expert*innen vor Ort?

Kurze Erfahrungsberichte aus Sicht der Pädagog*innen

Kinder fordern Yoga im Unterricht ein

Seit Beginn unserer Ausbildung setzen wir die erlernten Yoga-Elemente kontinuierlich um, sodass seitens der Kinder bereits auf ein Spektrum an Erfahrung zurückgegriffen werden kann. Die Kinder zeigen sich sehr offen und fordern die Übungen von sich aus ein (intrinsische Motivation). Auch berichten einige Schüler*innen, dass sie zu Hause mit den Geschwistern Yoga üben. Manche brachten sogar schon Vorerfahrungen aus AGs mit.
Den Kindern fällt es leicht, sich auf die spielerischen Übungen einzulassen, Massagen und Fantasiereisen sind ein Highlight. Die Schüler*innen können explizit beschreiben, welche Wahrnehmungen sie während der Übungen empfinden.
Auch haben die Schüler*innen ein Gespür dafür entwickelt, was ihnen guttut. Vielfältige Übungsformen sind in den Unterrichtsalltag eingebettet. So startet der Unterricht immer mit einem Begrüßungsritual und nach der Pause ist eine zusätzliche „Yoga-Zeit" etabliert. Die Kinder haben die Übungen so verinnerlicht, dass sie bei unserer Abschlusspräsentation am Ende des Schuljahres gemeinsam mit den Eltern das Begrüßungsritual durchgeführt haben.
Das Portfolio hat sich als sprachfördernde und kreative Möglichkeit bewährt, die vor allem auch regelmäßig als Differenzierung eingesetzt wird. Davon profitieren dann wiederum die anderen Schüler*innen, die daraus neue Sequenzen einüben können. Besonders hervorheben möchten wir einen Schüler, dem es sehr schwerfällt, Ergebnisse festzuhalten. Er hat ein tolles Portfolio zum Thema „Zukunft" geschrieben und war so stolz, dass er dies bei der Präsentation allein den Eltern vorstellte.

Carolin Eifler und Karin Wagner

Beratungsstelle für (Hoch-)Begabung, Ministerium für Bildung und Kultur des Saarlandes

Kinderyoga in Corona-Zeiten: Welch ein Schatz an Möglichkeiten

Es war ein überaus heftiger, unwirklicher, unvergesslicher Einschnitt in unser gewohntes Alltagsleben, als am 13. März 2020 unsere Landesregierung die Schließung der Schulen des Saarlandes verkündete. Wochenpläne wurden erstellt, mit Mathematik, Deutsch, Sachunterricht – natürlich vor allem die Kernfächer ... Und außerdem?
Immer wieder und regelmäßig Kinderyoga.
Es gab während des Homeschoolings z. B. die „Asanas der Woche", immer drei, die die Kinder zu Hause übten und mir gerne Fotos mit lieben Grüßen davon schickten. Einige Eltern meldeten zurück: „Wir beginnen jeden Morgen gemeinsam mit Yoga." Oder Kinder, die zuvor eher wenig zu Hause geübt hatten, berichteten: „Ich habe Mama und Papa die Asanas jetzt auch beigebracht. Der Papa kann den Regenbogen besser als ich." Kleinere Geschwister wurden ebenfalls mit ins Boot genommen und auch die ein oder andere Partner-Übung aus dem Eltern-Kind-Yoga floss in den Wochenplan mit ein und sorgte für eine angenehme Abwechslung, für eine bessere Konzentrationsfähigkeit, für Entspannung, wenn man sich gerade gestresst und allein fühlte, und im besten Fall für Verbundenheit in den Familien.
Auch meine Kolleg*innen nahmen meine Empfehlungen zu Asanas, Bewegungsspielen, Mini-Meditationen usw. gerne an und konnten sie in ihren Klassen weitergeben.
Seit der Phase der Rückkehr in die Schule lockern kleine Elemente aus dem Kinderyoga auch unseren sehr ungewohnten, neuen Alltag auf.
Vielleicht spreche ich hier auch ein Stück weit aus (gesundem?) Egoismus. Mir taten und tun all die kleinen Zwischendurch-Minuten-Übungen aus dem Kinderyoga selbst immer gut. Immer. Ein bisschen atmen, ein bisschen dehnen, lächeln, auftanken, fühlen, runterkommen, fokussieren, entspannen, weitermachen ... Was für ein Schatz an Möglichkeiten. Und es wird nachhaltig bei uns mit Kinderyoga so weitergehen.

Christine Spaniol

Grundschule Pflugscheid, Riegelsberg

Unterstützung trägt Früchte

Wie sehr Kinderyoga mit seinem ganzheitlichen, umfassenden Konzept in die Schule passt, zeigt sich deutlich auch bei meiner Arbeit in diesen Corona-Zeiten, insbesondere für Gruppen in der Notbetreuung.
Da gibt es die kurzen Geschichten mit einigen Botschaften, bei denen durch die eingenommenen Asanas während des Erzählens der Sinn im wahrsten Sinne des Wortes sinnlich erfassbar wird. Somit wird der Samen für das Aufgehen der einzelnen Yamas und Niyamas, die hier in kurzen Tiergeschichten oder Märchen verdeutlicht werden, gelegt und kann aufgehen, denn er wird nicht nur flüchtig wahrgenommen, sondern physisch verankert.
Ich habe die Kinder in dieser Zeit als äußerst empfänglich für das Nachsinnen über den Platz des oder der Einzelnen in der Gemeinschaft, das Umgehen mit sich und den eigenen Gefühlen, das Umgehen mit den anderen erlebt. Hilfsbereitschaft, Mut machen, schlechte Laune, gute Laune, Einsamkeit, Gemeinschaft, Angst, Minderwertigkeitsgefühle, Freundlichkeit, Leichtigkeit des Lebens sind Stichworte, die in diesen kleinen Geschichten thematisiert werden.
In den kleinen Gruppen von zunächst fünf, dann später bis zu zehn Kindern haben sie Gemeinschaft erfahren, Gruppengefühl trotz Kontakteinschränkung erleben können. Dadurch, dass die Morgenrunden in der Notbetreuung keiner starren, festgeschriebenen Zeit folgen müssen, konnten und können sich die Yoga-Momente vielleicht noch harmonischer einfügen als sonst. Es ist ein bisschen wie in einer großen Familie.
Kinder, die Yoga kennen, haben Massage-Einheiten vielleicht vermisst. Gesagt hat keines etwas. Tatsächlich haben sie sich fast ausnahmslos völlig auf Fantasiegeschichten, Kinderyoga-Sequenzen oder Achtsamkeitsmeditationen eingelassen. Sogar die coolsten Jungs haben Herzenswärme verschickt.
Yoga-Einheiten werden auch manchmal von Kindern selbst gemacht. Sie durchstöbern die Karten und stellen die Geschichten selbst zusammen. Verstanden haben die Kinder das Prinzip, dass Yoga sich flexibel einsetzen lässt und vieles beinhaltet: Man kann mal ganz kurz einen Baum machen oder eine Helden-Sequenz zwischen Mathe und Deutsch im individuellen Lernplan einschieben oder sich auf die Gruppe einlassen, wo es einen rituellen Anfang, eine Bewegungseinheit und schließlich die ersehnte kuschelige Endphase gibt. Natürlich alles mit Corona-Regel: Die Matte ist mein Königreich. Niemand betritt sie. Ich verlasse sie nicht. Bei Bewegungsspielen berühren wir andere Kinder nicht. Ansonsten wie immer: auf Stühlen.

Nicoline Thiele

Grundschule Saarbrücken-Dellengarten

Aus der Praxis für die Praxis

Kinderyoga im Unterricht – eine Herzensangelegenheit

Kinderyoga lässt sich im Unterrichtsalltag in vielfältigen Kontexten einsetzen. Das Basismaterial ist klar strukturiert: Es kann sowohl von Lehrkräften als auch von den Kindern intuitiv genutzt, aber auch bedürfnisorientiert modifiziert werden.

Ich muss ehrlich sagen, dass ich mich gleich zu Beginn in das Kinderyoga verliebt habe, aber nicht so recht wusste, wie ich „auch noch das" im Unterrichtsvormittag „unterbringen" soll, wo dieser ohnehin schon so „vollgepackt" ist. Nach und nach erhielten kleine Rituale für zwischendurch Einzug in meinen Unterricht. Darüber hinaus lud ich die Kinder in kleinen Asana-Bewegungsgeschichten sowie Meditationen immer wieder dazu ein, den eigenen Körper und Gefühle wahrzunehmen. Auch bei der gezielten Spracharbeit, z. B. im Deutschunterricht bei der DaZ-Förderung, erhielten Elemente des Kinderyoga ihren festen Platz in der Strukturierung des Unterrichts. Der Kreativität sind bei den Einsatzmöglichkeiten keine Grenzen gesetzt. So bereichern und ergänzen Yoga-Sequenzen den täglichen Unterricht, statt „Zeit zu kosten".

Der Effekt, den der regelmäßige Einsatz auf die Kinder hat, ist immens. Die Kinder genießen es sichtlich und fordern diese Elemente regelrecht ein, wenn ich sie aus scheinbarem Zeitmangel aussparen möchte. Die Freude und die Offenheit, mit der die Kinder dieses Angebot annehmen und ihre leuchtenden Augen sprechen für sich. Also nur keine Scheu! Wenn es auch dich anspricht, trau dich, loszulegen! Es lohnt sich.

Es ist im Sinne des Yoga, diesen Schatz zu teilen und das entstandene Licht in die Welt zu schicken. Daher ist es uns eine Herzensangelegenheit, einen Teil unserer Ideen in diesem Buch zur Verfügung zu stellen.

Karina Greveldinger
Grundschule Merzig-Brotdorf

Kinderyoga wärmt uns in hektischer Zeit

Meine Erfahrungen mit Yoga für Kinder im sozialpädagogischen Bereich habe ich mit Kindergartenkindern sowie mit Schulneulingen der Ganztagsschule gemacht. So habe ich schnell gemerkt: Ja, es ist wirklich so: Yoga-Elemente schenken Kindern Sicherheit, Ruhe und Entspannung.

Bei uns beginnen die Kinder ihren Tag mit einem Sonnengruß. Zu Beginn des Schuljahres wird der Sonnengruß in deutscher Sprache geübt, im Laufe des Schuljahres kommen fünf weitere Sprachen hinzu, musikalisch begleitet mit Musikelementen aus unterschiedlichen Kulturen. Dieses Ritual bringt die Kinder zusammen und fördert Verbundenheit und Freundschaft; vor allem das Zugehörigkeitsgefühl wird dadurch gestärkt. Anschließend gibt es eine stille Minute, in der die Kinder sich nach innen wenden, bevor der Unterricht beginnt.

Auch die Eltern sind bei uns mit im Boot. Um ihnen einen Einblick zu geben, wie die Yoga-Praxis in Kita und Schule abläuft, lernen sie bereits am ersten Elternabend den Sonnengruß kennen. Alle Eltern machen immer super mit. Obiges Ritual bringt auch die Familien zur Ruhe und nimmt ihnen die Aufregung. Viele Eltern sind so begeistert, dass sie uns im Laufe des Schuljahres gerne unterstützen und mit den Kindern im interkulturellen Kontext einige Asanas in ihrer Muttersprache üben.

Kinderyoga ist in unserer sehr hektischen Zeit für alle wichtig; es ist wie das helle Licht, das uns wärmt und Energie gibt!

Tatjana König
Grundschule Wadgassen

Wunderschöne Momente und tiefe Erfahrungen

„Meins sieht aus wie ein Krokodil, mit richtigen Schuppen", sagt Anna*, als sie mehrere Minuten ganz still ihr Stück Baumrinde betrachtet. Dieser Satz ist mir besonders in Erinnerung geblieben. Alle Kinder lachten zunächst, aber als sie in der anschließenden Gesprächsrunde Annas Stück Baumrinde in den Händen hielten, sahen und fühlten einige das Krokodil auch. Anderen dagegen blieb es verborgen. Das ist eine der Erfahrungen, die ich im Kinderyoga so spannend finde.

Es gibt kein Richtig oder Falsch und die Kinder wissen, dass sie in diesen Situationen nicht bewertet werden. Jedes Kind kann seine Emotionen und Gedanken verbalisieren, ohne dass es beurteilt wird. Ich habe oft das Gefühl, dass gerade diese Tatsache die Kinder mutig werden lässt.

Wenn wir mit Kindern lernen, sich auf Fantasiereisen, Meditationen oder Bewegungsabfolgen einzulassen, schaffen sie es, solche Bilder in ihrem Kopf zu produzieren. Aber es heißt auch, dass sie in diesem Moment ihre Aufmerksamkeit und ihre Gedanken fokussieren können. Diese Fokussierung, also das Ausblenden von nicht relevanten Geräuschen oder Gedanken, ist eine Fähigkeit, die schon Kindern, aber noch vielmehr Erwachsenen durch die unzähligen Einflussfaktoren im Alltag immer mehr abhandenkommt. Durch Yoga erlernen Kinder dies auf spielerische Weise.

Als ich in der ersten Klasse begonnen habe, Yoga-Sequenzen in den Unterricht einzubauen, gab es viele Kinder, die sich überhaupt nicht darauf einlassen konnten. Aber durch die täglichen Wiederholungen haben sich nach und nach immer mehr Kinder in der Situation sicher gefühlt. Erst dann konnten sie die Stille aushalten, genießen und daraus Kraft schöpfen.

Wichtig dabei ist, dass ich mich als Lehrperson selbst in der Situation wohlfühle und den Moment erleben kann. Ich musste auch erst lernen, in diesen Phasen nicht die nächste Unterrichtssequenz zu durchdenken, sondern mich auf die Übung einzulassen, um danach gestärkt weitermachen zu können.

Verena Adam
Grundschule Saarbrücken-Eschberg

Lachen und Potenziale wecken im Yoga mit den ganz Kleinen

Was Kinderyoga schon bei sehr kleinen Kindern bewirken kann, kann ich als Sprachförderlehrerin in meinen Vorkursen sehen. In diesen Kursen werden Vorschulkinder, die keine oder nur geringe Deutschsprachkenntnisse haben, auf die Schule vorbereitet. Die Kinder bringen meist ganz unterschiedliche Kenntnisse, Fähigkeiten und Bedürfnisse mit, wie beispielsweise auch Samira* und Leyla*, zwei syrische Mädchen aus meinem letzten Vorkurs. Samira war zu Beginn schüchtern, introvertiert und ernst. Sie arbeitete still vor sich hin und kam mit den anderen Kindern kaum in Kontakt. Leyla war voller Energie, sehr verspielt und konnte sich anfangs nur sehr kurz konzentrieren.

Zwischen den Lerneinheiten und nach den Pausen waren ein kurzer Sonnengruß und eine Bewegungsgeschichte aus dem Kinderyoga feste Bestandteile des Tagesplans.

Leyla zappelte zunächst viel herum, ihr „Baum" war ständig vom Umfallen bedroht, was sie und die anderen zum Lachen brachte. Doch sie bemühte sich auch, die Übungen zu lernen und nicht mehr so viel nach links und rechts zu schauen. Besonders das tiefe Ein- und Ausatmen in der „Blume" beruhigten und entspannten sie sichtbar. Nach den Yoga-Einheiten konnte sie sich deutlich besser konzentrieren.

Samira hingegen hatte von Anfang an eine gute Verbindung zu ihrem Körper, sie stand „wie ein Baum" und die bewundernden Blicke der anderen Kinder machten sie stolz und hoben ihr Selbstbewusstsein. Tatsächlich sah ich Samira beim Yoga zum ersten Mal lächeln. Es war schön, zu sehen, dass sie durch das gemeinschaftliche Erlebnis leichter in Kontakt mit den anderen Kindern kam. Das Kinderyoga wurde für uns alle zu einem festen Bestandteil des Kurses. Die Kinder und ich freuten uns auf unsere (Aus-)Zeit in einem sonst oft stressigen und auf Leistung ausgerichteten Schulalltag. Und wir lernten dabei, dass es auch wichtig ist, Neues zu probieren, miteinander zu lachen und mal nicht perfekt sein zu müssen. Samira und Leyla sind mittlerweile in der ersten Klasse, Ich betreue sie schon seit fast einem Jahr nicht mehr. Aber wenn sie mich auf dem Flur im Schulhaus sehen, fragen sie mich jedes Mal, wann wir wieder Yoga machen.

Anja Klär
Grundschule Bachschule Neunkirchen

* Namen wurden von der Redaktion geändert

Rückblickende Gedanken und Ausblick:
Veränderung ist möglich

Beim Reflektieren über Yoga-Erfahrungen mit Kindern zu diesem Buch bin ich auf meine schriftliche Begründung für die Genehmigung zur Fortbildung „Qualifizierung Yoga mit Kindern" gegenüber der Schulleitung gestoßen. Dort schrieb ich u. a., dass im ersten Schuljahr eingesetzte Sprechverse gut bei der Fokussierung der Klasse „funktionieren", mir aber Anleitung und die notwendige Sicherheit für umfangreichere Übungen fehlte. Auch wollte ich damals einen für Schüler*innen und Lehrkraft motivierenden Einstieg in wohltuende, entspannende, das Körpergefühl verbessernde Yoga-Übungen lernen. Aus den Erfahrungen, Kinder zum Tanzen zu motivieren, wusste ich, dass anfängliche Scham oder Unsicherheit einiger Kinder überwunden werden müssen, bevor sie die Bewegung genießen können und Spaß an ihrem Tun bekommen.

Knapp zwei Jahre später kann ich sagen: Während der Qualifizierung habe ich viel gelernt, so auch, wie ich Kinder durch Yoga-Übungen zu mehr Ausgeglichenheit, Konzentration, Selbstbewusstsein und Körperwahrnehmung führen kann. Zunächst war es wichtig, dass ich mich durch Übungen, die unruhig verliefen, nicht entmutigen ließ. Tatsächlich war das konzentrierte Einnehmen und Aushalten bestimmter Körperstellungen für einige Kinder sehr ungewohnt. Zum Beispiel wirkte die Klasse bei der bekannten Übung „Baum" zunächst wie ein „Wald im peitschenden Sturm". Führen wir die Übung heute aus, so herrscht nach kurzer Zeit „Windstille" und es stellt sich eine prickelnde Atmosphäre der Spannung ein. Dies ist nur ein Beispiel für die Veränderung meiner Klasse und der Kinder. Das Zusammengehörigkeitsgefühl und die Klassengemeinschaft wurden gestärkt. Ich konnte eine positive Atmosphäre schaffen und die Unterrichtszeit gelöst beginnen ... und vieles mehr, wer hätte dies erwartet? ... Ich nicht, ich habe mich verändert, wir haben uns verändert, ein großes Dankeschön dafür.

Ina Jansen
Grundschule Blieskastel-Lautzkirchen

Und die Kinder? Zum Abschluss nun einige Kommentare der Kinder zu ihren persönlichen Yoga-Erfahrungen und -Erinnerungen

- Zuerst war ich morgens müde. Aber mit Yoga wurde ich wacher.
- Ich bin fitter auf den Beinen. Und das Menschen-Memo mag ich gerne. Man kann raten.
- Ich war vom Denken angestrengt. Nach den Übungen war es gut.
- Die Spiele machen Spaß, vor allem die „Stille Yoga-Post", weil zum Schluss oft was anderes herauskommt. Zu Hause mache ich jeden Morgen die Sonne.
- Manchmal machen wir beim Schwimmen den Baum, den Flamingo, die Sonne, den Bär und viele andere Übungen.
- Ich mag die „Stille Yoga-Post" und die „Einhorn-Übungen". Und als wir nach dem Rechnen eine Übung gemacht haben, habe ich mich besser gefühlt.
- Am Anfang war es blöd. Jetzt ist es gut. Den Baum kann ich gut. Der gefällt mir am besten.
- Die Übung vor dem Test hat mir Mut gemacht.
- Meine liebste Position ist die Blume.
- Die Rückenmassage ist schön. Es ist cool, wenn man massiert wird. Und auch die Partnermassage hat sich gut angefühlt. Der Mutvers hilft mir, wenn wir Klassenarbeiten schreiben.

Medienverzeichnis

Literaturangaben

Bambaren, Sergio:
Der träumende Delphin. Eine magische Reise zu dir selbst.
Piper: München, Zürich 2008

Haug-Schnabel, Gabriele; Bensel, Joachim; Fischer, Sybille:
Stark fürs Leben: Was Kinder über 4 wissen wollen.
Herder: Freiburg im Breisgau 2020

Proßowsky, Petra:
Traumgeschichten für die Grundschule. Entspannungs- und Bewegungsübungen mit Musik zur Förderung von Ruhe, Konzentration und Fantasie.
Auer Verlag: Heidelberg 2017

Spengler, Birgit:
30 Impulskarten zur ganzheitlichen Sprachförderung für das ganze Jahr.
Verlag an der Ruhr: Mülheim an der Ruhr 2013

Stümpfig-Rüdisser, Tina:
Jin Shin Jyutsu. Das Powerprogramm für Kinder und Jugendliche.
ViaNova Verlag: Petersberg 2011

Stümpfig, Tina:
Jin Shin Jyutsu. Heilende Hände.
ViaNova Verlag: Petersberg 2021

Thich Nhat Han in: Chan Chau Nghiem (Hrsg.):
Achtsamkeit mit Kindern.
Nymphenburger Verlag: München 2018

Vahle, Fredrik:
Sprache mit Herz, Hand und Fuß. Wege zur Motorik der Verbundenheit.
Beltz Verlag: Weinheim, Basel 2010

Internetquellen

Deutsche Unesco Kommission:
Rede von Prof. Dr. Maria Böhmer,
In: **https://www.unesco.de/bildung/bildungsagenda-2030/bildung-einer-veraenderten-welt-die-rolle-der-unesco-fuer-die**
(Zugriff am 02.08.2021)

Haus der kleinen Forscher:
Interview mit Fredrik Vahle,
In: **https://integration.haus-der-kleinen-forscher.de/themen/interkulturalitaet/dann-explodiert-der-wortschatz**
(Zugriff am 02.08.2021)

Liebe Leser*innen,

der Geist des Yoga macht Schule, in Kita und Schule, nicht nur im Saarland. Konnten wir Sie überzeugen? Dann wünschen wir Ihnen allen ein gutes Gelingen, reiche und schöne Erfahrungen mit den Kindern und verabschieden uns im Buch mit einem Herzensgruß in vielen Sprachen der Welt:

Namaste, Kei te awhi, Äddi, Totsiens, Iiilaa Aalliqa, Au revoir, Alavida, Ha det, Goodbye, Sayonara, Zbogom, Aloha, Do Svidaniya, Nakhvamdis, Adios … und Tschüss.